主　编　蒋传光

副主编　王奇才　刘振宇

# 法理学
# 与部门法哲学

（第五卷）

Jurisprudence and Philosophy
of Branches of Law

上海三联书店

**主　编**：蒋传光

**副主编**：王奇才　刘振宇

**本卷执行编辑**：王奇才　刘振宇　齐　茗

**编辑委员会主任**：刘作翔

**编辑委员会成员**：（按姓氏笔画排列）

马英娟　王奇才　方　堃　邓　杰　石文龙
刘　诚　刘作翔　刘振宇　李　峰　郑显文
陈洪杰　韩思阳　蒋传光

# 目 录

**法治理论**

新发展理念视域下依法治国的深化和拓展 ………… 蒋传光 3
"王在法下"与现代法治：一种政治功能主义的理解 … 陈洪杰 24
论社会主义核心价值观融入司法的条件认知 ………… 韩振文 50

**法律思想研究**

孟德斯鸠"法的精神"与现代比较法方法论 ………… 李晓辉 59
孟德斯鸠论刑罚与政体
　　——《论法的精神》第六章疏证 ………………… 黄　涛 75
戴雪 VS 施密特：非常状态在法律秩序之外还是
　　之内？ ……………… [英]大卫·戴岑豪斯(著)　李普(译) 98

**司法研究**

论批捕权在检察院的内部配置：以捕诉关系为视角 … 谢登科 139
我国法院管理体制中的科层化"扩张"问题研究
　　——以管理权与审判权的关系为线索 ……………… 孙世贝 161

刑法立法技术视角下罪刑法定原则与自由裁量权的自洽难题与
　　调和路径 ……………………………………… 蔡一军、刘嫣然　197

## 法律与治理

中美养老社区产业发展与管理比较研究 ……………… 褚　鎣　215
校园足球发展的规则之维 ……………………………… 刘振宇　229
互联网系统法治化的路径分析
　　——以"结构耦合"为切入点 ………………………… 赵世奇　258

## 书评

为"法律中心主义"辩护
　　——罗伯特·C.埃里克森《无需法律的秩序》
　　　　批判对象之再分析 ……………………………… 刘　涛　277

## 综述

为实现中国法治而努力
　　——"中国法治的推进与实现"学术研讨会综述 …… 刘振宇　297

# 法治理论

# 新发展理念视域下依法治国的深化和拓展

## 蒋传光[*]

**【摘　要】** 中共十八大以来,从实现国家治理体系和治理能力现代化的高度,又进一步提出了全面推进依法治国的战略部署。据此,中共十八届四中全会审议通过的《中共中央关于全面推进依法治国若干重大问题的决定》,对如何全面推进依法治国,提出了一系列举措。面对新形势新任务,在新发展理念引领下,如何把全面推进依法治国的举措进一步落实,加快实现全面推进依法治国的总目标,在理论和实践上进一步深化和拓展依法治国,则是未来我国社会主义法治国家建设面临的重大任务。进一步深化和拓展依法治国的理论和实践依据是,贯彻新发展理念和社会转型的需要,贯彻落实十八届四中全会《决定》的需要,全面深化改革的目标和内在要求。

**【关键词】** 新发展理念;社会转型;依法治国;深化和拓展

中共十一届三中全会以来,特别是中共十五大确立依法治国的方略

---

[*] 蒋传光,上海师范大学教授,博士生导师。
本文系2015年度教育部哲学社会科学研究重大课题攻关项目(15JZD05)"社会主义核心价值观与法治文化建设研究"的阶段性成果。

之后,我国法治国家建设取得了历史性成就。[1] 在此基础上,中共十八大以来,从实现国家治理体系和治理能力现代化的高度,又进一步提出了全面推进依法治国的战略部署。据此,中共十八届四中全会审议通过的《中共中央关于全面推进依法治国若干重大问题的决定》,针对全面建成小康社会进入决定性阶段,改革进入攻坚期和深水区的新形势、新任务,对如何全面推进依法治国,提出了一系列举措,法治建设进入了新时代。在当前协调推进全面建成小康社会、全面深化改革、全面依法治国、全面从严治党"四个全面"战略布局的背景下,面对新形势新任务,在新发展理念引领下,如何把全面推进依法治国的举措进一步落实,加快实现全面推进依法治国的总目标,在理论和实践上进一步深化和拓展依法治国,则是未来我国社会主义法治国家建设面临的重大任务。

深化和拓展依法治国,就其内涵来说可以这样理解,所谓深化,就是在新发展理念引领下,根据社会主义经济、政治、文化、社会、生态文明建设和全面深化改革的需要,进一步落实全面推进依法治国的一系列重大举措,充分发挥法制在国家治理体系和治理能力现代化中的作用,加快实现全面推进依法治国总目标的步伐。所谓拓展,就是解决在全面推进依法治国实践过程中遇到的一些理论难题,以及与法治运行机制相适应的制度设计瓶颈问题。进一步深化和拓展依法治国的理论和实践依据主要体现在以下几个方面。

## 一、贯彻新发展理念和社会转型的需要

十八届五中全会通过的《中共中央关于制定国民经济和社会发展第十三个五年规划的建议》(以下简称《建议》),深入分析了"十三五"时期我国发展环境的基本特征;提出了"十三五"时期我国发展的指导思想、基本

---

[1] 十八届四中全会通过的《决定》对我国法治国家建设取得的历史性成就及其成果进行了总结。参见《党的十八届四中全会〈决定〉学习辅导百问》,学习出版社、党建读物出版社2014年版,第2页。

原则、目标要求、基本理念、重大举措等。尤其是"创新、协调、绿色、开放、共享"新发展理念的提出,"在理论和实践上有新的突破,对破解发展难题、增强发展动力、厚植发展优势,具有重大指导意义"。[1] 无论是新发展理念的贯彻,还是"十三五"规划目标要求的实现,以及重大举措的落实,在新的社会转型时期,都离不开法治的保障。这在《建议》的内容中也得到了充分的体现。通观《建议》的内容,不仅确立了坚持依法治国是"十三五"时期我国发展的指导思想和遵循的原则,而且明确了法治国家建设是实现"十三五"规划的坚强保证之一,法治手段贯穿了《建议》内容的始终。

## (一)更高水平的法治建设全面建成小康社会新的目标要求的重要内容

《建议》在党的十六大、十七大、十八大确定的全面小康目标要求的基础上,根据我国经济、政治、文化、社会、生态文明等各项事业发展实际,提出了全面建成小康社会新的目标要求和重大举措。这些新的目标要求包括五个方面的内容。除了经济发展目标、人民生活水平和质量目标、生态环境质量目标等内容外,对法治国家建设目标提出了更高的要求。

在国民素质和社会文明程度方面,除了要求"向上向善、诚信互助的社会风尚更加浓厚,人民思想道德素质、科学文化素质、健康素质明显提高"之外,要求"全社会法治意识不断增强"。[2] 在制度建设方面,要求"各方面制度更加成熟更加定型。国家治理体系和治理能力现代化取得重大进展,各领域基础性制度体系基本形成。人民民主更加健全,法治政府基本建成,司法公信力明显提高。人权得到切实保障,产权得到有效保护"。[3]

---

[1] 习近平:《关于〈中共中央关于制定国民经济和社会发展第十三个五年规划的建议〉的说明》,载于《中共中央关于制定国民经济和社会发展第十三个五年规划的建议》,人民出版社2015年版,第46页。

[2]《中共中央关于制定国民经济和社会发展第十三个五年规划的建议》,人民出版社2015年版,第7页。

[3] 同上,第8页。

上述法治国家建设目标的实现,将会使我国全面推进依法治国总目标的进程向前推进一大步。

**(二)新发展理念的实现离不开法治的支撑**

《建议》的最大亮点,就是"创新、协调、绿色、开放、共享"新发展理念的提出。习近平指出:"面对经济社会发展新趋势新机遇和新矛盾新挑战,谋划'十三五'时期经济社会发展,必须确立新的发展理念,用新的发展理念引领发展行动。"[1]据此,《建议》提出,"实现'十三五'时期发展目标,破解发展难题,厚植发展优势,必须牢固树立创新、协调、绿色、开放、共享的发展理念"。[2] "这五大发展理念,是'十三五'乃至更长时期我国发展思路、发展方向、发展着力点的集中体现,也是改革开放30多年来我国发展经验的集中体现,反映出我们党对我国发展规律的新认识"。[3] 坚持创新发展、协调发展、绿色发展、开放发展、共享发展,是关系我国发展全局的一场深刻变革,是当代中国必须坚持的新发展理念。新发展理念不仅指引着"十三五"时期我国经济社会发展的思路、发展方向和发展着力点,而且也是我国法治国家建设必须坚持的理念和原则。

从五大发展理念的内容来看,创新是引领发展的第一动力,要不断推进理论创新、制度创新、科技创新、文化创新等各方面创新。理论创新、制度创新和文化创新,也必然要求法治理论、法律制度和法治文化的不断创新。协调是持续健康发展的内在要求。协调发展的目标,是在增强国家硬实力的同时注重提升国家软实力。所谓国家软实力,是指一国与经济

---

[1] 习近平:《关于〈中共中央关于制定国民经济和社会发展第十三个五年规划的建议〉的说明》,载于《中共中央关于制定国民经济和社会发展第十三个五年规划的建议》,人民出版社2015年版,第48页。

[2] 习近平:《中共中央关于制定国民经济和社会发展第十三个五年规划的建议》,人民出版社2015年版,第8页。

[3] 习近平:《关于〈中共中央关于制定国民经济和社会发展第十三个五年规划的建议〉的说明》,载于《中共中央关于制定国民经济和社会发展第十三个五年规划的建议》,人民出版社2015年版,第48页。

增长等硬指标相对应的文化、价值观念、社会制度、发展模式的国际影响力和感召力,即所谓的"文化力",是综合国力的重要成分。[1] 提升国家软实力,主要是提升本国文化的竞争力。而要做到这一点,必须发展我国先进文化,根据社会的发展和时代的需要,不断进行文化创新,从而进一步增强文化自信。中国的先进文化理所当然地包括中国的法治文化,因而文化创新也同样包括法治文化的创新,国家软实力是包括法治文化在内的文化软实力。绿色是永续发展的必要条件和人民对美好生活追求的重要体现。坚持绿色发展、可持续发展,"必须建立系统完整的生态文明制度体系,实行最严格的源头保护制度、损害赔偿制度、责任追究制度,完善环境治理和生态修复制度,用制度保护环境"。[2] 这一系列保护环境的制度,核心和主体是各类法律法规制度。开放是国家繁荣发展的必由之路。对外开放,是我国经济发展的必由之路,在经济领域,通过对外开放,提高我国在全球经济治理中的制度性话语权。这里的制度性话语权,也应包括经济法律制度在内。经济对外开放,也必然促进国家各个层面的对外开放,包括借鉴学习国外法治经验的开放。十八届四中全会提出"借鉴国外法治有益经验"[3],这是我国法治国家建设的路径之一。共享是中国特色社会主义的本质要求。共享就是作出更有效的制度安排,使全体人民在共建共享发展中有更多获得感。这里"更有效的制度安排",核心是完善的法律制度。如何通过法律制度公平合理地分配权利和利益,使人民有更多获得感,增强广大人民福祉,谋取全体人民的最大福利,这既是法治的最终功能,也是法治的目标。

---

[1] 参见蒋传光:《当代中国特色先进法律文化创建的路径思考》,载于《河南省政法管理干部学院学报》,2007年第5期。

[2] 《中共中央关于全面深化改革若干重大问题的决定》,载于《中国共产党第十八届中央委员会第三次全体会议文件汇编》,人民出版社2013年版,第72—73页。

[3] 《中共中央关于全面推进依法治国若干重大问题的决定》,载于《党的十八届四中全会〈决定〉学习辅导百问》,学习出版社、党建读物出版社2014年版,第6页。

**(三) 法治是实现新发展理念目标的重要保证**

《建议》中所提出的新发展理念每一个宏观目标和具体目标的实现,为确保目标实现的一系列重大举措的落实,都离不开健全完善的法制保证和法治思维的确立。从《建议》内容看,法治的保证具体表现在经济社会发展的内部运行机制和外部保证两个层面。

(1) 在经济社会发展的内部运行机制方面,实现新发展理念各项重大举措的运行机制需要制度化、法律化,建立和完善与经济社会发展相适应的法律法规体系。从《建议》的内容看新发展理念的每个方面都对法治提出了新的要求。

在创新发展方面,在鼓励科技创新的同时,要深化知识产权领域改革,加强知识产权保护。要稳定农村土地承包关系,完善土地所有权、承包权、经营权分置办法,依法推进土地经营权有序流转;深化农村土地制度改革,完善农村集体产权权能。更加注重运用市场机制、法治办法化解产能过剩。加快形成有利于创新发展的市场环境、产权制度等。进一步转变政府职能,持续推进简政放权,提高政府效能,激发市场活力和社会创造力。推进产权保护法治化,依法保护各种所有制经济权益。鼓励民营企业依法进入更多领域。完善公平竞争、促进企业健康发展的政策和制度。依法保护企业家财产权和创新收益。建立法律健全、规范公平的税收制度。

在协调发展方面,深化户籍制度改革,使进入城镇生活的农业转移人口与城镇居民有同等权利和义务。维护进城落户农民土地承包权、宅基地使用权、集体收益分配权,支持引导其依法自愿有偿转让上述权益。推动物质文明和精神文明协调发展,增强公民法治意识、社会责任意识,注重通过法律和政策向社会传导正确价值取向。深入推进依法治军、从严治军,推进军民融合发展立法等。

在绿色发展方面实行最严格的水资源管理制度。建立健全用能权、用水权、排污权、碳排放权初始分配制度;推行合同能源管理和合同节水管理。实行最严格的环境保护制度,建立覆盖所有固定污染源的企业排放许可制,实行省以下环保机构监测监察执法垂直管理制度。严格环保执法。严厉打击象牙等野生动植物制品非法交易。创新产权模式,引导各方面资金投入植树造林。

在开放发展方面,完善法治化、国际化、便利化的营商环境,健全有利于合作共赢并同国际贸易投资规则相适应的体制机制。全面实行准入前国民待遇加负面清单管理制度。推动同更多国家签署高标准双边投资协定、司法协助协定,争取同更多国家互免或简化签证手续。构建海外利益保护体系。完善反洗钱、反恐怖融资、反逃税监管措施,完善风险防范体制机制。形成公正、合理、透明的国际经贸规则体系。

共享发展方面,完善制度、注重机会公平;维护劳动者平等就业权利,维护职工和企业合法权益;保护合法收入;建立更加公平更可持续的社会保障制度;完善纠纷调解机制,构建和谐医患关系;保障妇女和未成年人权益等。

(2) 在经济社会发展的外部保证方面,《建议》提出,为实现"十三五"规划提供坚强保证,其中一个重要方面就是"运用法治思维和法治方式推动发展"[1],并对此进行了系统阐释。经济社会发展需要良好的政治生态,为营造此种生态,《建议》提出,严明党的纪律和规矩;强化权力运行制约和监督,构建不敢腐、不能腐、不想腐的有效机制。为激发人民参与国家建设的主人翁意识,要"依法保障人民各项权益"。[2]

社会主义市场经济本质上是法治经济,厉行法治是发展社会主义市场经济的内在要求。为给社会主义市场经济提供良好的法治环境,更好地运用法治思维和法治方式推动经济社会发展,《建议》提出,必须坚持依法执政,全面提高党依据宪法法律治国理政、依据党内法规管党治党的能

---

[1] 《中共中央关于制定国民经济和社会发展第十三个五年规划的建议》,人民出版社 2015 年版,第 41 页。

[2] 同上,第 40 页。

力和水平。加强党对立法工作的领导,加快形成完备的法律规范体系。并对加强法治政府建设,深化司法体制改革,增强全社会特别是公职人员尊法学法守法用法观念,在全社会形成良好法治氛围和法治习惯等法治建设举措进行了阐释。[1]

经济社会发展需要有一个安全稳定的环境。《建议》提出,建设平安中国,完善法治保障是社会治理体制的重要内容。同时要健全利益表达、利益协调、利益保护机制,引导群众依法行使权利、表达诉求、解决纠纷;完善社会信用体系;完善社会治安综合治理体制机制,严密防范、依法惩治违法犯罪活动,维护社会秩序。[2]

牢固树立生产安全和国家安全的安全发展观念,加大生产安全的监管执法力度。贯彻总体国家安全观,完善国家安全法治,建立国家安全体系。依法严密防范和严厉打击敌对势力渗透颠覆破坏活动、暴力恐怖活动、民族分裂活动、极端宗教活动,坚决维护国家政治、经济、文化、社会、信息、国防等安全。[3]

从上述内容可以看出,在"十三五"时期,更加突显了法治在我国经济社会发展中的重要功能和作用,而且,全面建成小康社会新的目标要求的提出,新发展理念的确立,对法治国家建设提出了新的更高要求,法治国家建设的任务也更加艰巨。

## 二、贯彻落实十八届四中全会《决定》的需要

中共十一届三中全会提出了加强社会主义民主,健全社会主义法制,确立了法治建设的"十六字"方针,自此开始了中国法治道路探索的历程。中共十五大第一次把依法治国、建设社会主义法治国家作为治国的基本

---

[1]《中共中央关于制定国民经济和社会发展第十三个五年规划的建议》,人民出版社2015年版,第41—42页。
[2] 同上,第42页。
[3] 同上,第42—43页。

新发展理念视域下依法治国的深化和拓展

方略提了出来,并写入宪法,成为宪法原则。此后历届党的全国代表大会都对全面推进依法治国进行了部署。在此基础上,十六大以后又把依法执政确定为党治国理政的基本方式。经过改革开放以来长时间的不断努力,通过加强民主、健全法制及完善执法、司法等一系列重大举措,建设社会主义法治国家和中国特色社会主义法治道路的探索,取得了令世人瞩目的伟大成就。既然如此,为什么中共十八届四中全会又专门讨论依法治国问题,通过一个全面推进依法治国若干重大问题的决定,对全面推进依法治国进行总体部署呢?《决定》出台的背景是什么?对此,《决定》在第一部分进行了高度概括和清晰的说明,可概括为两个方面的原因。

第一,我国发展进入新阶段面对两个"前所未有"。当前,我国发展进入新阶段,"改革进入攻坚期和深水区,国际形势复杂多变,我们党面对的改革发展稳定任务之重前所未有、矛盾风险挑战之多前所未有,依法治国在党和国家工作全局中的地位更加突出、作用更加重大。"[1]面对新形势新任务,怎样才能做到规避风险、化解矛盾,保持国家的长治久安,目标就是必须实现国家治理体系和治理能力的现代化。怎样才能实现国家治理体系和治理能力的现代化,路径就是依法治国,实行法治;如何解决目前社会发展中存在的上述问题,处理好改革发展和稳定的关系,最可靠的手段是建立法治秩序,确立法治思维。

基于上述分析,《决定》强调了法治在国家治理中的重要性,"我们党要更好统筹国内国际两个大局,更好维护和运用我国发展的重要战略机遇期,更好统筹社会力量、平衡社会利益、调节社会关系、规范社会行为,使我国社会在深刻变革中既生机勃勃又井然有序,实现经济发展、政治清明、文化昌盛、社会公正、生态良好,实现我国和平发展的战略目标,必须更好发挥法治的引领和规范作用"[2]。

---

[1]《中共中央关于全面推进依法治国若干重大问题的决定》,载于《党的十八届四中全会〈决定〉学习辅导百问》,学习出版社、党建读物出版社2014年版,第1—2页。
[2] 同上,第2页。

第二,法治建设并未达到预期的效果。中共十一届三中全会以来,我们在深刻总结我国社会主义法治建设的成功经验和深刻教训,把依法治国确定为党领导人民治理国家的基本方略,把依法执政确定为党治国理政的基本方式,走出了一条中国特色社会主义法治道路。我国法治建设虽然取得了历史性成就,但在把依法治国的方针付诸实践时,无论在立法、执法、司法和社会法治文化建设等方面,还是在理论观念和现实实践中,都存在着许多问题,离依法治国的要求还有相当大的差距,我国的法治建设并未达到预期的效果。这主要表现为依法治国方略在推进和落实上,与实现全面建成小康社会的目标、与全面深化改革的要求之间,法治建设的现状与法治建设的目标预期之间,存在着差距,"同党和国家事业发展要求相比,同人民群众期待相比,同推进国家治理体系和治理能力现代化目标相比,法治建设还存在许多不适应、不符合的问题"。[1] 其主要表现除了十八届四中全会《决定》所概括和列举的问题外,就具体层面的问题而言还包括,官民违法犯罪多发现象没有根本扭转,法治化进程的速度与社会期望的反差加大,法律权威性没有实质提升,法律定纷止争能力下降,包括各级领导在内的全社会的法治观念和法治思维并未确立,法治建设的现状并未达到预期的效果。中共十八届五中全会在分析"十三五"时期我国发展环境的基本特征时也指出,"法治建设有待加强"。[2] 面对繁重的改革发展稳定任务和众多的矛盾风险挑战,"人民群众对法治的要求也越来越高,依法治国在党和国家工作全局中的地位更加突出、作用更加重大"。[3]

---

[1] 对法治建设还存在许多不适应、不符合的问题,十八届四中全会通过的《决定》从立法、执法司法、尊法信法守法用法等方面进行了概括和列举。参见《党的十八届四中全会〈决定〉学习辅导百问》,学习出版社、党建读物出版社2014年版,第2—3页。

[2] 参见《中共中央关于制定国民经济和社会发展第十三个五年规划的建议》,人民出版社2015年版,第4页。

[3] 习近平:《在中共十八届四中全会第二次全体会议上的讲话》(2014年10月23日),载于《习近平关于全面依法治国论述摘编》,中央文献出版社2015年版,第10页。

在此背景下，中共十八大报告把"加快建设社会主义法治国家"，作为"坚持走中国特色社会主义政治发展道路和推进政治体制改革"的重要内容，进行了战略部署。为贯彻落实中共十八大精神，十八届四中全会通过的《决定》，针对"我们党面对的改革发展稳定任务之重前所未有、矛盾风险挑战之多前所未有，依法治国在党和国家工作全局中的地位更加突出、作用更加重大"[1]的新形势新任务，提出了全面推进依法治国的总目标，为社会主义法治国家建设进程制定了"路线图"。《决定》立足我国社会主义法治建设实际，直面我国法治建设领域的突出问题，明确提出了全面推进依法治国的指导思想、总体目标、基本原则，提出了关于依法治国的一系列新观点、新举措，回答了党的领导和依法治国关系等一系列重大理论和实践问题，对科学立法、严格执法、公正司法以及全民守法、法治队伍建设、加强和改进党对全面推进依法治国的领导作出了全面部署和顶层设计，有针对性地回应了人民呼声和社会关切。《决定》共七部分，部署重大法治举措和改革举措180多项。

全面推进依法治国，建设社会主义法治国家的蓝图已经绘就，目标已经明确，路线已经确定。如何进一步推动全面依法治国理论和实践的发展，加快中国特色社会主义法治国家建设的进程，是今后我国法治国家建设面临的主要任务。因而，进一步深化和拓展依法治国，是全面贯彻和落实十八届四中全会《决定》的需要。

## 三、全面深化改革的目标和内在要求

中共十八大报告提出"全面建成小康社会，必须以更大的政治勇气和智慧，不失时机深化重要领域改革，坚决破除一切妨碍科学发展的思想观念和体制机制弊端，构建系统完备、科学规范、运行有效的制度体系，使各方面制度更加成熟更加定型。"并提出要加快完善社会主义市场经济体

---

[1]《中共中央关于全面推进依法治国若干重大问题的决定》，载于《党的十八届四中全会〈决定〉学习辅导百问》，学习出版社、党建读物出版社2014年版，第1—2页。

制;加快推进社会主义民主政治制度化、规范化、程序化,实现国家各项工作法治化;加快完善文化管理体制和文化生产经营机制;加快形成科学有效的社会管理体制;加快建立生态文明制度等。[1] 为贯彻落实中共十八大精神,十八届三中全会通过的《中共中央关于全面深化改革若干重大问题的决定》(以下简称《决定》),面对全面建成小康社会,进而建成富强民主文明和谐的社会主义现代化国家的新形势新任务,提出改革开放永无止境,必须在新的历史起点上全面深化改革。从十八届三中全会对全面深化改革作出的系统部署来看,改革首先是对当前缺失的社会体制机制的构建和体制机制的创新,其次是对现行不健全的社会体制机制的完善,最后才是阻碍社会发展、有弊端的社会体制机制的变革和破除。简言之,改革既是对现有一些体制机制的破除,又是对一些新的体制机制的构建、创新和完善。改革的过程也是新的体制机制创立和完善的过程。这些新的体制和机制最终都是以制度体系的建立为保障的。而这些制度的核心和理念是规则之治,就是法治。全面深化改革的蓝图和既有的改革实践也已充分表明,法治是国家治理体系和治理能力现代化的核心,是改革追求的目标和保障;改革促进法治的完善,是法治发展的动力。

### (一)法治建设是全面深化改革的目标追求

1. 法治建设是全面深化改革的有机组成部分

十八届三中全会通过的《决定》对全面深化改革做出了系统部署,其中加强社会主义民主政治制度建设,建设社会主义法治国家,推进法治中国建设,是全面深化改革的有机组成部分。全会提出了推进法治中国建设的目标及具体的制度性要求。在"坚持依法治国、依法执政、依法行政

---

[1] 胡锦涛:《坚定不移沿着中国特色社会主义道路前进为全面建成小康社会而奋斗——在中国共产党第十八次全国代表大会上的报告(2012年11月8日)》,载于《人民日报》,2012年11月18日。

共同推进,坚持法治国家、法治政府、法治社会一体建设"[1]的总的指导原则之下,从维护宪法法律权威、深化行政执法体制改革、确保依法独立公正行使审判权检察权、健全司法权力运行机制、完善人权司法保障制度等方面,对如何推进法治中国建设进行了具体部署,"深化司法体制改革,加快建设公正高效权威的社会主义司法制度,维护人民权益,让人民群众在每一个司法案件中都感受到公平正义"[2]是其中的重点。法治中国建设目标的提出,具有划时代的意义,其与十八届四中全会通过的《中共中央关于全面推进依法治国若干重大问题的决定》一起,成为当代中国法治国家建设的又一个重要里程碑。

2. 法律制度体系完善是全面深化改革的目标追求

十八届三中全会通过的《决定》指出:"全面深化改革的总目标是完善和发展中国特色社会主义制度,推进国家治理体系和治理能力现代化。"[3]这就决定了具有根本性、长远性、稳定性的体制机制改革,是全面深化改革的目标指向。"任何一项改革,都是对制度的调整或创新,最终都要以制度形式固定延续下来。特别是一些关系全局的重大制度改革,对整体制度改革和创新具有重要基础支撑作用。"[4]而这些稳定、具有重要基础支撑作用的制度,就是完善的法律制度体系。

从全面深化改革的目标和内容来看,健全和完善以宪法为核心的社会主义法律制度体系,建设社会主义法治国家,是全面深化改革的重要目标追求。"完善和发展中国特色社会主义制度",包括经济制度、政治制度、文化管理制度、社会管理制度、生态文明制度以及党的领导体制和执政方式等。

在政治制度建设方面,深化政治体制改革的目标,就是"紧紧围绕坚

---

[1]《中共中央关于全面深化改革若干重大问题的决定》,人民出版社2013年版,第3页。
[2]《中共中央关于全面深化改革若干重大问题的决定》,人民出版社2013年版,第32页。
[3] 同上,第3页。
[4]《改革,快马加鞭未下鞍——以习近平同志为核心的党中央2016年推进全面深化改革述评》,载于《人民日报》,2017年2月3日第2版。

持党的领导、人民当家作主、依法治国有机统一,加快推进会主义民主政治制度化、规范化、程序化,建设社会主义法治国家,发展更加广泛、更加充分、更加健全的人民民主"。完善党的领导体制和执政方式,就是要"紧紧围绕提高科学执政、民主执政、依法执政水平深化党的建设制度改革,加强民主集中制建设"。其他如经济制度、文化管理体制和文化生产经营机制、社会治理体制、生态文明制度的完善,相配套的法律保障制度的完善也是相关制度完善的主要内容。

**(二)法治建设是全面深化改革的内在要求与保障**

习近平指出:"党的十八大提出了全面建成小康社会的奋斗目标,党的十八届三中全会对全面深化改革作出了顶层设计,实现这个奋斗目标,落实这个顶层设计,需要从法治上提供可靠保障。"[1]十八届三中全会在进一步落实十八大关于全面深化改革的战略部署时,强调"坚持和完善基本经济制度,加快完善现代市场体系,加快转变政府职能,深化财税体制改革,健全城乡发展一体化体制机制,构建开放型经济新体制,加强社会主义民主政治制度建设,推进法治中国建设,强化权力运行制约和监督体系,推进文化体制机制创新,推进社会事业改革创新,创新社会治理体制,加快生态文明制度建设,深化国防和军队改革,加强和改善党对全面深化改革的领导"。[2]

这些体制机制的建立和目标的实现,离不开法制的保障,最终都要落实到法律制度的层面。上述任何一个方面,缺乏法制的保障,目标都难以实现。正如习近平所说:"全面推进依法治国,是全面建成小康社会和全

---

[1] 习近平:《关于〈中共中央关于全面推进依法治国若干重大问题的决定〉的说明》(2014年10月20日),载于《中国共产党第十八届中央委员会第四次全体会议文件汇编》,人民出版社2014年版,第67—68页。

[2]《中国共产党第十八届中央委员会第三次全体会议公报》,载于《中国共产党第十八届中央委员会第三次全体会议文件汇编》,人民出版社2013年版,第8页。

面深化改革开放的重要保障。"[1]

中共十八届三中全会通过的《决定》，对全面深化改革作出了系统部署，并提出了一系列重大改革措施。从每一项重大改革措施的具体落实来看，最终的落脚点都体现在相应的法律制度的完善上，法治保障成为全面深化改革的内在要求。[2]

（1）坚持和完善基本经济制度，必须完善产权保护制度，因为产权是所有制的核心。《决定》提出，"健全归属清晰、权责明确、保护严格、流转顺畅的现代产权制度。公有制经济财产权不可侵犯，非公有制经济财产权同样不可侵犯"。"国家保护各种所有制经济产权和合法利益，保证各种所有制经济依法平等使用生产要素、公开公平公正参与市场竞争、同等受到法律保护，依法监管各种所有制经济。"[3]这些措施的实施，将从顶层设计为产权保护提供法治化路径，也必将为各类市场主体投资创业吃了"定心丸"。

（2）建设统一开放、竞争有序的市场体系，必须建立公平开放透明的市场规则。实行负面清单制度，建设法治化营商环境；改革市场监管体系，严禁和惩处各类违法实行优惠政策行为，惩戒失信行为；完善企业破产制度；完善对被征地农民合理、规范、多元保障机制；允许具备条件的民间资本依法发起设立中小型银行等金融机构；必须加强知识产权运用和保护，等等。这一系列制度的建立和完善，是加快形成自主经营、公平竞争，商品和要素自由流动、平等交换的现代市场体系的必然要求。

（3）加快转变政府职能，必须切实转变政府职能，深化行政体制改革，建设法治政府和服务型政府。全面正确履行政府职能，进一步简政放权，深化行政审批制度改革；企业投资项目，一律由企业依法依规自主决

---

[1] 习近平：《在中共十八届四中全会第二次全体会议上的讲话》(2014年10月23日)，载于《习近平关于全面依法治国论述摘编》，中央文献出版社2015年版，第9页。

[2] 下文几个方面的内容，是根据《决定》的相关部署，对全面深化改革重大举措的概括，除个别引文外，其他不再具体注明出处。

[3]《中共中央关于全面深化改革若干重大问题的决定》，人民出版社2013年版，第8页。

策,政府不再审批;凡属事务性管理服务,通过合同、委托等方式向社会购买;建立事业单位法人治理结构;优化政府组织结构,完善决策权、执行权、监督权既相互制约又相互协调的行政运行机制;推进机构编制管理科学化、规范化、法制化等,是处理好政府和市场的关系要着力解决好的问题,也是全面深化改革的重点。

(4) 深化财税体制改革,必须完善立法、明确事权、改革税制、稳定税负、透明预算,建立现代财政制度。财政是国家治理的基础和支柱,改进预算管理制度;完善税收制度,深化税收制度改革,加快房地产税立法并适时推进改革;税收优惠政策统一由专门税收法律法规规定;建立事权和支出责任相适应的制度等,是优化资源配置、维护市场统一、促进社会公平、实现国家长治久安的制度保障。

(5) 健全城乡发展一体化体制机制,让广大农民平等参与现代化进程、共同分享现代化成果,必须坚持农村土地集体所有权,依法维护农民土地承包经营权。在"坚持和完善最严格的耕地保护制度前提下,赋予农民对承包地占有、使用、收益、流转及承包经营权抵押、担保权能,允许农民以承包经营权入股发展农业产业化经营。鼓励承包经营权在公开市场上向专业大户、家庭农场、农民合作社、农业企业流转"。[1] 赋予农民更多财产权利,"保障农民集体经济组织成员权利,积极发展农民股份合作,赋予农民对集体资产股份占有、收益、有偿退出及抵押、担保、继承权";保障农户宅基地用益物权,改革完善农村宅基地制度,"慎重稳妥推进农民住房财产权抵押、担保、转让,探索农民增加财产性收入渠道。建立农村产权流转交易市场,推动农村产权流转交易公开、公正、规范运行"。[2] 维护农民生产要素权益,保障农民工同工同酬,保障农民公平分享土地增值收益。

农业是全面建成小康社会、实现现代化的基础。建立健全稳定农村

---

[1]《中共中央关于全面深化改革若干重大问题的决定》,人民出版社2013年版,第22页。
[2] 同上,第23页。

土地承包关系,保护农民各种合法权益的法律法规,是全面深化改革的重要内容,也是改革顺利进行的重要保障。同时,通过建立完善的法律制度,解决"农村土地所有权制度与当前农村经济社会发展新形势不适应的难题",也将是继农村土地承包责任制之后再一次的重大制度改革创新。[1]

(6)构建开放型经济新体制,必须统一内外资法律法规;完善领事保护体制,提供权益保障、投资促进、风险预警等更多服务;坚持世界贸易体制规则;形成有利于推动内陆产业集群发展的体制机制;实现口岸管理相关部门信息互换、监管互认、执法互助等。完备的法律法规制度,是保障对外开放,提供良好投资环境的重要条件。

(7)强化权力运行制约和监督体系,应形成科学有效的权力制约和协调机制,加强和改进对主要领导干部行使权力的制约和监督,加强行政监察和审计监督;推行权力清单制度,依法公开权力运行流程;加强反腐败体制机制创新和制度保障。健全反腐倡廉法规制度体系,完善惩治和预防腐败、防控廉政风险、防止利益冲突、领导干部报告个人有关事项、任职回避等方面法律法规等。这是坚持用制度管权管事管人,让权力在阳光下运行,是把权力关进制度笼子的根本之策,也是使市场在资源配置中起决定性作用,减少政府干预,保障市场经济健康运行的必要条件。

(8)创新社会治理体制,必须改进社会治理方式,坚持依法治理,加强法治保障,运用法治思维和法治方式化解社会矛盾;推进社会组织明确权责、依法自治、发挥作用,加强对社会组织和在华境外非政府组织的管理,引导它们依法开展活动;创新有效预防和化解社会矛盾体制,建立畅通有序的诉求表达、权益保障机制,使群众问题能反映、矛盾能化解、权益有保障;改革行政复议体制,健全行政复议案件审理机制,纠正违法或不

---

[1] 参见《改革,快马加鞭未下鞍——以习近平同志为核心的党中央2016年推进全面深化改革述评》,载于《人民日报》,2017年2月3日第2版。

当行政行为;建立调处化解矛盾纠纷综合机制,把涉法涉诉信访纳入法治轨道解决,建立涉法涉诉信访依法终结制度;加强社会治安综合治理,依法严密防范和惩治各类违法犯罪活动;加大依法管理网络力度。

(9)加快生态文明制度建设,必须建立系统完整的生态文明制度体系,实行最严格的源头保护制度、损害赔偿制度、责任追究制度,用制度保护生态环境。形成归属清晰、权责明确、监管有效的自然资源资产产权制度,建立生态环境损害责任终身追究制,实行资源有偿使用制度和生态补偿制度,推行节能量、碳排放权、排污权、水权交易制度;建立和完善严格监管所有污染物排放的环境保护管理制度,独立进行环境监管和行政执法;完善污染物排放许可制;对造成生态环境损害的责任者严格实行赔偿制度,依法追究刑事责任等。

其他如推进文化体制机制创新、推进社会事业改革创新、深化国防和军队改革等,无不对相关法律法规建设提出了要求。

由上观之,法治建设不仅是全面深化改革的内在要求和保障,而且把改革纳入法治的轨道,可使全面深化改革做到规范有序进行。习近平同志在中央全面深化改革领导小组第二次会议上曾指出"凡属重大改革都要于法有据。在整个改革过程中,都要高度重视运用法治思维和法治方式,发挥法治的引领和推动作用,加强对相关立法工作的协调,确保在法治轨道上推进改革"。[1] 在实践中做到"凡属重大改革都要于法有据",就是要把改革纳入法治的轨道,在改革创新中运用法治思维和法治方式思考问题、破解难题,提高改革决策的科学性,增强改革的可控性,降低改革可能带来的社会风险,使改革规范有序进行,做到社会不会因改革而引起动荡。这实际上也是正确处理改革、发展、稳定的关系的落脚点和坚实的基础。

---

[1]《人民日报》2014年3月1日。

## （三）法治是巩固改革成果和促进社会公平的重要手段和路径

### 1. 法治是巩固改革成果的重要手段

完备的法律制度体系的构建，不仅是改革的成果体现，也是巩固改革成果的重要手段。自中共十一届三中全会以来，"我国锐意推进经济体制、政治体制、文化体制、社会体制、生态文明体制和党的建设制度改革"，成就举世瞩目。[1] 上述改革成果的体现形式和得以巩固的重要手段之一，就是以宪法为核心的中国特色社会主义法律体系的构建。

中共十五大提出到 2010 年形成中国特色社会主义法律体系的立法目标以后，经过不懈努力，到 2010 年底，以宪法为统帅的中国特色社会主义法律体系已经形成。中国特色社会主义法律体系的内容，就是对改革开放和社会主义经济社会发展实践经验成果的总结，并上升为法律使之制度化法律化。

1982 年宪法制定的本身就是改革开放的产物。自其实施以来，根据我国经济、政治、社会生活实践的发展和改革的深化，又进行了四次修改，颁布了四个宪法修正案。这四个修正案都是对改革开放和社会主义现代化建设成果和经验的确认，从而使宪法更加适应了经济政治社会发展和改革开放的需要。在以建立社会主义市场经济体制为目标的经济体制改革过程中，围绕建立社会主义市场经济体制的要求，制定规范市场主体行为、规范市场经济秩序、加强宏观调控以及社会保障等方面的法律制度体系，就是对社会主义市场经济体制确立过程中改革成果的确认和保障。

在当前实现全面建成小康社会目标的攻坚阶段，习近平曾指出："面对新形势新任务，我们必须通过全面深化改革，着力解决我国发展面临的一系列突出矛盾和问题，不断推进中国特色社会主义制度自我完善和发展。"[2] 据此，坚决破除一切妨碍科学发展的体制机制弊端，"形成系统完

---

[1]《中共中央关于全面深化改革若干重大问题的决定》，人民出版社 2013 年版，第 2 页。
[2] 习近平：《关于〈中共中央关于全面深化改革若干重大问题的决定〉的说明》，人民出版社 2013 年版，第 85—86 页。

备、科学规范、运行有效的制度体系,使各方面制度更加成熟更加定型"[1],这一全面深化改革的总目标的实现及其成果确认和巩固的重要手段,就是把各项改革措施的制度化、法律化。目前已有的中国特色社会主义法律体系,将"从制度上、法律上保障国家始终坚持改革开放的正确方向,着力构建充满活力、富有效率、更加开放、有利于科学发展的体制机制,推动我国社会主义制度不断自我完善和发展"。[2]

2. 法治是以改革促进社会公平的主要路径

习近平指出:"全面深化改革必须着眼创造更加公平正义的社会环境,不断克服各种有违公平正义的现象,使改革发展成果更多更公平惠及全体人民。如果不能给老百姓带来实实在在的利益,如果不能创造更加公平的社会环境,甚至导致更多不公平,改革就失去意义,也不可能持续。"[3]促进社会公平正义,增进人民福祉,是全面深化改革的出发点和落脚点。纵观十八届三中全会《决定》全文16个部分的内容,公平公正理念贯穿全面深化改革的各个层面和领域。从全面深化改革的一系列重大举措来看,营造公平公正参与市场竞争的环境,为各类市场主体提供公平参与的机会,通过公平公正的司法体制的构建,维护公民权益和人权保障,通过改革使发展成果更多更公平惠及全体人民,是全面深化改革的终极目的。

公平正义是法律价值的基本构成要素,也是实现良法善治的题中应有之意。而社会公平正义的实现,公平公正参与市场竞争环境的形成,通过法律进行的权利义务上的分配是主要路径,完善的法律制度保障是基础。

基于上述分析,总结改革开放以来,尤其是中共十五大确立依法治国

---

[1]《中共中央关于全面深化改革若干重大问题的决定》,人民出版社2013年版,第2页。
[2] 吴邦国:《形成中国特色社会主义法律体系的重大意义和基本经验》,载于《求是》,2011年第3期,第4页。
[3] 习近平:《切实把思想统一到党的十八届三中全会精神上来》,载于《习近平谈治国理政》,外文出版社2014年版,第96页。

## 新发展理念视域下依法治国的深化和拓展

基本方略以来我国法治国家建设的经验,针对中国特色社会主义法治国家建设面对的理论和实践问题,适应社会转型和新发展理念的需要,为进一步落实全面推进依法治国的需要,为全面深化改革有序推进提供法治保障,如何进一步深化和拓展依法治国,在哪些方面进行深化和拓展,应是我国未来法治建设确立的目标和着重解决的问题。

# "王在法下"与现代法治:一种政治功能主义的理解

陈洪杰*

**【摘　要】** 当前我国所遭遇的治理危机,并不仅仅是"政令不畅"的问题,更是一场深刻的法律信任危机。司法最终解决原则的确立,使得政治系统的各种权力运作都可能会因为公民的"维权"诉讼而谋求法律系统提供合法性支持。法律只有被当作与国家截然不同的秩序,并且因而有别于强权而带有几分公正色彩,才能胜任替国家辩护之职。

**【关键词】** 现代国家;规则之治;政法传统;社会治理

在我国,《宪法》第 126 条规定的"人民法院依照法律规定独立行使审判权"条款实际上是按照一种明显不同于"西方"的政治逻辑进行表述的:在"西方","独立审判"是一个落实到法官个体的实践命题,而在我国,只有作为整体建制的法院才是"独立"的主体。尽管按照《宪法》第 126 条,法院依法独立审判,"不受行政机关、社会团体和个人的干涉",但我们的正式制度却并不排斥作为"党的领导"重要功能组件的法院行政首长有权以某种集体负责(审委会)的方式干预个案的审判结果。这样一种充满政治象征意味的制度差异足以揭示出中国法治实践与西方原型之间意味深长的"断裂"。那么,这种"断裂"对于现代国家的法律实践而言究竟意味

---

\* 陈洪杰,上海师范大学哲学与法政学院副教授。

"王在法下"与现代法治：一种政治功能主义的理解

着什么？中国司法在当前遭遇的现代性危机是否可以简单归咎于那种制度文本层面"断裂"式的差异？"西方作为他者"[1]所能给予我们的启示与借鉴是否只能以"制度西化"的方式转换为我们的主体实践？从上述问题出发，本文将尝试分别从"西方"以及中国各自特定的政治、制度、文化背景出发，重新检讨一个"独立"的司法可能会是基于何种国家治理策略而介入到政治博弈中来，并尝试讨论司法之于国家以及司法之于其他政治参与者之间的政治功能主义关系模型。

## 一、西方作为他者：西方经验的中国理解

在我们将西方作为他者加以想象与建构的中国叙事中，柯克法官与詹姆斯国王的那段对话无疑是关于"法治"命题最为经典的法律史故事：

> 詹姆斯一世主张：对于法院的法官审理的案件如果有疑问的，无论案件的性质如何，都可以由国王自己"以王者的身份"直接进行裁决，因为法官不过是国王的代理人而已。国王认为法律是以理性为基础的，而除了法官之外，他和其他人也一样具有理性。
>
> 爱德华·柯克爵士的回应是：国王本人不能裁决任何案件……陛下对于英格兰本土的法律并没有研究，而涉及陛下之臣民的生命或遗产、货物、财富的案件，不应当由自然的理性，而应当依据技艺理性和法律的判断来决定；法律是用于审理臣民的案件的金质标杆和标准；它保障陛下处于安全与和平之中；正是靠它，国王获得了完善的保护。
>
> 国王说：那么，如此说来他将处于法律之下了，要知道这种说法是构成叛国罪的。柯克的回应是：布拉克顿曾说过"国王不应当受

---

[1] 王铭铭：《西方作为他者——论中国"西方学"的谱系与意义》，世界图书出版公司2007年版，封1。

制于任何人，但应受制于上帝和法律"。

尽管在西方的学术脉络中，这个故事版本的很多细节仍是存疑的，比如，英国历史学家罗兰·厄舍(Roland Usher)教授通过对同时代四种不同记录的比较，发现"其间的分歧和出入是如此之大"。并且，历史学家们甚至怀疑，柯克是否真的以布拉克顿的话无礼地反驳国王。因为依据同时代人的记载：面对詹姆斯的"勃然大怒"，"柯克忙不迭地乞求陛下怜悯他，宽恕他"。[1]

但对于有心超越"政法传统"的中国法律人而言，这个故事版本在历史细节层面的精确性实际上并不重要，重要的是我们借此引申、阐发的，关于"司法独立"的精神史建构。然而，却也正是这样一种"六经注我"式的"英国故事"，在晚近的研究中开始遭到有力的反思与解构。比如，于明的相关研究开始逐渐剥离传统故事结构中常常附加在"司法独立"身上的那种理想主义的"人格美与制度善"，并提供了一个被"翻转"了的新故事：法律人为捍卫宪制传统和职业自主而斗争的图景逐渐碎片化。这里不再是古老的光荣理想，而是残酷的政治与赤裸的利益；不再是坚守独立的崇高法律人，而是"追名逐利"为派系斗争不择手段的平庸政客；故事的结尾也不再是"自由"战胜"专制"、司法获得独立的"光荣"革命，而是议会取代国王，成为新的主权者和法官的"新主人"。[2]

这就意味着，我们必须重新检讨那种以极其相似的各类"英国故事"、"德国故事"等表层经验叙事为方法论支撑，将"法治"抽象化、概念化为一

---

[1] Sheppard Steve, "The Selected Writings and Speeches of Sir Edward Coke", *Indianapolis*: *Liberty Fund*, 2003, Vol.1, pp. 478 – 481; Roland G. Usher James, "I and Sir Edward Coke", *English Historical Review*, 1903, (72), p. 674; Catherine Drinker Bowen, *The Lion and the Throne*: *The Life and Times of Sir Edward Coke*, Boston: Brown & Company Limited, 1957, p. 305. 转引自，于明：《法律传统、国家形态与法理学谱系——重读柯克法官与詹姆斯国王的故事》，载于《法制与社会发展》，2007年第2期。

[2] 于明：《古代宪制、法律职业与主权者革命——重读"司法独立"的英国故事》，载于《中外法学》，2013年第1期。

个普适的、单线程进化的公共政治善品,并试图将之强行"嵌入"中国政治运作的学术研究范式。只有努力做到这一点,我们才有可能真正洞察"法治"背后的政治逻辑。

## 二、"王在法下"的政治功能主义诠释:重读"英国故事"

如果说那个有关"司法独立"源远流长的"英国故事"确如于明所论证的那般,并非完全是"法律人为捍卫宪制传统和职业自主之光荣理想"而进行的"崇高"斗争。那究竟又是什么样的政治利益驱动,可以促使诸如像柯克法官这样的帝国政治精英们在漫长的历史时期前仆后继,不惜以自身的职业前景乃至于政治生涯为赌注,与作为最高政治主宰的国王据理力争。[1] 毕竟,那个时候的王室法官依然只是"王座下的雄狮",其职位往往取决于"国王的好恶"(正如柯克法官后来的人生际遇)。

本文认为,唯有充分理解英国当时特定的"央地关系"背景以及司法之于国家治理策略转型过程中实际扮演起的重要角色,我们才有可能意识到,以柯克法官为代表的司法职业群体所极力争取的,是重新界定其与以国王为代表的"中央"王权之间的政治合作关系。而法官的"抗争"之所以可欲,也恰恰是因为国王确实非常需要依靠法官职业群体的政治合作以实现"王权下乡"。下面我们就要尝试将"故事"的线索——不是斗争,而是合作——重新置入以"中央-地方"、"国王-贵族"、"王权-法权"之间的复杂政治博弈为历史背景的整体叙事中加以理解。

---

[1] 1234年,国王亨利三世将休伯特·德·伯格逐出法院,法官威廉·雷利宣布国王的命令因违法而无效;1405年,亨利四世要求法官们判处大主教斯克罗普和马歇尔伯爵死刑,王座法院首席法官盖斯克尼则坚决予以回绝,他说:"根据国家法律,我的领主您和您的任何臣属都不能宣判一位高级教士的死刑。马歇尔伯爵有权由他的同等者审判";1485年,当国王就一桩宗教叛逆罪案件预先征求法官意见时,首席法官休斯回绝道:"此事应在王座法院开庭时处理。到那时,法官们将根据自己的权力做他们应该做的事。"参见程汉大:《英国司法现代化述评》,载于《法制现代化研究》,2009年第12卷。

## （一）故事之始：国家的政治崛起

罗马帝国终结后的英格兰仍是部落组织，村庄组成所谓的百户或县的更大单位。该层次之上就是国王，但早期君主没有武力的垄断，也不能对部落单位执行强制规定……一直到 11 世纪，国王都只更像是封建秩序中政治伙伴们的老大。像威廉一世和亨利一世那样的国王，花大部分时间在旅途中巡游国土，这也是国王宣告权力的唯一方法。国王的功能主要是充作上诉法庭，如果有人不满领主法庭或庄园法庭所提供的正义。[1]这种情况一直延续到 1066 年的诺曼征服。[2]

征服者威廉对如何保有被征服领地的问题所采取的最初解决方法是将领地分配给诺曼贵族出身的亲信和军官，在其领地范围内处理所有的行政和司法事务，并试图借此实现政治权力的中央集权化。[3]但这一举措的效果并不尽如人意，一开始是因为世袭制的存在，多数情况下，郡主之位"分封"诺曼贵族之后便世袭罔替，这最终导致地方贵族在家产世袭的过程中日渐异化成为追逐私利的地方势力。虽然自诺曼征服后的百余年间，英王不断尝试整饬郡政，强化国王的公共政治权威，其中历经郡主世袭制的废除与复辟，以及安茹王朝时代郡主任免制的逐步确立。但不可否认的是，在漫长的历史演变过程中，地方政治势力的离心倾向始终都是中央王权的"心腹大患"。[4]

---

[1] [美]弗朗西斯·福山：《政治秩序的起源——从前人类时代到法国大革命》，毛俊杰译，广西师范大学出版社 2012 年版，第 249—253 页。

[2] 于明：《法庭、司法与地方治理——中世纪英格兰地方司法史的法社会学解读》，载于《法学家》，2013 年第 3 期。

[3] [美]马丁·夏皮罗：《法院——比较法上与政治学上的分析》，张生、李彤译，中国政法大学出版社 2005 年版，第 97 页。

[4] 即便是任免制确立之后，新的郡政弊端又时而出现。比如，约翰王为缓解财政危机，变相拍卖郡守一职。1204 年他利用一些地方豪贵要求"自选"郡守，要求其以重金换取王廷的批准状。此外，为了笼络雇佣军首领，约翰王也曾对其赏赐郡守要职。这些人在任上加倍征掠，由此削弱了王权的地方政权基础。参见孟广林：《前期英国封建王权对地方郡政的整饬》，载于《世界历史》，2000 年第 1 期。

"王在法下"与现代法治：一种政治功能主义的理解

尽管如此，由于财政匮乏，中世纪英国的统治者们确实又无力大规模负担直属中央的科层官僚队伍，虽然"分封"模式存在与生俱来的世袭化与离心化倾向，但国王依然不得不依靠大领主等地方中介来维系统治。因此，作为政治上的平衡手段，理性的统治者必然要考虑"如何在不花费很大成本的情况下将中央的政治权力施加到地方，并且又不会产生足以对抗中央权威的地方权力中心"。[1]

### （二）"王权下乡"与巡回法庭

对于"分封"的一种替代性方案是将权力暂时授予国王的亲信。这些王室扈从的权力根基在王城，他们会在"巡回期"内巡视指定区域并行使国王赋予的权力。之后，他们所获得的临时授权会在其回到王城述职的同时被解除。因此，即使是被授予总括性权力，这些王室的代表也不能成为独立的地方权贵，更不可能成为国王的对手，因为他真正的根基在于王室。[2] 不过，如果巡回法官的职位大都只是具有某种临时授权色彩，那他们显然不太有机会形成一个稳定抱团的法律职业群体。他们既没有政治资本，更缺乏动机去为"法官"这样一种"临时"的职业角色去寻求与国王"分庭抗礼"式（所谓"王在法下"）的政治主体地位。直到1166年和1176年，亨利二世先后颁布《克拉伦顿法令》和《北安普顿法令》，巡回法庭才开始承担系统化的制度功能。

随着历史的变迁，巡回法庭在13世纪发生的重要演变是从一种无所不包的总巡回法庭模式转向更具现代司法属性的巡回审判模式。在前一种模式下，当巡回法官在被指定的一个郡或是几个郡的范围内来往穿梭于各个镇之间的时候，他行使国王委任的权力去征收税费、清缴罚金、审阅地方账目、监督公共工程、维持安定、镇压犯罪和解决争端并且在一般

---

[1] [美]马丁·夏皮罗：《法院——比较法上与政治学上的分析》，张生、李彤译，中国政法大学出版社2005年版，第100—101页。

[2] 同上，第99页。

意义上保证每一个人都履行了对国王的义务。[1] 总巡回法庭的这种权力因其显而易见的行政属性而更具主观扩张性和攻击性,尤其是当总巡回法官作为只向国王负责的政治代理人"自上而下地赐予恩威与雨露"时,他们的权力往往缺乏有效制约并且极有可能在事实上对社会民众的日常生活和正当权益造成一种"不请自来"的干预甚至侵害。这最终导致了总巡回法庭的衰落,并逐渐被更具现代司法属性的特别委任巡回法庭所取代。后者主要是根据每次出巡前预先颁发的书面委任令所限定的案件类型(如地产之诉、侵害之诉及刑事案件)行使管辖及审判权。"司法"的消极属性使得人们不再担心"国王代理人"的"擅自闯入",反而会对"有损害必有救济"的中央司法权威心生期待。

### (三)"鞭长莫及"的王权与治安法官

进入 14 世纪后,随着爱德华一世时期战争的持续和流民的增多,地方社会治安陷入严重的危机。[2] 爱德华一世从 13 世纪 90 年代起频繁地发布针对流民问题的调查委任状(commission of inquiry)和刑事听审委任状。但当时王室法官的数量并不足以满足地方治安管理的实际需求。于是,中央的权力真空便自然而然由地方政治力量予以填补。1300 年爱德华一世颁布的治安委任状,授权各郡的骑士对是否存在违反《大宪章》和《温切斯特法》的行为展开调查并行使事实上的审判权。这被视作治安官行使司法权的开始。经过一段时期的实践,国王委任各郡最有声望的人为治安维持官的做法最终在 1361 年的制定法中得到确认。"治安维持官"(keeper of the peace)成为兼具治安维持及审判职能的"治安法官"(justice of the peace)。[3]

---

[1] [美]马丁·夏皮罗:《法院——比较法上与政治学上的分析》,张生、李彤译,中国政法大学出版社 2005 年版,第 100 页。

[2] 蒋孟引:《英国史》,中国社会科学出版社 1988 年版,第 133—138 页。

[3] 于明:《法庭、司法与地方治理——中世纪英格兰地方司法史的法社会学解读》,载于《法学家》,2013 年第 3 期。

## "王在法下"与现代法治：一种政治功能主义的理解

对于如何认识治安法官的兴起，在英格兰本土史学内部也一直存在分歧。一种观点认为，治安法官的出现，同样来自于中央王室"自上而下"加强地方"控制"的努力；另一种观点则倾向于认为，推动治安法官兴起的力量主要来自于议会下院及其所代表的乡绅阶层。[1] 此外，另有两方面因素的存在使得上述争论变得更加复杂：其一，尽管治安法官的职权来自于国王的委任状，但治安法官在财政上却很少受到来自中央王室的控制，几乎完全是依靠个人收入；其二，中世纪后期英格兰的地方治安法官与巡回法官，存在人员构成上的"重合"：一方面，这一时期担任特殊巡回法官并不必然是王室官员，而是同样包含了地方乡绅，并不是完全意义上的"中央集权"。另一方面，治安法官的人员构成同样包含了前述"重合"色彩，也无法简单等同于"地方自治"。[2]

而从本文的问题视角出发，治安法官的兴起究竟是"代表了'中央集权'的强化"；抑或是"反映了'地方自治'的胜利"的问题答案本身实际上并不重要。重要的是，上述争论足以表明，在中世纪英国中央与地方的政治博弈中，"法官"职业群体已经开始作为一股重要的政治力量登上历史舞台——"法官"无论是倒向中央，还是倾向于地方，都会对政治格局的平衡产生影响。失去"法官"的支持，对于相互角力的"中央-地方"、"国王-贵族"等政治力量而言，都是不可估量的重大损失。至此，如果我们再把目光投向"普通法的引入"这一自诺曼征服之后才逐步兴起的国家权力技术，就可以在真正意义上重新理解发生在柯克法官与詹姆斯国王之间那场历史"对话"的深刻背景以及站在他们背后的政治力量是如何充分博弈

---

[1] 参见 T. E. Tout, *Conflicting Tendencies in English Administrative History*, Manchester: Manchester University Press, 1924, p. 22；参见 B. H. Putnam, "The Transformation of the Keepers of the Peace into the Justice of the Peace 1327－1380", *Transactions of the Royal Historical Society*, Vol. 12 (1929), pp. 47－48。转引自，于明：《法庭、司法与地方治理——中世纪英格兰地方司法史的法社会学解读》，载于《法学家》，2013年第3期。

[2] 于明：《法庭、司法与地方治理——中世纪英格兰地方司法史的法社会学解读》，载于《法学家》，2013年第3期。

并最终得以缔结"王在法下"的政治契约。

### （四）普通法的兴起与"王在法下"

如果将惯例法视作是英国法律史的早期起源，那普通法就代表了英国法律的中断。弗朗西斯·福山指出：普通法并不是惯例法的自发演变，它与早期国家的兴起密切相关，并凭借国家权力而取得最终的统治地位。事实上，在诺曼征服之后，向全国推行统一的普通法，已变成扩展国家权力的主要工具。[1] 从这个意义上来说，普通法是"国王之法"，而惯例法则更倾向服务于地方领主的利益。与之相适应的是，英国12世纪前的司法权被区分为公共司法权、领主司法权和国王司法权，并分别通过三套司法体系得以实施，包括郡法庭、百户区法庭和村镇法庭在内的公共法庭，由领主法庭和庄园法庭组成的封建法庭，以及王室法庭。此外，还有教会法庭和各类特许法庭。[2] 这样一种"碎片化"的司法体系显然不利于"中央集权"，为了推行"国王之法"以牵制地方权力，就必须要拓展强化中央的司法权。

比如，对于土地占用的保护在传统上是封建领主法庭的专属管辖权（除非出现领主拒绝受理案件等情况）。而"新近侵占之诉"的出现，最先使得王室法庭在行使管辖权问题上突破传统束缚。尤其是在那些领主强占属民土地的案件中，"新近侵占之诉"提供了一种较之领主法庭更为"中立"的选择，也使得更多的自由民"真实"地感知王权的存在，从而构成了国家权威获取底层民众认同的重要途径与基础。[3] 在社会对公

---

[1] [美]弗朗西斯·福山：《政治秩序的起源——从前人类时代到法国大革命》，毛俊杰译，广西师范大学出版社2012年版，第252页。

[2] 公共司法权与领主司法权具有很强的地方自治色彩，在这一历史时期，教俗两界领主都希望攫取更大的司法特权以以服务于自己的利益。参见阎照祥：《英国政治制度史》，人民出版社2012年版，第72页。

[3] 于明：《早期普通法中的司法治理与自发秩序——以"新近侵占之诉"为例》，载于《清华法学》，2013年第2期。

## "王在法下"与现代法治：一种政治功能主义的理解

共产品提供者的竞争性选择中，王室法庭因其中立、公正（其中也有使用陪审团的因素）且富有效率而逐渐赢得信赖。"到13世纪末，几乎找不到一件自由地产案件是在领主法庭上审理的"，最后，国王法庭包揽了几乎全部的刑事案件和自由土地纠纷案件。[1] 在此背景下，国王在政治上要求"法官"站在自己一边的最好方式就是要求其公正地站在"普通法"这一边。

正如我们已经看到的那样，中央国家的法律功能，对英国后来的产权发展和国家的合法性至关重要。[2] 而既然"向全国推行统一的普通法，已变成扩展国家权力的主要工具。"对于国王们而言，他们终究会意识到这样一个问题：培养法官对于普通法的制度忠诚显然会要比培养法官对于国王的个人政治忠诚更有效率，也更为可靠。在这个意义上，柯克法官的理由——法律是用于审理臣民的案件的金质标杆和标准；它保障陛下处于安全与和平之中；正是靠它，国王获得了完善的保护——显然是有说服力的：一个在位的国王可能会因为年幼、能力资质，更可能因为不可抗拒的衰老而无法一直保持应有的执政能力。而一个高度忠诚于普通法的法官职业群体无疑可以充当一种值得信赖的制度安全阀与政治稳定器，这无论在何种意义上都将只会有助于维系而不是削弱国王的统治。

如此一来，就只剩下国王与法的关系有待进一步理顺了。在"中央-地方"、"国王-贵族"、"国家-社会"之间均存在复杂政治博弈的大背景下，一位把强权凌驾于法律之上的国王早晚会有值得吸取的严重教训——国王不遵守自己颁行的法律，就会给心怀不满的政治对手以可乘之

---

[1] 参见 F.波洛克，F.W.梅特兰：《英国法律史》（第1卷），第133页。转引自，程汉大：《12—13世纪英国法律制度的革命性变化》，载于《世界历史》，2000年第5期。

[2] [美]弗朗西斯·福山：《政治秩序的起源——从前人类时代到法国大革命》，毛俊杰译，广西师范大学出版社2012年版，第254页。

机[1]——国王会受到约束,因为百姓会造反来反对他们认定的不公。什么是不公,什么会动员百姓起来反抗国王,全看国王的做法合不合法。"[2]或许正是因为早已深刻洞悉了这一点,所以尽管詹姆斯国王在情感上觉得自己的无上权威被柯克法官的坚持所冒犯,并流露出明显的不快——国王说:那么,如此说来他将处于法律之下了,要知道这种说法是构成叛国罪的——但很显然国王不会真正拿叛国罪来治罪柯克法官。国王们应该要清楚,无论主动接受"王在法下"的说法在直觉上多么令人不快,但那"法"毕竟还是"国王之法"(从某种意义上来说,国王可能也更愿意将其所服从之"法"看作是"上帝之法"[3]),总归胜过在刀剑之下臣服于某个"僭主之法"。[4]

或许正是因为仍是作为最高政治主宰的国王愿意做出"王在法下"的政治妥协,这才使得"中央集权"与"地方自治"这两种旨在将英国社会引向截然对立方向的政治努力并没有给这个小小岛国带来不可承受的政治分裂,反而成为孕育现代西方政治文明的伟大母体。

---

〔1〕贵族集团反对约翰国王的斗争,以及英国历史由此收获的 1215 年《大宪章》可以说是后世历代国王必须慎重对待的历史之镜。《大宪章》"从头至尾给人一种暗示,这个文件是个法律,它居于国王之上,连国王也不得违反"。参见[英]温斯顿·邱吉尔:《英语国家史略》(上),薛力敏、林林译,新华出版社 1983 年版,第 234 页;在中世纪时期,英国人民先后数十次强迫国王确认《大宪章》。反其道行之的理查德二世在成年亲政后扬言"法律存在于国王口腹之中",推行专制独裁,结果于 1399 年被废黜。参见程汉大:《英国宪政传统的历史成因》,载于《法制与社会发展》,2005 年第 1 期。

〔2〕[美]弗朗西斯·福山:《政治秩序的起源——从前人类时代到法国大革命》,毛俊杰译,广西师范大学出版社 2012 年版,第 255 页。

〔3〕教会史家如 J.C. 狄金森(J.C. Dickinson)即强调"法"就是"神法"。参见孟广林:《中古西欧的"法大于王"与"王在法下"之辨析》,载于《河南大学学报》(社会科学版),2002 年第 3 期。

〔4〕在现代社会发轫之初,王权与贵族之间建立起一定的平衡,对现代民主来说是一个决定性的条件。[美]巴林顿·摩尔:《民主与专制的社会起源》,拓父、张东东等译,华夏出版社 1987 年版,第 338 页。

## 三、"规则之治"的中国实践：法治的现代性之惑

英国王室构建中央集权的努力是这个岛国政治体迈向"现代国家"的重要一步,在这一时期,中央王权伸入地方的国家治理主要是沿着"司法"或法庭为中心的路径展开,[1]因而在很大程度上被视为是一种"司法治理"。[2]而自"革命"以降的中国,情况则截然不同。在暴力革命的大熔炉中,现代政党、职业军队、政治精英、底层民众/群众、现代通讯与大众传播等新旧政治组件在反复的实验性实践中,以最极端激烈的方式碰撞、耦合、聚变,并最终以1949年中华人民共和国的成立,正式宣告了中华文明自"鸦片战争"以来第一个实现连续稳定治理的"现代国家"的诞生。

作为新中国的缔造者,共产党在艰苦卓绝的革命斗争环境中所取得的最为重要的政治经验之一就是如何发动底层民众来支持党的权力斗争。通过分别以"党的组织和群众路线"与"打土豪、分田地"为政治、经济基础的阶级斗争,将传统经济、文化、生活组织网络彻底清除,取缔各种封建行会、宗教、宗族组织等"权力的文化网络",取而代之以各式新组建的组织(作为领导核心的党,以及诸如农会、妇联、儿童团等各种党的外围组织),从而将从旧体制中解放出来的个人重新纳入由党来全面掌控的新型权力组织系统中。[3]

由此,在近代中国迈向"现代国家"的历史进程中,以"农村包围城市"的方式所建构起的是一种既"自上而下"又"自下而上"的"全能主义"中央集权体制。党以及党领导下的军队及政治宣教系统是构成这样一种中央集权体制最为核心的功能组件,司法之于国家治理无论在何种意义上都处在政治的边缘。这与西方(欧洲)的历史形成鲜明的反差,正如佩里·

---

[1] 于明:《早期普通法中的司法治理与自发秩序——以"新近侵占之诉"为例》,载于《清华法学》,2013年第2期。

[2] 邓云清、宫艳丽:《王之和平与英国司法治理模式的型塑》,载于《历史研究》,2010年第5期。

[3] 陈洪杰:《人民司法的历史面相——陕甘宁边区司法传统及其意义符号生产之"祛魅"》,载于《清华法学》,2014年第1期。

安德森(Perry Anderson)所指出的,在中世纪的后期,司法才是"政治权力的核心形态";[1]迈克尔·曼(Michael Mann)的研究也表明,欧洲国家建设的第一阶段,最早稳定的国家机关是高等法院(当然还有国库)。[2]

在新中国成立之后直至改革开放之前相当长的一段历史时期里,党将社会整合成为高度组织化和意识形态化的秩序体。国家直接面对民众,消解了精英与社会中介组织对国家治理的缓冲作用;国家的社会动员能力极强,利用全国性的严密组织网络,通过国家对民众的总体性控制与参与式动员进行国家治理。[3]在这种国家治理结构中,"运动"成为一种极有效的权力媒介,通过不断调整运动的广度与深度,国家借助于各种运动成功地将其意志和强制渗透至每一个社会成员。而司法的核心功能亦只被限定在服从并服务于党的控制策略。

改革开放以后,中国社会发生了深刻变化,我们所面临的社会转型是一个市场机制日益主导社会运作的过程,是一个人们的行为动力机制日益由革命理想与激情向现实的物质利益转换的过程,也是一个意识形态治理效能递减的过程。[4]国家科层制末端的基层管理机构出现了"去功能化"的趋势,传统单位体制的弱化甚至解体、城市居民委员会功能的式微、户籍制度的变革等都与社会空间的拓展密切相关,大规模的人口流动削弱了传统行政控制手段的效能,并且,随着社会意识形态和人们生活态度方面的巨大改变,国家对人民生活的直接干预大幅度减少,个体主义和自我利益的追求成为社会意识形态中最突出的特征,削弱了社会团结的

---

[1] [英]佩里·安德森:《从古代到封建主义的过渡》,郭方、刘健译,上海人民出版社2001年版,第156页。

[2] [英]迈克尔·曼:《社会权力的来源》(第一卷),刘北成译,上海人民出版社2002年版,第566页。

[3] 孙立平:《转型与断裂:改革以来中国社会结构的变迁》,清华大学出版社2004年版,第31—34页。

[4] 唐皇凤:《社会转型与组织化调控——中国社会治安综合治理组织网络研究》,武汉大学出版社2008年版,第17—18页。

## "王在法下"与现代法治：一种政治功能主义的理解

纽带，整个社会调控体系面临转型与重构的重任。[1]

国家对个体的现实控制能力被削弱之后，整个社会调控的重心就必然要转向"通过法律的治理"，这是由法律的功能特点决定的：法律的实施在多数情况下不需要暴力强制，在常态社会中，也没有任何国家的警力、军事力量能够做到将暴力实施到每一个人。法律规范的实施主要依赖于个人的稳定期待，以及相信政府具有打击"搭便车者"的执法能力。大多数人遵守法律的动机主要不是惩罚的威胁，而来自规范性期待。[2] 在此基础之上，"依法治国"的政治理念将法律的"管理"与国家的治理联系起来，强调国家借助形式理性的法律来组织它的一切活动。法律以表面的程序公正增强了国家治理的合法性，掩盖了国家治理过程中权力运作的暴力形象，可以大幅提升国家治理的效能。[3]

由此，司法之于国家治理以及政治策略选择中的权重位置，也开始由"边缘"逐渐滑向"中心"。这就意味着司法在主体性问题上同样也会不可避免地遭遇"政治之王"的支配权挑战——比如，詹姆斯一世的逻辑是："无论案件的性质如何，都可以由国王自己'以王者的身份'直接进行裁决，因为法官不过是国王的代理人而已，国王有权按照自己的喜好裁决案件"；而在当代中国这样一个人民主权国家，一方面由于党是人民的先锋队，另一方面则由于科层制下的司法官僚体系往往被认为有背离人民意志的固有倾向，因此，为了保证司法的"人民性"，必须要坚持"党管司法"。

尽管在不同的历史语境中，司法所面临的挑战方式有所不同，但这些挑战的问题本质却是完全一致的——代行国家主权的"独立"司法建制应如何在政治上向"主权者"负责？现代法治的重要回答之一，便是以法律

---

[1] 唐皇凤：《社会转型与组织化调控——中国社会治安综合治理组织网络研究》，武汉大学出版社2008年版，第137—138页。

[2] 伍德志：《欲拒还迎：政治与法律关系的社会系统论分析》，载于《法律科学》（西北政法大学学报），2012年第2期。

[3] 唐皇凤：《社会转型与组织化调控——中国社会治安综合治理组织网络研究》，武汉大学出版社2008年版，第129页。

为介质的"规则之治"。主权者制定法律,法官执行法律,"法官除了法律就再没有别的上司"。但这个回答本身显然是以"西方"作为经验支撑的,是否能与"东方"的文明体验凿枘相投,却始终是个尚未厘清的问题。

正如我们已经看到的那样,中国自"革命"以降的"现代国家"建构、政治稳定与现代性始终依赖的是以党为核心的"政治系统",而不是以法官为核心的"法律系统"。发生在"党的领导"与"法律至上"之间的内在张力,深刻地凝结在了那种政治能够将自己的理解强加于法律之上的"政法传统"当中,正是在政治与法律这种"剪不断、理还乱"的暧昧纠葛中,中国的法治/司法实践也逐渐步入一个充满现代性困惑的十字路口:为了应对社会转型过程中日渐浮现的合法性危机,究竟是以"重返马锡五"的方式固守"政法传统"?[1] 还是继续迈向以"法律的自治"为前提的"司法治理"?

### 四、作为一种社会治理策略的"法治":法律方法与政治实践

当"法治"开始成为一种有效的公共话语,在法律方法层面对这一命题进行逻辑推演的必然结论是要求强调法律的普适性以及法律对一切政治权力的"规范"或"规制"。而一旦我们仅仅停留在"教义"学层面去理解作为"法治"逻辑之"必然"展开的"王在法下",并且这一"教义"恰好又有"柯克法官与詹姆斯国王的故事"之类的表层经验叙事加以支撑,我们似乎就只需要"灌输一种对法律价值观的信仰"以及建构起一种"法律共同体为坚持信仰而进行抗争"的学术话语谱系就可以满足自身对"法治"的全部想象与期待。

然而,作为一种社会治理策略的"法治"却并不仅仅是法律方法在纸面上或想象中的逻辑推演这么简单,它必须要转化成一种直面社会复杂性的政治实践。恰恰在这一点上,当我们下意识地试图从西方的先进经验中为中国法治寻求某种启示与借鉴时,却常常不自觉地"以理念代实

---

[1] 陈洪杰:《从"群众参与"到"公民参与":司法公共性的未来》,载于《法制与社会发展》,2014年第1期。

"王在法下"与现代法治：一种政治功能主义的理解

在"，[1]将这种"复杂性"从理论阐释中抽离，将"启示"异化为理论研究的一种"变相地教化"。我们需要意识到，即便我们已然可以在法律方法层面超越意识形态隔阂去"复述"发轫于西方的"法治"理论，但在政治实践领域，一种被灌输的信仰却显然并不足以支撑起有效的"现代法治"。与历史上的英国国王一样，现代的"政治之王"同样需要理念之外的理由来支持"法律的自治"。就此而言，诸如"王在法下"的西方经验所能给予我们的启示或许恰恰并不在于已然作为一种政治博弈结果的"王"与"法"之间的静态关系，而在于作为这种经验关系产生之历史背景的社会复杂性有无可能超越局限于英国经验的"地方性知识"，并在理论抽象上提供一种坐标性质的政治关系模型以作为我们的"法治"实践能够进行功能参照与反思的历史存在。

（一）中央权力与地方治理

正如前文的分析业已指出的，在英格兰早期治理模式的制度选择过程中，之所以会形成目前我们所能观察到的"司法治理"路径，是因为在中央、地方及至于教会的多元权力格局中，谁也没有能力凭借其绝对的权力意志取得压倒性的胜利。如果没有贵族、教会对王权的反抗，任由国王建立军队，或者自上而下复制金字塔式的官僚授权体系，那么，国王也许就无需依靠一只消极有限的司法大军来树立权威；同样，如果随时有一个专横而强大的军事行政当局枕戈待旦，它们怎么又会甘心屈服于一个天性软弱的司法权威之下呢？[2]在中央与地方权力多元格局的视角下，作为

---

[1] "法治"成了"思考的前提"，我们对"法治"的研究，在很大程度上就沦为了对"法治"理念或理论的研究，甚至宣传。参见支振锋：《西方话语与中国法理——法学研究中的鬼话、童话与神话》，载于《法律科学》（西北政法大学学报），2013年第6期。

[2] 在君主、教会和贵族之间的多元权力格局中，权力不仅没有像接力棒一样在国王、教会、贵族之间作简单的传递，反而在冲突各方向市民社会寻求同盟者的过程中，被越来越多的市民主体所分享。参见周威：《英格兰的早期治理——11—13世纪英格兰治理模式的竞争性选择》，北京大学出版社2008年版，第5页。

一种社会治理策略的"法治"之所以可欲,正是因为本身可以作为一种政治对话平台,而为权力意志间的相互妥协与合作提供可能性的法律是最可欲的,为所有相互竞争的政治对手们所兼容的,避免两败俱伤的最后政治解决方案。这个时候,建立在"法律自治"前提下的"法律的统一管制"是每一种与生俱来具有绝对化倾向并且相互斗争的权力主张最有可能接受的妥协方案。

回到我们的现实,如果中央权力始终可以凭借党政体制的有效运作以保证在地方治理实践中不折不扣地贯彻自上而下的政治意志,那么,对政治权力而言,以"法律的自治"为必然逻辑预设的"司法治理"就会因其隐含的权力制衡取向而很难成为一个有吸引力的政治方案。然而,在当下中国经常陷入的那种诸如中央意在抑制房地产泡沫而地方政府却过度依赖"土地财政"的治理困境中,曾经作为中央政令上行下效有效保证的传统政治路径正在失却有效性。当中央的"善治"无法有效落实到地方,社会弱势群体对地方政府的信任危机暴露无遗,(地方)"全能型政府"驾驭社会秩序的能力受到挑战。[1] 多发的群体性事件以及密集的"进京上访"也就必然会成为社会的一种病态政治反应。

因此,当"政令不畅"[1]日渐成为中央权力正在遭遇的治理困境时,尝试通过法律系统来实现普遍化的社会治理目标就变得越来越无法简单

---

[1] 2004年重庆"万州事件"、2006年四川"广安事件"、2007年四川"大竹事件"、2008年贵州"瓮安事件"和云南"孟连事件"、2009年湖北"石首事件"等事件被研究者称为我国群体性冲突的"标本性事件",事件更多地体现为"无直接利益冲突",即绝大多数参与者并不是直接利益受到侵害,"石首事件"更是成为社会冲突从社会性利益性冲突向政治性漂移的标志事件。陈天柱:《论基层社会稳定机制的若干思考——对几起群体性事件的考察》,载于《社会科学研究》,2011年第5期。

[1] "村骗乡、乡骗县、一直骗到国务院。国务院下文件,一层一层往下念,念完文件进饭店,文件根本不兑现",这是2007年在两会上政协委员杨志福向温家宝总理转述的一个民间顺口溜。新华网:《委员向总理转述顺口溜的思考》,http://www.nmg.xinhuanet.com/xwzx/2007-03/08/content_9451539.htm,访问时间:2011年7月4日。转引自,伍德志:《欲拒还迎:政治与法律关系的社会系统论分析》,载于《法律科学》(西北政法大学学报),2012年第2期。

武断地加以拒绝——权力媒介通过将自身结构化为法律媒介,也能获得法律媒介的普遍化效力,而法律之所以能够实现普遍化效力,是因为法律系统提供了最具同质性的法律共同体,以及最具普遍性的司法制裁,法律系统既能够通过广泛的法律共同体传达以法律表现出来的政治指令,又能够通过普遍化的权利诉讼提供丰富的信息监控与有效的制裁机制。[1]

### (二)政治与法律的系统重构

无论是在中世纪的英国,还是近现代的中国,我们都可以清楚地观察到,在国家的现代化过程中,政治必然会产生对法律的功能需求,这是因为政治系统想利用法律来为自身赋予合法性以及对政治自身整合不了的社会关系进行整合。与此同时,政治一方面离不开对法律功能的工具利用,另一方面却又总想在法律碍手碍脚的时候踢开法律。[2] 这经常是因为政治承担着一种"消防队"的角色,按照哈贝马斯的观点,政治系统"可以为全社会整合问题起亏损担保作用"。[3] 在面对日常社会治理过程中不断涌现的各类具有政治敏感性、现实紧迫性的利益对抗与社会冲突时,政治系统时常迫不得已要在法外寻求可以变通的解决方案以避免迫在眉睫的治理危机。在我们现行的压力型体制下,地方政府为了"保稳定"甚至在面对"无理上访"时,也"只有在问题的外围想办法,在合法之外的灰色地带想办法……例如,豫北某县每逢敏感时期,就把那些可能上访的人集中起来,带他们到外地旅游,从而防止他们上访"。[4] 而政府将法律问题政治化的"法外维稳"则又会进一步刺激社会行动者将问题事件化或政治化的倾向,张荆红博士于 2010 年的一项调研表明,当遇到

---

[1] 伍德志:《欲拒还迎:政治与法律关系的社会系统论分析》,载于《法律科学》(西北政法大学学报),2012 年第 2 期。

[2] 同上。

[3] [德]哈贝马斯:《在事实与规范之间——关于法律和民主法治国的商谈理论》,童世骏译,生活·读书·新知三联书店 2003 年版,第 540 页。

[4] 陈柏峰:《无理上访与基层法治》,载于《中外法学》,2011 年第 2 期。

问题时，多数人(51.6％)有明确的制度外维权倾向，选择将事情"闹大"以求解决。[1]"维稳"与"闹大"构成政府与公民行动的两份"公开的文本"。[2]

法律问题政治化(政法传统)的直接后果是导致法院无力回应社会行动者的规范性期待。法院无法依托"只服从于法律"[3]的制度权威为社会提供一种常规化、制度化、公平、公开的利益表达渠道和博弈平台，并为社会矛盾提供最终的解决方案，社会民众普遍"信访不信法"。[4]在大量终审不终、涉诉信访现象的冲击下，甚至法院本身亦成为社会矛盾的一个诱因和一方主体。[5]而法律如果不能维护自身的统一性，则也会导致其无法维护政治权力的统一性。因为，政治权力的结构是由法律来组织和建构的。政治权力在漠视法律的同时也难以建立自身的普遍有效性。由此就产生了一个必然的后果：政令不畅。

为了克服"政令不畅"，在历史上，我们党曾经试图以"通过运动的治

---

[1] 张荆红：《"维权"与"维稳"的高成本困局——对中国维稳现状的审视与建议》，载于《理论与改革》，2011年第3期。在另外一份类似的研究中，当受访者被问及，如果乡政府收取的规费大大超出中央政府设置的界限时，他们是否会支持、加入，甚至领导村民上访？746名受访者中的53.4％表示他们绝对支持上访，40.9％的受访者表示如果有人挑头的话，他们绝对会加入上访队伍，并有18％的受访者表示他们绝对会挑头带领大家去上访。Lian-jiang Li, "Political Trust and Petitioning in the Chinese Countryside", *Comparative Politics*, Jan. 2008, Vol. 40, No. 2, p. 212.

[2] 韩志明：《能力短缺条件下的双边动员博弈——政府维稳与"公民闹大"及其关系》，载于《江苏行政学院学报》，2011年第6期。

[3] 正如罗干在全国第五次刑事审判工作会议上讲话所强调的，法官应该坚持忠诚于党、国家、人民，(然后才是)法律。Susan Trevaskes, "The Death Penalty in China Today: Kill Fewer, Kill Cautiously", *Asian Survey*, May/June 2008, Vol. 48, No. 3, p. 402.

[4] 在一份调研报告中，746名受访者被问及，通过进京上访的方式来保护农民的合法权利和利益究竟是否有用？46.6％的受访者选择(1)非常有用；17.3％的受访者选择(2)有一点用；6.2％的受访者选择(3)没用；另有19.8％的受访者拒绝回答。Lian-jiang Li, "Political Trust and Petitioning in the Chinese Countryside", *Comparative Politics*, Jan. 2008, Vol. 40, No. 2, pp. 212-213.

[5] 陈洪杰：《方向性错误：司法改革的围城之惑》，载于《华中科技大学学报》(社会科学版)，2009年第4期。

## "王在法下"与现代法治：一种政治功能主义的理解

理"来达成治理目标。这种国家治理策略以执政党在革命战争年代获取的强大政治合法性为基础和依托，通过执政党和国家官僚组织有效的意识形态宣传和超强的组织网络渗透，以发动群众为主要手段，在政治动员中集中与组织社会资源以实现国家的各种治理目的。[1]运动式治理的目的在于彻底摧毁法律程序以及与法律程序密切相连的整个官僚体系，因为这些司法机器或者官僚机器被看成是压迫性的力量，是革命所必须摧毁的对象。[2]然而，由于目标置换、[3]政治凌驾专业[4]和异化[5]等因素的制约，国家运动常常事与愿违，获得的不是超常的高效率，反而是超常的低效率。[6]

这也意味着，"政令不畅"的问题必须要回归到"通过法律的治理"这一基础框架中来加以解决。由此，"党要守法"[7]也就必然会成为"通过法律的治理"最为关键的政治起点，1982年《宪法》第五条第四款明确规定：一切国家机关和武装力量、各政党和各社会团体、各企业事业组织都必须遵守宪法和法律……任何组织或者个人都不得有超越宪法和法律的特权。时隔三十余年之后的中共十八大报告也依然在强调这一点。尽管如此，在我国特定的政治体制背景下，仅仅"党要守法"显然不够，如果党

---

[1] 唐皇凤：《常态社会与运动式治理——中国社会治安治理中的"严打"政策研究》，载于《开放时代》，2007年第5期。

[2] 强世功：《法制与治理——国家转型中的法律》，中国政法大学出版社2003年版，第151—152页。

[3] 抱着各种各样目的的人主动或被动地卷入国家运动的潮流中。这些人表面上积极参与国家发起的运动，实际上却见缝插针地置入自己的目标，不断以自己的目标替代整个运动的目标。

[4] 国家强制要求官僚系统或整个社会保持高度忠诚，不但会严重限制官僚团队和整个社会专业能力的施展，而且会让他们卷入复杂的政治斗争，破坏专业精神。

[5] 国家运动本是用来促进社会公共利益，结果却被一些首长用作塑造政绩工程或展开派系斗争的工具。

[6] 冯仕政：《中国国家运动的形成与变异：基于政体的整体性解释》，载于《开放时代》，2011年第1期。

[7] 季卫东：《论中国的法治方式——社会多元化与权威体系的重构》，载于《交大法学》，2013年第4期。

依然是既主导立法又要"党管司法"的"政治之王","党要守法"所试图传递的政治意象就显然不足以消解"党领导一切"所传递给社会的"特权"想象以及部分党员干部的基于"潜在""特权"意识的自我身份认同。因此,为了真正落实"党要守法",政治上的"放权"或"分权"就势在必行。

正如在英国,尽管早在 1215 年的《大宪章》就已经将"王在法下"作为一项法律原则固定下来,但许多研究都表明,在"封建契约"结构中,国王与封臣的关系从来不是对等的;而国王是否受到封臣与法律的制约,"则取决于实际的力量对比"。[1] 也正因为如此,一直到 17 世纪初,作为柯克法官与詹姆斯国王之间那场著名对话的政治背景和历史语境,国王才会极其自然地脱口而出:"那么,如此说来他将处于法律之下了,要知道这种说法是构成叛国罪的。"这种情况一直延续到"英国议会强大到足以成功击败国王设想的包括增税、组建新军、规避普通法在内的诸多计划。它(议会)还创建自己的军队,在内战中打败国王,将之处死,迫使继任君主詹姆斯二世退位,拥戴来自欧洲大陆的威廉(William of Orange)。直到最后,统治英国的不是欧洲大陆那样的专制君主,而是正式承认议会负责制原则的立宪君主"。[2] 从这个意义上来说,真正奠定"王在法下"作为一种稳定的政治博弈均衡的并不仅仅在于 1215 年《大宪章》,更要归功于 1688—1689 年的光荣革命。

在当下之中国社会,我们显然已经不可想象必须还要经过一场中国版的"光荣革命"来达成那种英国式的"王在法下"。无论是通过"顶层设计"[3],还是借助于"中间变革"[4],作为"政治之王"的党必须要充分意识

---

[1] [法]布洛赫:《封建社会》(下卷),李增洪、侯树栋、张绪山译,商务印书馆 2007 年版,第 655 页;或参见马克垚:《英国封建社会研究》,北京大学出版社 2005 年版,第 74 页。

[2] [美]弗朗西斯·福山:《政治秩序的起源——从前人类时代到法国大革命》,毛俊杰译,广西师范大学出版社 2012 年版,第 395 页。

[3] 季卫东:《论中国的法治方式——社会多元化与权威体系的重构》,载于《交大法学》,2013 年第 4 期。

[4] 程金华:《国家、法治与"中间变革"——一个中央与地方关系的视角》,载于《交大法学》,2013 年第 4 期。

## "王在法下"与现代法治：一种政治功能主义的理解

到"政治系统得益于另一个地方即法律中把正当与不正当的区分规则化并进行管理。"[1]政治权力即便将法律当成工具，也只有在遵守工具本身的功能与规则时，工具才是可用的。只有法律的功能分立，且得到政治保障，法律才能为政治系统的要求提供实现机制与手段，才能对政治权力普遍化提供结构支持。[2]

正如在英国国家现代化进程中，"司法治理"之所以可欲，相当程度上取决于作为政治工具的法律系统所具有的"自我生产"能力。英国巡回法官在巡回审判中将法治传统播撒到英格兰每一个角落，将每一次巡回审判做成一次法制教育，臣民们相信总会有人来主持公道，通过法律途径总能解决问题，以及打破封闭的地方习惯，造就一套通行的普通法体系，在人事上杜绝地方保护，保证法官的中立和权威。[3]这是一整套关涉权力建制、共同体型构、话语体系生产以及与其他政治参与者之间的复杂博弈，并最终得以在缓慢演进的历史经验层面证明自身的功能构造与权力逻辑无法被政治任意伸缩的"合法性的自我生产"。这也使之成为一种更有效的政治工具，比如，都铎王朝时期的政府大臣埃德蒙·达德利在向亨利八世进献治国良策时曾如此建议："一个君主不要让人们看起来是为了自己的目的，通过御玺和信函，或者通过自己的顾问对臣民行使征税、监禁之权力，而应通过正当法律程序向臣民征税，尽管通过正当法律程序所征的税更沉重。"[4]

---

[1] [德]卢曼：《社会的法律》，郑伊倩译，人民出版社2009年版，第22页。
[2] 伍德志：《欲拒还迎：政治与法律关系的社会系统论分析》，载于《法律科学》（西北政法大学学报），2012年第2期。
[3] 何勤华、王帅：《中世纪英格兰的巡回审判：背景、制度以及变迁——兼论我国巡回审判制度的构建》，载于《法律科学》（西北政法大学学报），2015年第2期。
[4] E. W. Ives, *The Common Lawyers of Pre-reformation England*, Cambridge University Press, 1983, p.244. 转引自，程汉大：《英国宪政传统的历史成因》，载于《法制与社会发展》，2005年第1期。

## （三）司法治理的政治逻辑：维权与"维稳"的辩证法

在当前我国的地方治理实践中，"刚性维稳"成为地方政府应对群体性事件和上级压力的主要手段。政府要么是依靠暴力的强制，如截访、办学习班、劳教、拘留甚至强行送精神病院等手段；要么是在事件被"闹大"后不得已而采用利益输送等各种"怀柔"手段来摆平事件，甚至不惜直接干预司法裁判。而社会民众也很快意识到在政府"维稳"的逻辑下，他们的利益诉求往往是"大闹大解决，小闹小解决，不闹不解决"，"闹大"自然而然成为争取利益最大化的最佳理性选择。结果每一次法外解决之后将会引来更多的效仿，陷入"越维越不稳"的怪圈。[1]

大量研究表明，利益分配不公、利益表达受阻、利益博弈失衡是诸多严重冲突事件背后的深层原因。若不从根本上解决利益失衡与社会公正的机制问题，一味以稳定为名阻止合法的利益表达，则只会积聚矛盾，使社会更不稳定。因此，政治动员式的"维稳"模式必须转向制度化的利益均衡机制，使法治成为解决冲突的长效手段，这也意味着，维权就是维稳，维权才能维稳。[2] 同样，在我们对英国"司法治理"的观察中，诸如"新近侵占之诉"的例子可以表明，在国王将"治权"伸入地方的过程中，正是通过塑造一种为"权利的实现"提供制度通道的公共权威平台来回应人们对秩序和正义的基本诉求，"法治"成为"治权"得以顺利展开的有效政治支撑。而在我们的历史实践中，如果说以"解放"为意识形态支持的"改造社会"曾经为革命年代的国家权力下沉提供一种合法性论说和政治技术路径的话，那么，伴随着"解放"而来的个人主体意识的觉醒也必然要求国家治理有能力满足最广泛社会个体的"维权"诉求。当"进京上访"成为社会对中央"政令不畅"的病态政治回应时，重塑"维权"的公共权威平台也必将是国家权力下沉的重要政治通道。

---

[1] 梁惟：《维稳之困与公民社会之缺》，载于《岭南学刊》，2011年第3期。
[2] 清华大学社会学系社会发展研究课题组：《利益表达制度化，实现长治久安——维稳新思路》，载于《新华月报》，2010年第5期。

## "王在法下"与现代法治：一种政治功能主义的理解

本文认为，"维权"指向的是治理权力的合法性维度，"维稳"则必然意味着必须由暴力提供现实强制支持的治理权力的有效性维度。前者所象征的"规范性期待"主要是诉诸以法院为核心的法律系统，后者在我国的历史语境下更多依赖的是以党为核心的政治系统。在现代国家的权力设置中，以法院为典型符号象征的司法权力建制是任何一个普通社会公民都能平等运用的制度性权力。民事、行政的诉讼程序设置，以及司法最终解决原则的确立，使得政治系统的各种权力运作都可能会因为公民的"维权"诉讼而谋求法律系统提供合法性支持。而政治如果总是基于某种短期目标（如当前的"维稳"，以及更早的"严打"等各种政治运动）而对法律系统的运作或设定禁忌或直接实施干预，最终必然会导致社会行动者对法律的规范性期待落空。因此，当前我国所遭遇的治理危机，并不仅仅是"政令不畅"的问题，更是一场深刻的法律信任危机。当公民不得已选择"闹大"作为维权的行动策略时，实际上就已经隐含了政治与法律的双重失败。

中国的未来如何避免此种"双重失败"？如果确实"只有普遍化的司法救济才能克服中央地方之间的信息不对称（通过司法救济，公民主动将权力行使不符合法律规范的个案信息向司法系统，并最终向政治系统输送）"[1]，政治又是否能够接受司法对于"合法/非法"进行区分的独享的建制化权力？这既取决于"政治之王"的政治智慧与决断，也取决于法院与其他政治参与者之间的现实博弈。只有当维权确实消解了"维稳"的政治压力，"法律的自治"才有可能成为一种有吸引力的政治选项。而"法律只有被当作与国家截然不同的秩序，并且因而有别于强权而带有几分公正色彩，才能胜任替国家辩护之职"。[2]

---

[1] 伍德志：《欲拒还迎：政治与法律关系的社会系统论分析》，载于《法律科学》（西北政法大学学报），2012年第2期。

[2] [奥]凯尔森：《纯粹法理论》，张书友译，中国法制出版社2008年版，第114页。

## 五、现代性视野下的法治

改革开放以来的中国正在以令人惊叹的速度和规模遭遇"现代性"。对我们而言,这意味着全球性视域下的复杂社会交往;意味着无法用传统"大一统"范式加以统摄的多元价值观;意味着海量的信息传播与知识生产;意味着日新月异的现代技术对生活世界各个层面(经济、文化、政治)时时刻刻的冲击与改变;意味着人与人之间关系的反复重新厘定……意味着前所未有的复杂性。作为对现代复杂性的回应,人们的日常交往必然会越来越依赖于社会的抽象性系统(符号标志与专家系统),并对由这种抽象性系统所标识的制度承诺寄以无限希望与信赖。原因在于,个体在现代性社会中对于空前复杂的社会结构与权威的空前乏力,转而希望通过制度实现对复杂社会现象的有效控制。[1]

因此,"法治"之于现代性社会不仅仅意味着权力制衡或权利保障,更在于对社会复杂性的简化。人们唯有借助于已经实证化的法才得以理解自己的行动自由及边界所在。当然,什么是有效的法必然是由政治决定的,但法与政治的分离在法的适用层面是完全可能的("王在法下"的政治观念正是尝试提供这样一种分离的可能性,并且在历史上也已被经验证明是可行和成功的)。尽管如此,在那些不是透过自由,而是透过真理来为政治统治取得正当性的国家,法与政治的分离还是被拒绝采用。政治上被定义的真理要求拥有无条件的效力,所以容忍不了自主的子系统。[2] 这么做的后果不仅破坏了人们建立合理行为预期的可能性,更是极大增加而不是简化了社会复杂性。如果法律不是一种有效并且可信任的行为介质的话,那么什么才可以是?当带着类似疑问的人们不断冲破实证法制造的幻象而试图深入到政治的意义世界中去寻求可理解的答案

---

[1] 高兆明:《信任危机的现代性解释》,载于《学术研究》,2002年第4期。
[2] [德]迪特·格林:《政治与法》,杨登杰译,载于高鸿钧等主编:《法理学阅读文献》,清华大学出版社2010年版,第560—565页。

## "王在法下"与现代法治:一种政治功能主义的理解

时,就必然会以一种连锁反应的方式制造政治系统本身也无法承受的复杂性。正如在当下之中国,当群体性事件、进京上访、政令不畅与权力寻租正环环相扣成为"政法传统"越来越无力破解的治理困境,"法律的自治"必然是我们在现代性所发出的挑战面前必须给出的重要回应。

# 论社会主义核心价值观融入司法的条件认知

韩振文[*]

**【摘　要】** 新时代司法建设依赖于一个能够有效贯彻践行社会主义核心价值观的司法条件保障与融贯的方法运作机制。除了陪审团制度外，西方学界很少从践行方法层面讨论司法过程对主流价值观的贯彻，因而也不存在一套定型化的客观条件与践行路径来融入司法决策。当下我国司法必须跨越西方法治话语的二元对立思维所建构起来的法律与道德的鸿沟，弘扬社会主义核心价值观，通过案件的审理活动，把基本道德理念准则引入司法活动之中。核心价值观融入司法要考虑个案司法多元功能的逻辑顺序，与司法改革面临的诸多体制性冲突。在司法综合配套制度还未完全跟进，相关制度能力、制度资源及职业文化还存在相对不足的情况下，这些都是核心价值观融入司法决策难以回避的条件制约因素。

**【关键词】** 新时代；社会主义核心价值观；司法决策；条件认知

---

[*] 韩振文，浙江大学光华法学院法学博士后科研流动站研究人员。研究方向：司法的认知科学、裁判方法。

本文系浙江省哲学社会科学规划课题项目（17NDJC195YB）"论认知风格对法官决策差异形成的影响"，中国博士后科学基金第 61 批面上资助项目（2017M611967）。

论社会主义核心价值观融入司法的条件认知

## 一、问题的提出

在中国特色社会主义进入新时代的背景下,社会主义核心价值观作为当代中国精神的集中体现,具有价值导向、社会整合、凝聚共识、主体建构等多元功能,必然会在个体层面规范公民的行为方式,在国家层面形塑司法的意识形态,为司法解释与司法适用提供相应价值指南。而司法系统要发挥社会公正的重要引领作用,需要及时准确地从司法实践经验中,总结提炼出符合社会主流价值观念的法律精神,并以此作为判决个案与制定公共政策的依据,反过来,则运用法律法规和公共政策向社会传导正确的价值取向。总之,新时代司法建设依赖于一个能够有效贯彻践行社会主义核心价值观的司法条件保障与融贯的方法运作机制。2012年11月党的十八大确立了社会主义核心价值观的主要内容,2016年12月中共中央办公厅、国务院办公厅印发《关于进一步把社会主义核心价值观融入法治建设的指导意见》(以下简称"《意见》"),强调要把社会主义核心价值观融入法治国家、法治政府、法治社会建设全过程,融入科学立法、严格执法、公正司法、全面守法各环节,以法治体现道德理念,强化法律对道德建设的促进作用,切实发挥法治的规范和保障作用,推动社会主义核心价值观内化于心、外化于行,为实现"两个一百年"奋斗目标、实现中华民族伟大复兴的中国梦提供强大价值引导力、文化凝聚力和精神推动力。2017年10月党的十九大确立了习近平新时代中国特色社会主义思想全面准确贯彻落实的基本方略,其中之一就是坚持社会主义核心价值体系,培育和践行社会主义核心价值观,把社会主义核心价值观融入社会发展各方面,转化为人们的情感认同和行为习惯。但关键问题是以富强、民主、文明、和谐、自由、平等、公正、法治、爱国、敬业、诚信、友善为主要内容的核心价值观之间存在着优先性关系,它们在强调司法权依法独立公正行使的特殊场域中,如何根据中国法治实践与司法建设需要,有效发挥规范性指引力与价值引导力,以及借助具体哪些践行路径与建设方法真正融入到个案司法决策中来,对此需要事先进行系统深入的探讨。而这些探讨都离不开社会主义核心价值观融入司法的充分条件的保障。如果条件不充分或不具备,都会使融入司法的效果大打折扣。

## 二、西方学界有关核心价值观融入司法的前提条件争论

政治国家与社会系统的存在发展,需要用核心价值观来凝聚共识、汇聚力量。核心价值观是在一个国家中居于主导地位、引领社会价值走向的价值观,体现全民族的价值共识和整体意志,也是政治意识形态凝练的"最大公约数"和国家格言。[1] 司法机关恰恰是社会系统耦合结构的重要组成部分,被认为是维护社会公平正义的最后一道防线。现代法院被构造为法律系统内沟通决策的自创生组织,透过组织结构自身被生产与再生产,而法律帝国的"王侯"之法官的角色与地位的期望结构,决定了在不透明决策中与其他社会子系统发生结构耦合的相互作用,就会受到事实、规范、价值观、动机、策略、公众意见等多种心理因子的影响。在西方法学界尤其是裁判理论界中,关于司法系统如何面对伦理价值观存在着漫长的讨论,主要集中在法律与道德、规范与事实、形式正义与实质正义、职业主义与大众主义、法的安定性与合目的性、法条主义与实用主义等论题层面的分歧。

实证主义分析法学流派坚持法律与道德的"分离命题",两者之间没有必然的联系,反对依据道德原则来识别法律性质,即使实证法有瑕疵,但不丧失效力,国民仍有服从的义务。分析法学代表人物哈特主张即便法官在行使裁量权填补法律漏洞、解释法律时,也不必然要诉诸于道德规范或公认的一般价值观。[2] 而自然法学派一直捍卫法律的道德基础与

---

[1] 参见冯玉军:《把社会主义核心价值观融入法治建设的要义和途径》,载于《当代世界与社会主义》,2017年第4期,第12页。

[2] H. L. A. Hart, *Essays in Jurisprudence and Philosophy*, Oxford: Clarendon Press, 1983.

人文关怀,认为存在超越制定法的高级法,如美国法学家富勒坚持法律的程式必须与道德原则相一致,法治国家的法律必须具备八项原则或"内在道德":一般性、公开性、不溯及既往、明晰性、融贯性、可行性、稳定性和一致性,而满足法律"内在道德"的目标是"如何使得法律规则系统得以有效运行",以区别于法律规则所服从的实体目标,即"外在道德"——社会道德规范与伦理价值观。[1]为保证司法决策的确定性与可预测性,西方现代法律体系总体倾向于限制道德规范或价值推理在司法活动中的适用范围,法条主义的依法判案仍为法官行为的"官方"主流司法模式。但法官不纯粹是"宣示法律的喉舌",又无法做到完全避免价值预设与主观评价。司法活动存在统一客观的价值只不过是一种刺猬式高贵的梦想,一味地坚持道德共识或公认价值观很可能会引发漫无边际的争论。但若无视社会主流价值观,仅将实在法的具体规定奉为社会行为的终极标准,就可能无视社会需要和公民福祉,陷入机械主义的司法泥淖。[2]可能在司法场域仅有的、唯一共识,就是司法裁判是一种涉及多元价值的复杂实践推理。[3]面对这种形式正义与实质正义之间的两难困境,美国法学家德沃金提出整全性法律解释理论,认为首先法官从以往法律实践中抽象出契合实践的一般性目标或实体价值,获得一个价值后,依照此价值来规范当下的实践,即以最佳的方式实现那个价值的要求。[4]司法决策主流模型之一的"态度理论"(Attitudinal Model)通过对美国最高法院的判决投票分析,发现总统任命的大法官所持的价值观、意识形态或政策偏好和投票结果之间存在一种显著的"正相关"关系,因而他们更像是"一些身披法

---

[1] Fuller, *The Morality of Law*, revised edition, New Haven: Yale University Press, 1969.

[2] Scott J., *Shapiro. Legality*, Cambridge: Harvard University Press, 2011.

[3] Freeman, M. D. A. *Lloyd's Introduction to Jurisprudence*, 7th edition., London: Sweet and Maxwell Ltd., 2001.

[4] Ronald Dworkin, *Law's Empire*, Cambridge: Harvard University Press, 1986.

袍的政客"。[1]

总之,西方学术界认为司法系统深受政法理念、主流意识形态、政策纲领的影响,也会受经济形态、社会结构、思想文化的影响。公平正义等公认的社会价值观作为法官审理案件依据的非正式法源,虽无法直接产生法律上的拘束力,但会对法官审判行为产生重大影响,甚至成为审判时优先选择准则依据的来源。有些西方国家也存在为法律系统与司法系统所承认的主流价值观,如德国的"人性尊严"与"良心自由"、法国的"自由平等博爱"、美国的"平等保护"与"正当程序"、新加坡以集体主义为核心的"共享价值观"。但这些司法价值观的复杂探讨对我国司法裁判来说缺乏可供直接借鉴的定论,而且与我国社会主义核心价值观体系存在重大差异。除了陪审团制度外,西方学界很少从践行方法或机制层面讨论司法过程对主流价值观的贯彻,因而也不存在一套定型化的客观条件与践行路径来融入司法决策。

## 三、社会主义核心价值观的司法践行条件

司法如何回应主流价值观或一般民众的道德诉求,同样一直是法治中国建设进程中的焦点问题,也是推进国家治理体系和治理能力现代化需要审慎解决的问题。我国司法权威的彰显,并不能有效满足人民群众日益增长的对司法角色的扮演期待。为此有学者主张为合理化解我国现代压力型司法所面临的司法权威低下的困境危机,我们必须将民众共同的价值观融入司法的价值判断,以道德论证弥补法律之确定性的裂缝,并落实判决书说理制度,以增加司法判决的可接受性。[2] 更多国内学者从"实践理性观"、"商谈交往论"、"法律方法论"等角度进一步丰富处理了价

---

[1] J. A. Segal and H. J. Spaeth, *The Supreme Court and the Attitudinal Model Revisited*, Cambridge: Cambridge University Press, 2002.

[2] 参见姜涛:《道德话语系统与压力型司法的路径选择》,载于《法律科学》,2014年第6期,第25—30页。

## 论社会主义核心价值观融入司法的条件认知

值性难题的裁判理论,以确认和规制良心司法体现法官的美德准则。从生活常识出发,法官亦是生活在现实社会中的活生生的人,都会受到主流价值观的影响,所以社会中占支配地位的价值观或者说价值体系肯定会对法官有很大的影响。[1]中国传统法律文化特别注重道德话语系统,推崇"引礼入法"、"礼法合一",奉行"天理、国法、人情"的司法模式,受其中华法系法传统的影响,法学理论的学者们普遍对中国司法系统的价值观整合功能寄予很高期望,积极寻求中国司法场域中的司法意识形态,发展中国特色社会主义司法理论体系,坚持依法治国和以德治国相结合。最高人民法院发布的"法律效果与社会效果相统一"的司法政策,也为道德规范和实体价值观参与司法裁判提供了制度性通道。面对道德思维与修辞的拷问与质疑,当下如此尴尬的司法必须跨越西方法治话语的二元对立思维所建构起来的法律与道德的鸿沟,在中国"和合"的思维语境里沟通起法律与道德的逻辑叙事,完成法律与道德的话语整合,建构中国人有尊严德性的一种公共生活;司法必须要弘扬各种价值观,通过案件的审理活动,把基本道德理念准则引入司法活动之中,筑牢社会的道德基础,提升社会公众的道德修养。[2]

以上这些研究运用西方法治理论并结合中国实际问题,对司法如何自觉践行社会主义核心价值观进行了有益探索,但目前法院是否具备贯彻价值观的制度性能力,在实践中却往往是成问题的。法律功能发挥作用需要的人力资源、物质文化条件毕竟有限,核心价值观融入司法主要是发挥司法引领社会风气、促进经济发展等社会功能,但按照个案司法多元功能的逻辑排列关系来说,应该重点突出指引、预测、教育、强制等规范功能,而不能将司法社会功能随意扩大化,否则容易扭曲司法特质,加重"案多人少"的矛盾,法官们将不堪负重。特别是当下司法改革面临诸多体制性冲突,如"去行政化"改革与改革的行政化模式、司法权力的应然原理与

---

[1] 参见陈金钊主编:《法律方法论》,北京大学出版社2013年版,第260页。
[2] 参见方乐:《司法如何面对道德》,载于《中外法学》,2010年第2期,第195—196页。

中国式的司法权力模式、技术性改革与固有诉讼结构、司法内部改革与外在制度环境等,[1]可司法综合配套制度还未完全跟进,相关制度能力与制度资源还存在相对不足,这些都是核心价值观融入司法难以回避的条件制约因素。

社会主义核心价值观是社会主义法治建设的灵魂,为社会主义法治建设指明了方向。有学者进一步指出,把社会主义核心价值观融入法治建设,既是新时期拓展法治的需要,也是用法治推动社会主义道德建设的组成部分。[2] 社会主义核心价值观的确立及其培育,为探讨司法领域的道德判断和价值取向问题提供了新的思路,学界普遍认为在整体坚持司法规律意义上,它对司法实践具有重要的指导作用、评价功能,能有效指引法官在价值多元及其冲突竞合的场景中更稳妥地评估案情、选择法律规范,比如"法治"作为核心价值观之一,能够进一步增强严格依法裁判的教义规训,这样就可超越价值多元带来的无序分歧状态,推导出一个有相对位序的司法价值序列。但强调这种指导评价仅仅是宏观的、间接的,要警惕"法律万能主义",避免把核心主义价值观的全部内容都法律化,因为这样反而歪曲了核心价值观的要求。[3] 最高人民法院大力倡导"公正、廉洁、为民"的法官核心价值观学习,可以看作是社会主义核心价值观对法官人格塑造指引作用的具体体现,也为其融入提供更好的职业队伍与文化氛围的保障。法官核心价值观的基本要求是忠诚司法事业、保证司法公正、确保司法廉洁、坚持司法为民、维护司法形象,实际上是通过唤醒司法者的价值意识与美德修养,从而影响到司法行为和裁判结果,以此提升司法的公信力。

---

[1] 参见李拥军:《司法改革中的体制性冲突及其解决路径》,载于《法商研究》,2017年第2期,第16—24页。

[2] 参见陈金钊:《"把社会主义核心价值观融入法治建设"的方法论诠释》,载于《当代世界与社会主义》,2017年第4期,第22页。

[3] 参见李林:《法律如何推动社会主义核心价值观建设》,载于《法制日报》,2014年03月11日。

# 法律思想研究

# 孟德斯鸠"法的精神"与现代比较法方法论

李晓辉*

**【摘　要】** 孟德斯鸠被称为现代比较法之父,本文从孟德斯鸠经典文本出发,讨论了孟氏在方法论上对现代比较法的贡献。孟德斯鸠与霍布斯、卢梭等自然法思想家不同,从社会历史的经验现实出发,将法律与社会各要素之间的关系,作为"法的精神"加以讨论,以比较社会学和比较法律史方法拉开了现代比较法和比较政治学的序幕。孟德斯鸠在法律比较过程中建立了不同于古典和中世纪的法律类型学,以英格兰和法兰克为代表进行了相互反观的微观比较。孟德斯鸠的比较法律社会学以社会规律和自然法则统摄了多样性的法律秩序,平衡了法律的规律性与多样性之"一与多"的关系,为现代比较法乃至现代法学方法提供了有益的启发。现代中国社科法学应追求社会规律以及价值意义上的统合力量,否则将陷入"存在的合理性与价值正当性的"困境。

**【关键词】** 孟德斯鸠;法律类型学;比较法方法论;社科法学

夏尔·德·塞孔达·孟德斯鸠男爵(Charles de Secondat, Baron de Montesquieu, 1689—1755年),这位以分权理论著名的文艺复兴思想家,在比较法的思想史中也是一个不能不提但又存在争议的人物。孟德斯鸠被大

---

\* 李晓辉,中国政法大学比较法学研究院副教授。

部分的比较法研究者推崇为现代比较法的奠基人,是"现代历史研究之父",是他"基于对现实系统社会功能的广泛观察而建立了比较政治和比较法理论"[1]。但在比较法学术的角度对其也不乏微词。茨威格特和克茨认为,身处于启蒙时期的自然法时代,孟德斯鸠和格劳秀斯、普芬道夫一起"为了给自然法学说找到经验主义的根据,曾经明白地使用比较法方法"。但孟德斯鸠的比较法"与其说是有系统地推动比较法,不如说是认识这种方法的理论价值"[2]。在茨威格特和克茨看来,孟德斯鸠不过是用比较法素材和方法验证自然法学说,或者说比较法不过是孟德斯鸠理性自然法学说的附属。大木雅夫也认为,孟德斯鸠的比较法,在方法上并不严谨,缺少批判性,由于其关注实在法的目的是指向超越实定法的自然法,因此"与其说是比较实定法,不如说是对超越实定法而赋予实定法以效力的东西进行比较。不能不说,这毕竟与真正的比较法相去甚远"[3]。在具体的比较中,基于政体类型的古典主义、"气候决定论"的简单化、比较法律素材的随意性等问题,洛克认为孟德斯鸠的《论法的精神》并没有建立一个稳定的体系,甚至并不是一本系统的著作。[4] 这种关于孟德斯鸠的争论所引发的问题是:如果说孟德斯鸠只是一个在启蒙时代使用了凌乱随意的比较法素材的自然法思想家,那么他何以长久以来被称为现代比较法的奠基人而久负盛名?孟德斯鸠究竟"现代"于何?又"奠定了何种现代比较法的学科基础"呢?又为何孟德斯鸠在当代全球化研究和法律文化研究中屡屡被提及,被称为"第一个具有全球视野的思想家"、"比较法律社会学的鼻祖"呢?也许对这些问题的回答只能回到孟德斯鸠的经典本身。孟德斯鸠的思想中所蕴含的法的精神、法与政制的关系、法与社科方法、法的社会历史分析等诸要素,揭示的也许不仅仅是比较法学科

---

[1] [美]波洛克:《比较法学的历史》,张小平译,载于《比较法研究》,2011年第5期。
[2] [德]茨威格特、克茨:《比较法总论》,潘汉典、米健、高鸿钧、贺卫方等译,法律出版社2003年版,第75页。
[3] [日]大木雅夫:《比较法》,范愉译,法律出版社2006年版,第38—39页。
[4] [美]波洛克:《比较法学的历史》,张小平译,载于《比较法研究》,2011年第5期。

的早期学术基因,而且可以为全球化时代比较法的基本方法论框架乃至整个法学研究方法提供启发。

## 一、作为社会规律的"法的精神"

与古典自然法不同,孟德斯鸠意图研究的是历史上所有具体的社会,而不是社会应有的抽象本质或者道德目标。孟德斯鸠并不认为法的普遍精神来自于某个绝对的、上位的更高意志,而是来自于事物中客观存在的普遍联系。这使他在方法论原则上区别于霍姆斯、洛克、卢梭等启蒙自然法学家。众所周知,孟德斯鸠认为"法是源于事物本性的必然关系"。孟德斯鸠认为世界之上存在着一个"初元理性","法就是初元理性和各种存在物之间的关系,也是各种存在物之间的相互关系"。[1] 孟德斯鸠的法的概念既具有先验性也指称经验意义上的社会之法:"上帝有其法,物质世界有其法,超人智灵有其法,兽类有其法,人类有其法。"[2] 法确定之前已存在正义关系,这种先于社会存在的法则就是自然之法。孟德斯鸠的四项自然法法则是:和平、生存、性和在社会中共同生活。在人类社会组成之后,霍布斯的狼人问题才会出现,因为人一旦进入社会,就会不再感到弱小,平等不复存在,战争状态才会开始。为了恢复和平才会产生对法律的需要,才会生成处理国家关系的万民法和处理国内关系的政治法和公民法。涂尔干认为孟德斯鸠有关上述法的定义可能意味着:"首先,法律源于事物的本性,即社会的本性,法律作为结果,服从于产生它的原因;其次它也可以意味着法律不过是社会本性用来满足自身、达到目的的工具。"[3] 但所有这些人为法的实际存在可能不同,其原因在于所存在于其中的政体不同,政体所具备的物质条件不同,民族精神也不同。但所有这

---

[1] [法]孟德斯鸠:《论法的精神》(上册),许明龙译,商务印书馆2009年版,第7页。
[2] 同上。
[3] [法]爱弥尔·涂尔干:《孟德斯鸠与卢梭》,李鲁宁、赵立玮、付德根译,上海人民出版社2006年版,第30页。

些人为法的变化并不是无章可循的,因为"差异意味着同一,变化意味着恒定"。[1]孟德斯鸠所关注的"变化中的恒定",不是这些法律的多样性本身,也即不是法本身,而是"法的精神"。

"法的精神存在于法与各种事物可能发生的关系之中"[2],存在于法与自然、法与政体等诸因素的关系之中,这种关系是可为理性所描述的。孟德斯鸠在这个逻辑中显示了某种对"变与不变"问题的理解。自然法则恒定不变,实在法基于情势各不相同,但这些实在法的存在与政治和自然诸要素的关联是可探究的,而他所要着力的恰恰是这种关系,也就是"法的精神"。孟德斯鸠的社会研究是以自然法为前提的,而不是以概括自然法的内容和原则为目的。孟德斯鸠所关切的仍然是实在法,以及实在法存在发展中带有规律性和普遍性的决定因素。

结构主义者阿尔都塞对于孟德斯鸠的方法论产生了强烈的共鸣。他在孟德斯鸠那里看到了与一众自然法思想家不同的、"革命性"的"社会物理学"方法论。阿尔都塞在《孟德斯鸠:方法的革命》一文中指出:孟德斯鸠所使用的不再是古典自然法"观念折射"式的研究方法,而是真正回到了具体而真实的历史现实。阿尔都塞同样援引了孟德斯鸠在《论法的精神》中被广为误解的著名章句:"……我认为在千差万别的法律和习俗中,人并非仅仅受到奇思妙想的支配。""一个个各不相同的实例乖乖地自动对号入座,各民族的历史只不过是由这些原则引申出来的结果,每一个特殊的法则或是与另一个法则相联,或是从属于另一个较为普遍的法则。"[3]孟德斯鸠在这里所谓的法则,即"法的精神",指的并非是自然法和自然权利律条,而是源于真实历史和社会现实的科学规律。正是在这个意义上,阿尔都塞说孟德斯鸠不再向任何超验寻求力量,而是在科学的

---

[1] [法]孟德斯鸠:《论法的精神》(上册),许明龙译,商务印书馆2009年版,第8页。
[2] 同上,第13页。
[3] 同上,"序"。

意义上探求那些支配历史的必然性。[1] 孟德斯鸠的经验方法论开启了现代比较政治学和比较法学的方法论大门。

孟德斯鸠时代的法律比较活动相比古典时代和中世纪已经具有了更为广阔的范围和更丰富的对象。但欧洲文明的基本视角仍然是以向内的欧洲文明塑造为主。自然法开始替代神法成为串起欧洲法律文明的红线和基准。但这种基准在接下来的19世纪便面临了历史法学方法论的挑战。在19世纪，迎合欧洲民族国家建立民族认同的需要，梅因和萨维尼的历史法学方法成为一种更加现实的选择。孟德斯鸠的自然法学具有一定的前瞻和延展性，其所具有的社会学逻辑基础，能够和正在到来的历史法学、社会科学法学达成某种共识。同时作为古典自然法的承继者和社会科学法学的启蒙者，孟德斯鸠担当了继往开来的历史角色。对待霍布斯自然法的看法就是一例，与梅因一样，对于霍布斯的"非历史的、无法证实的"构想式自然状态和自然法则，孟德斯鸠也并不完全赞同。孟德斯鸠认为：霍布斯过于先验地把社会组成后发生的事加之于社会组成前的人身上了。

自然法所面临的最大问题就是如何面对自然法则的恒定与现实的多样性。从先验法则出发的自然法学只能承认现实的多样性，却无法处理现实的多样性。霍布斯认为："自然法和民约法（人定法——笔者注）是相互包容而范围相同的……自然法在世界各国都是国法的一个组成部分……民约法也是自然指令的一个组成部分。"[2] 至于民约法在多大程度上体现自然法，是否实现了与自然法的统一则取决于主权者。洛克自然法学说的重点则是如何保障人定法能够回到其所设想的和谐自然状态下，实现自然权利的保障。与霍布斯一样，洛克所理解的人定法应该是仰

---

[1] 参见 Louis Althusser, *Politics and history-Montesquieu, Rousseau, Hegel and Marx*, London: Verso, 2007.

[2] [英]托马斯·霍布斯：《利维坦》，黎思复、黎廷弼译，商务印书馆1985年版，第207—208页。

望自然法的,是自然法秩序的一部分。卢梭对于自然法和人定法的关系方面与霍布斯和洛克类似,追求在现实的人类秩序中建构符合自然法的法秩序。同时,卢梭也将人定法自然法化的希望寄托在人身上,只不过不是一个主权者而是众多"主权者"的"公意"之上。"但他(孟德斯鸠——笔者注)不再像他们那样,根据先验的自然法确定社会的现实秩序。而是将现实的地位提高,在混乱之源中看到秩序之本。换句话说,他要考察社会本身的法则。"[1]孟德斯鸠将自然法理解为人定法的普遍一致性基础,但同时他更加关注自然法的普遍原则在多样化的文化环境中如何幻化出不同的图景,并试图去寻找文化元素与自然法的实现之间所可能存在的关联,即法的精神。相比霍布斯、洛克和卢梭,孟德斯鸠和斯宾诺莎具有更多的共通之处,他们都从人类的现实生活出发,并受到笛卡尔科学认识论和方法论的影响。"所谓天然的权利与法令,我只是指一些自然律,我们认为每个个体都为自然所限,在某种方式中生活与活动。"[2]斯宾诺莎对于自然法基于不同的个体"实体"所形成的不同认识给予了理解,从而将自然律之下的人定法变化建立在一种"理性的实体心理学"基础之上。"深受自然科学影响的孟德斯鸠扬弃先验推演,从事物之间的必然关系出发,为无限多样的实定法找到了更具确实性的法则。"[3]作为从古典到现代的过渡,所处的新旧传统都给他烙上了印记。"在某种意义上,孟德斯鸠是最后一位古典哲学家,在另一种意义上,他又是第一位社会学家。"[4]施特劳斯也指出:孟德斯鸠的一个根本性的创新是根据法律外的现象来对一切实定法进行解释,从而实现了从政治学优先向社会学优先

---

[1] 杨璐:《孟德斯鸠的社会:不同于现代自然法传统的努力》,载于《社会学研究》,2015年第2期。

[2] [荷]斯宾诺莎:《神学政治论》,温锡增译,商务印书馆1982年版,第212页。

[3] 杨璐:《孟德斯鸠的社会:不同于现代自然法传统的努力》,载于《社会学研究》,2015年第2期。

[4] [法]阿隆·雷蒙:《社会学主要思潮》,葛智强等译,华夏出版社2000年版,第40页。

的转变。[1]

## 二、重构法的类型学

将形形色色的现实事物归类于格式化的范畴网格之中,是人类知识构建的必要步骤。当对法律的认知跨越国境,打开了世界性视野之后,为了能够认识庞杂繁复、变化多样的各种法律存在,产生了对法律类型化的强烈需要。古典比较法与现代比较法都将人类所有法律的类型化作为重要的学术目标和追求。然而古典比较法与现代比较法的法律类型学之间的差异不仅仅在于所认知的法律类型的丰富程度,更在于其类型划分的标准及其结果的立足点。自古希腊和罗马开启跨法域比较活动以来,其类型化基本上围绕着政体的理想型来进行,如亚里士多德、柏拉图、西塞罗等基本上是围绕政体类型来理解法律类型。中世纪教会法地位的上升使法律的类型化形成了阿奎那式的以永恒法和神法为塔顶的金字塔型法律类型模式。启蒙时期,在法律类型的理解上开始打破永恒法和神法统领的金字塔式的法律分类模式。这种模式转换也反映了法律比较旨趣的转变。神之法意味着神的意志的普遍适用。神法所体现的对于神的意志的高度一致的要求,指向法律规则和知识的高度一致,在一定意义上限制了法律的多样性空间。启蒙时代建立了基于人类社会化生存条件的自然法为基准的法律类型学。尽管启蒙时代法的类型学仍存在诸多盲点,如普遍排除了非西方法律类型的理性和文化意义,但也的确形成了某种基于自然法的一般理解。自然法替代神法意志成为所有法律具有一致性的基础。法律的各类型之间也开始发展成为一种更加趋于"扁平化"的结构。

在孟德斯鸠生活的17—18世纪,欧洲大陆已经形成了基本的民族国家格局,欧洲殖民的活动开始遍布非洲、美洲、近东与远东。18世纪的欧

---

[1] 参见[美]列奥·斯特劳斯:《从德性到自由——孟德斯鸠〈论法的精神〉讲疏》,潘戈整理,黄涛译,华东师范大学出版社2017年版,第19页。

洲已经将全球的85%变成了他们的殖民地,正在经历阿尔都塞所说的"空间的变化和结构的变化"[1]。欧洲人目光所及的政体、文化和法律形态也更加丰富和多元,学术与殖民政治都在呼唤一种更具有解释力的法律类型学。在这样的时代,孟德斯鸠提出研究"地球上所有民族的法(lois)、习惯法和各种习俗"的宏愿,并通过比较社会学方法试图达到这一目标。在《论法的精神》第26章"法与它所规定的事物秩序的关系"中,孟德斯鸠进一步分析了其观念中各种法类型的关系。"人受制于多种法律:自然法、神为法即宗教法、教会法,万民法、普通政治法、特殊政治法、征服法、各个社会的公民法,最后还有家庭法。"孟德斯鸠处理上述各类型法关系的思路与阿奎那式的经院自然法和洛克和卢梭理性自然法的思路都不同,他并没有为这些法律建立某种金字塔型的层级,而是使用事类划分的思路去区分不同类型的法律应该适用于哪些领域和问题。在区分宗教法与人为法的界限时孟德斯鸠认为:"人为法为善而立,神为法为至善而立。"[2]在阐释自然法与人为法的关系中,孟德斯鸠认为:"自然法所禁止的是不变的,因为自然法的依据是不变的。"[3]这里的自然法的依据可以理解为人性中不可变的那部分因素。但是,"虽然满足人类的自然需求是政治的目标,但政治生活的异质性是否允许形成普世规则(这些规则表明这些目的是如何达成的),则显得问题重重"。[4] 在某些情况下人为法可以更改、限定自然法原则的适用,如子女的继承顺序就应该由公民法或政治法加以规定。孟德斯鸠突出了人为的政治法和公民法的地位,以政治法保护自由,以公民法捍卫财产。但孟德斯鸠也强调,各种法律形式之间,尤其是人为法与宗教法、人为法与自然法之间应该形成一种协调关

---

[1] Louis Althusser, *Politics and history-Montesquieu, Rousseau, Hegel and Marx*, London: Verso, 2007, p.18.
[2] [法]孟德斯鸠:《论法的精神》(下册),许明龙译,商务印书馆2009年版,第504页。
[3] 同上,第517页。
[4] [美]潘戈:《孟德斯鸠的自由主义哲学——〈论法的精神〉疏证》,胡兴建、郑凡译,华夏出版社2016年版,第200页。

系,一种各得其所而又相互补充的关系。孟德斯鸠将处理各种不同法形式之间关系的规律也作为"法的精神",暗示着这种关联性要素式的分析已经覆盖到了其范畴的最顶层。这种将神法、理性自然法与人定法置放于同一平面的"扁平化"处理,突出了现实法律秩序的意义,从而铺垫了在社会的层面探究"法的精神"的可能性。

## 三、微观比较:英格兰政制与法兰克精神

与大量孤立、泛泛使用各种比较材料以探求"法的精神"之规律不同,孟德斯鸠在《论法的精神》中重点分析了两个国家的法律制度,一是英格兰式的共和政制,另一个是他的祖国法兰西的法律史。孟德斯鸠使用英格兰政制表达一种温和的政治理想即自由民主共和国。孟德斯鸠曾在1729年10月至1731年春旅居英国伦敦,体察英伦政治和文化,加入了方济会和王家学会,曾深度参与英国的政治生活,甚至参加过议会上下两院的会议。英国旅居改变了他对君主政体的负面看法,使之看到了英伦君主政体的生机,称英国是"世界上最自由的国家",因为王权受到了《议会法》等法律的限制。孟德斯鸠眼中的英格兰政制有多种不同的、彼此联系但又相互平衡的力量,即分权并制衡的立法、行政与司法权力,使个体不受政府权力压迫的自由安排,有阻止党派倾轧的议会民主,再加上重商主义所带来的温和的政制文化、众人利己主义所带来的利他效应。这些要素直接决定了在英国的君主政体成为最适合英国人的政体形式。但孟德斯鸠也看到了一些负面的问题,他担心舆论作为"第四种权力"的无节制成为对英国君主政体的威胁力量。他也认为,苏格兰生活方式基本特征中的某些部分,如竞争性的个人和野心等方面与法国式的贵族式品味相比并不那么令人尊敬。对于英格兰政体的摇摆不定的态度也使孟德斯鸠招致了大量的批评。在孟德斯鸠有关法国的论述中提到了顺从"自然的天赋"之民族精神,尊重和保留"无害的民族差异"。在孟氏心里,英国式的商业精神、自由民主政制加上法国人的趣味与艺术,才有可能成为适

合法国的"法的精神"。

在《论法的精神》的尾声部分,孟德斯鸠展开了对法国政制早期史的丰富论述,展现了历史分析与社会学分析的方法论贯通。孟德斯鸠对法国法一般精神的历史溯源,指出了罗马法、教会法和法典化了的地方习惯法的混合构成了法国的公民法传统。其中的罗马法和教会法冲淡了法兰克法律的一般精神。孟德斯鸠在暗示着通过重新寻找法兰克法之民族精神,矫正当时路易十四专制制度的弊病,在法国建立一种权力分立并制衡、尊重个人自由、有繁荣的贸易和舒适安全的理想社会。对英格兰政制的结构性分析和对法兰克法律的历史分析尽管不能完全对应,但也实质上形成了某种呼应与对照。实际上《罗马盛衰原因录》中的罗马也形成了与英格兰式共和国的某种比较,罗马似乎是一个与英格兰式共和国形成反差的历史模型,展现了后者所没有的包括美德、重商主义等要素。"每一政体类型的性质、原则与目标都是独特的,而这些性质、原则与目标与每一种政体所在的环境即'法精神'密切相关,同时又构成了'法精神'的一部分。某一共同体采取某种特定的政体类型的原因,是这个共同体中存在着的'一般精神'恰如其分地促成了这种政体,也形成了与此相应的'法'。"[1]孟德斯鸠以法国为立足点,纵览人类政制的多种不同形态,分析法律与社会关联的客观规律,以英格兰政制为主要学习的对象,力图帮助法国避免危机。但孟德斯鸠的思想努力并没有阻止专制体系的衰败。这也正验证了他关于政制体系存在从诞生到灭亡生命期的结论。孟德斯鸠这种观照与呼应式的、既有横断面又有纵贯线的微观比较过程渗透着对各种法律秩序特殊性形成机理的关切,展示了孟德斯鸠在法律比较中的社会方法宗旨。

---

[1] 马剑银:《孟德斯鸠语境中的"法""及其"精神":重读〈论法的精神〉》,载于《清华法学》,2016年第6期。

## 四、走向社会科学方法论

孟德斯鸠早年就热心科学研究,在波尔多的朱伊公学,他已经开始阅读拉米神父的《关于科学的谈话》和笛卡尔《哲学原理》,在方法论上成长为一个坚定的笛卡尔主义者。在法律学习和从业之外,孟德斯鸠也从事科学研究,曾使用显微镜研究生物原理,本人曾担任波尔多科学院的院长,是英国的自然科学研究组织——"王家学会"的成员。[1] 笛卡尔的理性主义方法论原则中基于观察的分析基础、化整为零又寻求普遍联系的旨趣在孟德斯鸠的作品里都不难找到。在探讨具体社会条件的相互作用上,孟德斯鸠也援引牛顿的原理。他所理解的"'社会'不再是现代自然法学派以自然权利为基础的社会,而是由政体、民情、法律、气候等要素相互关联形成的整体。它既保留了自然法,也容纳了现实多样性"。[2]

孟德斯鸠的方法论除了坚持从客观经验出发外,最核心的方法是尝试建立法与社会要素之间的因果关系。孟德斯鸠的"法的精神"实际上是法与所有可能关联因素的关系。孟氏分析这种关系的方式主要是以关联因素(政体、气候)作为横坐标轴,而将法作为纵坐标轴所进行的变量分析。在《论法的精神》以"法与某某"的诸多章节命名中可见一斑。在这种分析框架中,尽管数轴两端对应点的差异可能产生交叉点的函数位置不同,但其中预示着某种有规律的函数曲线,而这些函数曲线就是所谓"法的精神"。在《论法的精神》中,除了对其特别关切的法国法的精神和英国政制有实质内容阐释之外,其他国家、民族法律素材的意义并不在于展示或者比较其实质内容,而只是作为描画"法的精神"函数曲线的参数而已。

---

[1] 参见[法]路易·戴格拉夫:《孟德斯鸠传》,徐明龙、赵克非译,浙江大学出版社2016年版,第259页。

[2] 杨璐:《孟德斯鸠的社会:不同于现代自然法传统的努力》,载于《社会学研究》,2015年第2期。

但这种"法的精神"的"函数曲线"并不是自然法法则,而是经验科学的结论。孟德斯鸠不仅关注文化和自然环境所带来的法律差异,而且更关注这些差异变量背后的那些稳定的、规律性的"不变之理"。尽管有学者也同意,孟德斯鸠所关心的"法的精神"并非是每一个特别的法律,但仍然认为这种"法的精神"具有某种实质的指向,比如"自由民主共和精神":"孟德斯鸠的使命在于,为基于商人精神的自由民主共和政体确立一种有品德的'精神'秩序。"[1]这一结论的得出就需要将孟德斯鸠所做的法与诸关联要素的所有函数曲线进行分析,总括所有函数曲线的角度和样态而得出判断。科学精神背后的自由与共和的主题和重商主义态度,以科学合理性的经验分析呈现出来。孟德斯鸠以自然法为前提预设,以经验分析为方法最终得出的是指向自由、民主、共和的启蒙之路。孟德斯鸠突破了自然法的先验难题,在一个关系函数的分析中得出了一个经验的、历史的、社会的结论,从而向人们展示了一个有关政治生活的"整全性真理",部分地超越了霍布斯的先验自然状态和卢梭的理想化人性前提。

涂尔干认为,孟德斯鸠之前的古典研究将历史现象理解为本质上是依赖于人的意志存在的。但是现代科学与以行动为目的的艺术不同,应以对社会的观察为基础。尽管也讨论政体问题,但孟德斯鸠没有像亚里士多德的古典主义那样去仰望作为目的的善和美,而是关注作为社会事实的法律的形态、政体的形态及其与各种地理环境因素之间的关系,使用了一种因果关系的思维方式。"科学的首要任务就是像其对待自身那样去描述实在。"[2]然后是对实在的解释,"解释事物就是在一种明确的秩序中安排我们关于这些事物的观念,这种秩序必须符合事物本身的秩序。这预先假定了秩序存在于事物本身之中,而事物形成了连续的系列,构成

---

[1] [美]潘戈:《孟德斯鸠的自由主义哲学——〈论法的精神〉疏证》,胡兴建、郑凡译,华夏出版社 2016 年版,中译本说明 3。

[2] [法]爱弥尔·涂尔干:《孟德斯鸠与卢梭》,李鲁宁、赵立玮、付德根译,上海人民出版社 2006 年版,第 8 页。

孟德斯鸠"法的精神"与现代比较法方法论

事物的要素也相互关联,所以说,既定的效果总是由同样的原因造成的,而非其他"。[1]涂尔干对孟德斯鸠社会科学方法精准的概括,稳固了孟德斯鸠在方法论意义上"现代"思想家的地位。也正是在这个意义上,涂尔干认为"孟德斯鸠的科学其实是社会科学。它所处理的是社会现象,而不是个体的心理"。"孟德斯鸠关心的,并不是制定一种新的政治秩序,而是确定政治规范。如果科学不去定义规范,还会有什么功能呢?"[2]涂尔干在方法论上为孟德斯鸠辩护,认为孟德斯鸠不仅不满足于说明法取决于社会形式,还想找到社会形式本身所依赖的原因,甚至是这些原因中能够起到主导作用的原因。在《论法的精神》中大量使用的各国法律的素材,就是在无法进行社会实验的情况下,在经验样本中开拓丰富领域,通过比较不同社会中出现的相同现象,观察那些现象产生、发展和变化的过程,以实现这种社会科学实验的要求。比较法方法在这个意义上成为了社会实验的替代方法。"他从各个民族的历史中搜集大量材料,其目的就是比较他们,从中得到法则。实际上,他的整部著作无疑都在将复杂多样的民族所遵循的法则进行比较,我们可以确切无疑地说,在《论法的精神》中,孟德斯鸠开创了新的研究领域,即我们现在所说的比较法。"[3]涂尔干对孟德斯鸠的上述方法论评述将现代比较法提升到了政治和法学领域实验场的位置。在缺乏现代数量分析工具和社会实验可能性的情况下,比较法的方法论不仅自身是法律科学现代化的象征,同时也是法律科学实现实证研究最现实的方法论通道。比较的方法作为一种可行的社会实验方法是涂尔干在《社会分工论》《自杀论》中应用的最主要的研究方法。在这个意义上,孟德斯鸠不仅是现代比较法的开创者,也成为了包括社会学在内的社会科学方法论的奠基人之一。黑格尔指出孟德斯鸠所持的是

---

[1] [法]爱弥尔·涂尔干:《孟德斯鸠与卢梭》,李鲁宁、赵立玮、付德根译,上海人民出版社2006年版,第9页。
[2] 同上,第14页。
[3] 同上,第37页。

真正的历史观点和纯正的哲学立场:"整个立法和它的各种特别规定不应孤立地、抽象地来看,而应当把它们看作在一个整体中依赖的环节,这个环节与构成一个民族和一个时代特性的其他一切特点相联系。只有在这一联系中,整个立法和它的各种特别规定才获得它们的真正意义和它们的正当理由。"[1]

孔德、涂尔干等社会学家尊称孟德斯鸠为社会学的奠基人。孟德斯鸠是一个具有宏远目标的思想家,他试图描画和解释的不仅仅是政体和法,而是整个社会运作的机理:"法学史和政治史对他来说只是个序曲,他要研究更为广泛的历史,要从纵观社会生活的各个方面来研究社会史,特别是要研究那些在他看来是对社会生活起决定作用的东西:宗教、伦理学和经济学。为了了解现在和把握未来,必须看到这些东西在过去是如何渐渐发生的,同样,也必须在不同国家之间进行比较核对,因此应该从使人类连成一体的高贵的精神因素入手,研究各国自身的和国与国之间的巨大变迁。"[2]

## 五、孟德斯鸠对当下中国"社科法学"的启示

当下中国的法学理论研究存在着所谓社科法学与规范法学之争。社科法学强调经验和实证方法,从法律社会学、法律人类学和法律经济学等方面为法律制度及其实践建立"语境论"解释。社科法学的倡导者尤以苏力先生为代表。苏力先生的"语境论"主张某种历史和环境的还原主义,倡导一种对现实的理解和尊重。当下社科法学的诸种进路都让人想起孟德斯鸠。而下述苏力先生的具体表述:"……研究者必须再考查人们的自然禀赋、自然环境、社会生产力和科技发展水平以及资源等相对稳定的因

---

[1] [德]黑格尔:《法哲学原理》,范扬、张企泰译,商务印书馆1979年版,第5页。
[2] P.巴里埃尔:《孟德斯鸠和西班牙》,载于《西班牙通报》,1947年第159卷,第300页。转引自[法]路易·戴格拉夫:《孟德斯鸠传》,徐明龙、赵克非译,浙江大学出版社2016年版,第288页。

孟德斯鸠"法的精神"与现代比较法方法论

素,以及这些因素对于在解决这一常规社会问题的制度和规则选择的基本制约……"[1]和孟德斯鸠的表述简直如出一辙。当下社科法学所面对的质疑,似乎也是一直以来对笛卡尔和孟德斯鸠的质疑:"存在的合理性与存在的价值正当性之间的疏离"、"特殊与多元对共同价值的侵蚀"。但孟德斯鸠较比今天的苏力先生而言,更容易回答这个问题。因为,在孟德斯鸠那里,尽管实在法是由各种环境和地理因素决定的,但都受制于自然法。自然法是实在法的前提,实在法是自然法的衍生和变化。而在千差万别的实在法与自然法法则之间总有着某种神秘的量变函数一样的社会规律,那就是"法的精神"。尽管世间万象,但殊途同归。孟德斯鸠的"一与多"、"恒与变"在逻辑上保持着某种可能的联系和平衡关系。而自休谟、尼采到后现代,宗教和自由主义价值在西方世界遭遇到普遍性挑战,欧洲中心主义和美式霸权带来了普遍而持久的不安。社科方法在法律理论"去价值"过程中也扮演了肢解和分化的力量。当今时代面临着对人的个性、价值观和情感高度个体化所带来的弊病:殊像仅为殊像,共性即为霸权。尽管社科方法挖掘经验材料深入而细致,但由于缺乏一般性追求,最终也只能画出一张和实地一样大小的地图。而规范法学和社群主义、新自由主义一样在试图力挽狂澜,在实质和程序的意义上重构社会的共同价值和一致性。这种社科方法论与规范法学在法学方法论上的紧张,也是整个时代的紧张。朝花夕拾,孟德斯鸠的早期社科方法尽管早熟,没有精巧的模型和漂亮的图表,但他所具有的那种来自于启蒙时代的理性主义和自然法原则的逻辑统一恰恰是这个时代的社会科学法理论所缺少的。孟德斯鸠所看到英格兰的政制与法兰克的精神同样都是特殊的,但这些特殊之间又存在着那些基于社会规律和自然法则的联系,也有着可以互相学习和借鉴的必要。两种体制在社会规律和自然法则之下,互为镜像,既欣赏了彼此的优雅,也照见了各自的丑陋。回到当下,中国是特

---

[1] 苏力:《语境论》,载于苏力主编:《也许正在发生:转型中国的法学》,法律出版社2004年版,第235—236页。

殊的，但美国、英国一样是特殊的。特殊的环境造就了特殊的法律制度和实践，但在这些特殊之间，在东方与西方之间，在人类的不同文明之间，是否能够在打破西方中心主义和东方自恋情结的前提下寻找某种基本的共性呢？法治是人类共同的文明成果。那么这个果实的核心和决定性的要素是什么？那些决定了苹果不是橘子的原则是什么？这些原则，如权在法下、程序正义、司法独立不就是那些底线和共性吗？如果这些共性也被特殊的语境给消解了，那么理解也就只剩下了理解，理解之后留下的只能是一地鸡毛。在这些关于法治的共同原则之下，具体的实现手段和方式，要素的权重和组合形式都可以成为变量。但如何安排这些变量，比如通过什么样的形式实现权在法下，是司法审查还是立法监督，似乎是可以根据语境来考虑的问题。但这种考虑是建立在对现存各种体制形态进行比较分析的基础上：何种环境因素决定了何种制度要素的权重和形式？又是如何决定的？寻找这些普遍的规律，没有比较和社科方法，没有经济、社会和文化的实证研究是无法做到的。能否说，法治原则和法治的实现方式是我们实现孟德斯鸠式理论平衡的抓手呢？而不同法律理论、制度与实践之间的互相映照是否也能够照见更真实的自己，从而走向更完美的自己呢？在方法论的意义上，比较法律社会学、比较法律史、比较部门法学都可能成为实现上述目标的途径。

# 孟德斯鸠论刑罚与政体

## ——《论法的精神》第六章疏证

### 黄　涛[*]

**【摘　要】** 孟德斯鸠的刑法观一直以来并未受到重视，法学界尤其是刑法学界将贝卡利亚视为近代刑法学的第一人，其著作《论犯罪与刑罚》被视为近代刑法学的第一部经典。但我们也注意到，孟德斯鸠在《论法的精神》中提出了许多现代刑法的观点，许多归结给贝卡利亚的论点，其实早在孟德斯鸠笔下就已经获得了明确的表达。孟德斯鸠在《论法的精神》第六章中，系统地阐明了刑罚与政体之间的内在联系，他基于这种内在的联系对于刑罚学思想中的若干命题进行了深入的评论。

**【关键词】** 贝卡利亚；孟德斯鸠；刑罚；政体；人道

孟德斯鸠《论法的精神》在日内瓦发表那一年，贝卡利亚十岁，孟德斯鸠逝世的那一年，贝卡利亚17岁。贝卡利亚在写作《论犯罪与刑罚》时，当然读过《论法的精神》，《论犯罪与刑罚》的那些启发后世的重要论题，早在《论法的精神》中就能够找到根源。在《论犯罪与刑罚》一书"引言"的末尾，贝卡利亚明确承认自己获益于孟德斯鸠的思想：

---

[*] 黄涛，中共中央党校政法部博士后驻站研究人员，华东政法大学政治学与公共管理学院副研究员。

"不朽的孟德斯鸠庭长曾迅速地论及过这一问题,那不可分割的真理促使我循着这位伟人的光辉足迹前进,然而,聪明的读者都会把我的步伐加以区别,如果我也能像他那样赢得暗中平静地追随理性的善良者的秘密感谢,如果我能唤起那些善感者的心灵向人类利益的维护者发出热情共鸣,那么我真感到幸运。"[1]

这段话不仅向我们表明,孟德斯鸠的刑法学思想影响了这位近代刑法学的开创者,而且揭示了古典时代刑法学的基本特征,古典时代的刑法学懂得"暗中平静地追随理性的善良者",能够"唤起那些善感者的心灵向人类利益的维护者发出热情共鸣"。但自实证主义和历史主义兴起之后,在刑法思想领域,出现了刑事新派,也就是实证主义的刑法学,其中的代表人物有意大利的刑法学家龙勃罗梭、加罗法洛、菲利和德国的刑法学家李斯特等人。他们或从社会学、人类学的视角,或是从国家制定法的视角来审视刑法,其共同特征是关心具体的技术和操作问题,而非刑法对人性和人类灵魂的影响。孟德斯鸠不仅将罪与罚的问题同人类的理性结合起来,同宽和的人道主义结合起来,尤其重要的是同政体问题联系起来,孟德斯鸠在其《论法的精神》中有关罪与罚的问题的论述可以充当深入阅读《论犯罪与刑罚》,并且理解罪与罚同人类共同体生活之关联的最为恰当的引线。

## 一、孟德斯鸠论犯罪与刑罚的结构

孟德斯鸠有关刑法的论述主要出现在两个地方,第一处是《论法的精神》的第六章,在此讨论了"各种政体原则的后果与民法和刑法的繁简、审判方式……",第二处是在《论法的精神》第十二章,主题是"确立政治自由

---

[1] 贝卡利亚:《论犯罪与刑罚》,黄风译,北京大学出版社2014年版,第9—10页。

的法与公民的关系"。[1]此外,在论述宗教的部分中,还讨论了与宗教有关的犯罪与刑罚问题,这主要是在第二十五章第12节和第13节。在此,我们只是一般性地提及第二十五章中与宗教相关的刑法,而重点讨论第六章和第十二章中的讲述,孟德斯鸠为何要在这两个地方分别讨论刑法问题,而不是将它们放在一起?

为了回答这个问题,有必要首先考察一下文本的结构。尽管都是论述刑法问题,但细读第六章和第十二章,不难发现这两处各有侧重。除了涉及刑事程序和审判形式方面的问题之外,[2]第六章的笔墨主要花费在讨论与刑罚相关的问题上,更具体地说,讨论刑罚的轻重问题,也就是严酷刑罚和宽和刑罚的问题,此外,还讨论了惩罚采取何种形式的问题,例如有关罚金和肉刑的问题,有关是否可以采取同态报复的问题,是否可以采取连坐的问题,最后以君主的仁慈作结。这种结构使人觉得,孟德斯鸠在第六章中关心的其实是刑罚的宽和问题。宽和意味着审判方式严格依据法律,意味着刑罚手段的缓和。

尽管第十二章也讨论刑事程序的问题,例如第2、3节虽然表面上看是讨论公民自由的问题,实际上讨论的却是审判方式尤其是证据法方面的问题,但第十二章的重点却是犯罪的问题,例如第4节涉及的是犯罪的分类问题,第5节涉及的是针对邪术和异端的犯罪问题,接下来的第6、7、8、9、10、11、12、13节也都是讨论定罪方面的问题,哪些行为应该被视为犯罪,哪些行为不宜视为犯罪,其中最重要的是第11—13节中有关思想和言论自由的讨论。言论自由的命题是现代自由主义法学强调的一个基本命题,是启蒙知识人留给现代人的巨大财富,在这个命题上,早在孟

---

[1] 孟德斯鸠:《论法的精神》(上卷),许明龙译,商务印书馆,2012年版。本文所引用和参考的《论法的精神》段落均不标明页码,仅注出章节数字,如第六章第5节等。
[2] 第3节中讨论法官是否应该根据精确的法律文本审判案件,第4节讨论审判方式,第5、6、7节讨论与法官相关的问题,第8节讨论设立公共检察官的问题,第17节讨论刑讯的问题,禁止使用刑讯已经成为现代法学的一项基本规则,这些在现代法律中属于刑事程序法或刑事诉讼法方面的内容。

德斯鸠之前,1644年大诗人弥尔顿就发表了《论出版自由》,其中对出版审查制度进行了猛烈的抨击,孟德斯鸠的时代仍然存在出版审查制度,在此氛围下讨论思想、言论不构成"罪的实体",实在需要勇气,但我们也注意到,在这个方面,孟德斯鸠的说法非常隐晦。第14节讨论刑罚同羞耻之心的关系问题,第15、16、17节讨论审判方式的问题,第18节以下的部分分别讨论各种政体下刑法同自由之间的关系问题。从总体上讲,这个部分的主题是犯罪,即哪些行为应被视为犯罪,哪些行为不应视为犯罪,在孟德斯鸠看来,这一点对人的自由有重要影响。

在考察了文本上的差异之后,需要继续追问的是,第六章和第十二章分别讨论的那些内容之间,是否有实质上的差异? 为了回答这个问题,首先有必要注意到,尽管孟德斯鸠在第六章和第十二章都论述了刑法问题,但第六章的论述更多与传统政体相关,即与共和政体、君主政体和专制政体相关,在这个部分的讨论中,孟德斯鸠始终关切的是专制政体之下的刑罚的问题,这种政体下的刑罚过于严酷,不能做到公正。我们看到,这一章以讨论君主政体下的刑罚开端,而以君主的仁慈结尾,并且其中不时与专制政体做比,充分表明了孟德斯鸠在刑罚问题上保持的基本立场,即赞同宽和的而不是严苛的刑罚。

在第十二章中,孟德斯鸠有关刑法的讨论则和自由的关系更为密切。一个重要的证据是,在第六章的讨论中,自由并非经常出现的词。而在第十二章,自由这个词自始至终频频出现。尽管第十二章中也对各种政体下的刑法进行了讨论(第18节以下),但在那里着眼的仍然是自由的问题。但务必注意的是,孟德斯鸠在第十二章中所谓的自由,不是与政体相关的自由,而是与公民个体相关的自由,这种自由关切的是如何使公民们享有安全,或者说使公民们至少自认为享有安全。正是出于这种原因,孟德斯鸠限制了犯罪的范围,即有些行为一旦被视为犯罪,就会使人们失去自由的感觉。在这一部分中,极少谈到与刑罚有关的事,例如,第4节尽管表面上涉及到了刑罚问题,实际上,这一节讨论的主要是犯罪的分类问题,第14节强调的不是采取何种刑罚、如何适用刑罚的问题,而是强调刑罚的效果,即不能破坏人们的羞耻心。人们不是从刑罚中感觉到自己的自由,因为刑罚本身就是对于自由的剥夺或限制,相反,人们是从自身行动的自由度中感觉到自身的自由,因此,判断或者规定哪些行为是犯罪对于公民的自由十分关键。

正是这一点导致了孟德斯鸠在两个不同的地方讨论刑法问题。在第六章中,他关心的是专制政体和宽和政体的区别问题,因此,刑法问题不过是他展示这种区别的具体例子。在刑法问题上,体现出政体的专制与宽和的不是在规定哪些行为为犯罪方面,而是在于惩治犯罪的方面,以及在审判形式方面。而在第十二章中,孟德斯鸠关心的是人的自由,在刑法哲学中,人的自由主要体现在人的行为的界限方面,因此,规定哪些行为是否是犯罪就成为第十二章的重点,此外,还体现在对罪行进行追究的过程中,体现在是否可以采取秘密控告的问题上。孟德斯鸠十分重视秘密控告和公开指控问题,这是因为,公开的指控使人们不再担心自己受到不公正的指控,而秘密的指控则会使人有遭受到他人报复的危险。[1]

## 二、刑法与政体

值得注意的是,孟德斯鸠是在与政体的关联中讨论与刑法相关的问题的。例如,在第六章一开始,他就比较了君主政体下的法律和专制政体下的法律的繁简程度,我们看到,在专制政体下,无论是民法还是刑法都比较简单,这其中最重要的原因是在专制政体之下,本来就不需要多少管

---

[1] 另外,在结构上还需注意的是,孟德斯鸠不仅关心刑法问题,而且十分关心刑事程序的问题,也就是说,关心在刑事审判中应该遵守的最可靠的规则方面的问题。如今有关刑事程序方面的问题主要归属于刑事诉讼法的范畴,而将有关犯罪和刑罚的问题归属于刑事实体法范畴。但在十八世纪和十九世纪初,在这个问题上,还没有严格的分离。(例如在费尔巴哈的《德国刑法教科书》中就明确在刑法适用的标题下讨论了刑事诉讼的问题。参见费尔巴哈:《德国刑法教科书》,徐久生译,中国方正出版社2010年版。)因此,我们在阐述孟德斯鸠的犯罪与刑罚思想的时候,也会注意到他有关刑事诉讼程序方面的问题。

理规则(第五章第14节)。又如,在第六章第3节、第4节讨论审判方式的时候,也是结合不同的政体来谈的。此外,在第十二章第18节以下的部分,孟德斯鸠也讨论了各种政体之下的刑法问题。

孟德斯鸠明确表述政体与刑法的关系是在第六章第15节,在那里,我们看到,孟德斯鸠之所以相信刑罚与政体的性质相关,根源在于罗马法。他从罗马法中看到,"随着政治法的更改,伟大的罗马人民也更改了市民法中的刑罚规定"。随后他评论了"十二铜表法"、苏拉的法律、凯撒的法律,以及马克西米努斯的法律,最后是君士坦丁的法律。他讲述了罗马时代刑罚从严苛到宽和的不断起伏的过程,并且,追溯了在不同政体之下刑罚的严酷和宽和,分别讨论了王政下刑罚的残酷,共和政体下刑罚的宽和,苏拉和凯撒时期的刑罚(此时共和政体处于危机之中),最后是君士坦丁时代的君主政体下的刑罚。在对罗马时代各种政体的观察中,他最终得出了刑罚与政体性质相关联的结论。

当然,即便不是从罗马法史出发,孟德斯鸠也本可以得出上述结论,因为他早就一般性地叙述了政治法与市民法的关系,政治法是与政体有关的法律,市民法则是维护政体的法律,在维护政体的法律中,刑法占据十分重要的地位。现代刑法学者也懂得,刑法是作为最后诉诸手段的法律,它保护的对象不主要是个体的人身、财产和自由,而是共同体的法律秩序。但尽管如此,现代刑法史的撰写者没有充分注意到孟德斯鸠的教导,他们忽视了刑法同政体的关系,因而在许多问题的解释上缺乏更广阔的视角。一旦我们把握了孟德斯鸠的教导,则有关具体的与刑法相关的问题的解释就可以得出一系列新的结论。

孟德斯鸠指出,"人们之所以不得不求助于法院,原因在于政体的性质,而不是法律的自相矛盾及其不确定性使然"。(第六章第1节)应该如何来理解这句话呢?

根据孟德斯鸠的论述,专制政体中"所有发生纠纷和诉讼的机会全被消除了"。专制政体中并没有固定的法律,审理方式也非常简单,财产并不受重视,由于总是担心民众发生叛乱,因此一点小小的纠纷就会使政府担惊受怕,官员们在处理案件时因此十分简单,"只要能结案,用什么方法都无关紧要",在这种情形下,又有谁喜欢打官司呢？连敢于打官司的人都极其稀少,除非是那些人"有讨回公道的强烈意愿,有仇恨之心,有灵活的头脑和绝不善罢甘休的毅力",否则,人们为了保全自己的生命,是不敢轻易地去诉讼的。孟德斯鸠对专制政体下人们厌诉的风气的评论一直以来未曾被人注意,其实,我们应该从政治与法律的层面寻找人们厌诉的道理,而不是用儒家的教化或差序性的生存格局来解释人们厌诉的现象。

生活在不同政体下的人们,对审判方式的感受也十分不同,孟德斯鸠讨论了不同政体下的审判方式问题,提到了许多至今仍然为我们适用的审判规则。首先值得注意的是第六章第3节中的讨论。在这一小节中,孟德斯鸠讨论了法官在何种情况下应该严格根据法律的条文来审理案件。他说,专制国家什么法律也没有,在这里,法官就是法律,因此谈不上是否根据法律条文来审理案件。而在君主国家中,法律明确时则根据法律的条文判案,法律不明确时则根据法律的精神判处案件,在共和政体中,政体的性质要求法官应该一丝不苟地依照法律的字面意思进行判案。

正是这个论断,尤其是有关共和政体下,法官应该严格按照法律的字面意思进行审判的论断遭到了后世诸多学者的攻击,他们甚至据此认为,孟德斯鸠主张一种严格意义上的司法学说,他们由此将整个审判活动比作一架机器,一头输入案情,另一头得出判决,由此导致了现代法学中有一种想要将整个审判活动技术化的倾向。他们依据的正是孟德斯鸠的上述论断,因为在共和政体中,至少从表面上看,人为的因素是完全不存在的。因此有可能使用现代化的技术手段,使整个审判程序变成一种技术性的程序,甚至可以用电脑来处理案件。

然而,务必注意的是,孟德斯鸠有关共和政体下要严格根据法律的字面意思审理案件的论断不是要完全祛除人为因素,他之所以如此主张,完全是因为在他看来,"政体越是接近于共和,审判方式就越是固定。"完全可以法律的字面意思审理案件是审判方式固定的一种表现,另一种表现是在审理案件中,人民只能就事实问题发表意见,法官不得彼此讨论案件,而只能严格根据法律审理案件。此外,在共和政体中,特定案件要遵守特定的审理方式(第四节),如此种种都考虑到共和政体的政体性质,在这种政体中,唯有法律来统治,在共和政体下,法律应该具有明确、公开、不自相矛盾等一系列品质,在这里,法律是人们的行为标准,因此必须严格按照字面的法律来审理。归根结底,之所以对共和政体下的审判方式有如此严格的要求,首先是因为在共和政体下,人们爱法律。对于以荣宠为原则的君主政体而言,不具有如此严格的要求,例如他们可以根据法律的精神而非字面审理案件,并且在具体的审理过程中,法官可以彼此交换意见,也可以采取良心审理的方式。因此,在讨论孟德斯鸠有关审判方式的具体观点时,我们不能脱离具体的政体来评论审判方式的好坏和优劣。

孟德斯鸠十分清楚地意识到,繁复的刑事程序可能同实质性的正义构成冲突。有关程序正义和实体正义之间的冲突问题,如今成为了诉讼法学界的热门问题,但早在200多年前,孟德斯鸠已经对此作出了明确的解答。

倘若仅仅从公民个体出发来看,有些司法程序是太过复杂了,例如明知是某人侵犯了自己的财产,为何要经过如此繁复的司法程序才能主张自己的权利,并且常常即便走完了整个司法程序,自己的权利照样还得不到救济,这种情况在现实生活中常常发生;更有甚者,明知某人触犯了刑法,但在收集证据的过程中,由于收集证据的程序不合法,而使证据并不具有证据力,这样的案件在西方国家十分典型。然而,孟德斯鸠却说,这些从公民个体的财产和人身角度出发看来太过繁复的司法程序,如果从公民的自由和安全出发,你会常常觉得这些司法程序太过简单。他还说,"打官司带来的麻烦、花费、时间的耗费乃至危险,都是公民为自己的自由付出的代价"。

孟德斯鸠的这个评论是什么意思?根本原因在于,司法程序的繁简涉及的不是公民个体的自由问题,而是政体问题。孟德斯鸠明确指出,只有在专制政体下,法律程序才变得简单,"一切纠纷都以这种或那种方式草草结案,只要能结案,用什么方法都无关紧要"。只有在宽和政体下,司法程序才变得繁复,因为在宽和政体下,即便最卑微的公民,其生命也是最可宝贵的,其财产和荣耀都是应受到保护的,除非受到国家的控诉,否则谁也不能以任何名义剥夺其生命,并且,孟德斯鸠也明确提到,即便是国家对他提起控诉时,也必须赋予犯罪嫌疑人一切可能的辩护手段。只有在专制国家中,人们才会重实体而轻程序,[1]因为"只有当一个人拥有绝对权力时,首先想到的就是简化法律"。

在孟德斯鸠看来,法律应该关心的不是个别的弊病,而是人民的自由,他主张在法律生活中,"对于想要达到的目的,法律有时候以不采用过于直接的办法为宜"(第五章第5节),立法者想要纠正弊端是好的,但在他看来,如果一心只想纠正弊端,眼睛死死盯住这件事,却不看看它会带来何种负面效果,就更为糟糕,因为,这样的法律(或者类似的政策或者措施)自身就是腐败的根源(第六章第12节)。正是基于此种理由,孟德斯鸠更为重视程序正义而非实体正义,他不是从诉讼成本,也不是从哲学角度出发探讨这个问题,而是从政体的角度来讨论这个问题。只有宽和的国家,才真正重视程序正义,才将打官司带来的种种麻烦看作是实现公民自由的必要代价。

在第六章的第5节到第8节,孟德斯鸠讨论了有关法官资格的问题和谁有资格进行控告的问题,也就是参与审理的官员的任职资格的问题。这也是审判方式中非常重要的问题。

孟德斯鸠首先讨论了共和政体之下的法官。在共和政体之下,真正的法官是人民,尽管是由法官来审理案件,也要显得是人民在审理,这样,为了防止人民滥用审判权,就有必要对人民的审判权加以限制,他提到了

---

[1] 法学界常常说中国是一个重实体而轻程序的国家,实际上应该从政体角度探讨一下根源,而不能仅仅从法律文化传统,例如儒家的教义上寻找根源。

佛罗伦萨人的审判,也提到了梭伦制定的有关人民审理案件的法律,并称颂了后者。其次讨论了君主政体下法官的资格问题,他反对君主亲自审理案件,因为君主政体下,君主审理案件不仅会破坏中间势力,并且由于犯罪行为针对的是君主的法律秩序,由君主审理案件,无异于君主既当法官又当原告,此外,由于犯罪所得一律将没收归君主所有,由君主审理案件,无异于君主既是法官,又是获得利益的一方。最后,由于君主享有特赦权,君主审理案件会造成如下印象:君主一方面作出了决定,另一方面又反对自身作出的决定。孟德斯鸠在接下来的部分中举了路易十三和罗马皇帝的例子,充分说明了,君主审理案件是一切灾难之源。孟德斯鸠主张,在法律的执行方面,君主只需充当一个旁观者,"法律犹如君主的双眼,借助法律他可以看到原本看不到的东西"。君主所应操心的是法律执行的状况,他不能去干涉具体的个案,但却能改善法律的利弊。只有在专制政体下,君主才审理案件,也正是在专制政体下,司法官员的任职变得简单,这里只有一个法官,可以任意地断案(第六章第7节)。不仅如此,孟德斯鸠还主张,君主政体下,不仅君主不能审理案件,大臣也不能审理案件,这是因为,在他看来,在审理案件的过程中,司法官员要头脑清醒,而不能动感情,客观中立地审理案件,而行政机构在处理事务时却是应该有激情的。在这里我们看到了有关行政权的积极性和司法权消极性学说的现代根源。现代人已经达成了如下基本共识,即行政权应该是积极的,司法权应该是消极的。

在司法官员中,有一类官员和法官一样十分重要,这就是公共的检察官,他们以法律和国家的名义来指控犯罪。在孟德斯鸠笔下,这是君主政体中的做法,在这一政体中,公共的感情非常薄弱,因此不得不设置专门的官员负责控告,而在共和政体中,公共的福利是公民的第一愿望。因此在孟德斯鸠看来控告应该是公共的。秘密的指控或者说告发是危险的,之所以如此,是因为秘密的指控从表面上看是为了维护国家的安全与法律,但实际上却为专制统治提供了借口。孟德斯鸠提到了罗马帝政时期的做法,在那时,出现了一群阴险的告密者,他们想方设法去寻找那些一旦被判刑,君主就会高兴的犯法者。

秘密控告自身就是邪恶的根源,贝卡利亚日后针对秘密控告做了如下评论,他说,"这种风俗把人变得虚伪和诡秘,人们一旦怀疑别人是告密者,就视之为敌人。这样,人们往往掩饰自己的感情,由于他们习惯于对别人隐藏这种感情,以至发展到对自己也同样隐藏这种感情。他们没有明确而稳定的准则作指导,迷失在见解的烟海之中;他们竭力躲避威胁着自己的恶人,在对前途的忡忡忧虑中熬过眼前的时光。他们享受不到持久的闲适与安全,那刚刚降临到他们悲惨生活中的少许欢乐立即被囫囵地消受掉,能活在世间,就是他们的唯一安慰"。[1] 这正是专制政体下生活的人们的心灵特征。

### 三、反对酷刑的理由

根据《布莱克法律辞典》中对于"酷刑"的界定,酷刑是指"为了施予惩罚、获取口供或信息或为了施虐的快乐,而给人的身体或心理造成剧烈的痛苦。在旧的刑法里,在司法准许和监督下,与对人的调查或审查相联系,通过采取拉肢刑架、刑车或其他器械,对个人施加暴力的肉体痛苦,作为逼取供认或使其揭发同谋的方法"。[2] 从总体上讲,酷刑是一种施加刑罚的方法,目的是为了使犯罪嫌疑人招供,或作为惩罚的手段。因此,在很长一段时期,乃至是在将禁止使用酷刑写入了国际人权法的今天,酷刑仍然存在。虐待罪犯的做法时有发生,不仅在各国国内的监狱中,而且在国际关系领域,实际上,美国人在实施其全球反恐的战略期间,不知对其嫌疑人使用了多少酷刑。

无论古今,历史上反对酷刑的声音从未停止过。中国历史上有著名的

---

[1] 贝卡利亚:《论犯罪与刑罚》,黄风译,北京大学出版社2014年版,第30页。
[2] 转引自夏勇:《酷刑与功利主义》,载于《中国民权哲学》,生活·读书·新知三联书店2004年版。

"缇萦救父"故事,在这个故事中,缇萦的父亲因触犯法律而被判刑,其女缇萦上书汉文帝,愿意做官府中的仆人,代父赎罪。这个例子也是汉文帝时期政治宽和的一个证据。中国历史上可以看到不少有关酷刑、酷吏的故事,例如武则天时期的酷吏周兴和来俊臣师徒的故事。但我们在此关心的不是具体的酷刑以及反酷刑的故事,而是历史上出现的主张酷刑和反对酷刑的理由。孟德斯鸠有关酷刑的论述,无疑提供了这方面的启示。

孟德斯鸠对于酷刑持强烈的反对态度,他说,"严酷的刑罚"适用于专制政体,而不适用于君主政体和共和政体。第六章第9节十分详细地陈述了这个观点,在这一节中比较了宽和的国家和专制的国家对于刑罚的态度。所谓的宽和国家,不仅包含共和政体还包含了君主政体,由于在专制政体之下,对于死亡的恐惧超过了对生活的热爱,因此,专制政体中的刑罚一般来说就很严酷(之所以是一般来说,是因为在有宗教信仰的国度中,刑罚可能会因为宗教的要求而缓和一些。另外,在人口众多的国家中,君主不得不改变统治手段,而与人民分享利益,这样一来,刑罚也可能会变得缓和)。而在宽和政体下,爱祖国、爱法律以及追求荣宠,这些政体的原则("爱国、知耻、害怕受到责备")可以成为防止罪行的因素,在这些政体下,人们热爱生活,并不总是担心死亡的降临,此外,君主政体下的荣宠由于有自身的法则,也会阻止和排斥不合理的刑罚。如此,立法者除了酷刑之外,也有多种手段作为刑罚的手段,与此同时,也有很多理由阻止立法者制定残酷的刑罚,这些都使刑罚变得宽和。

值得注意的是,孟德斯鸠描述了在不同政体之下,人们的性情、生活方式对于刑罚轻重程度的影响。在专制政体下,人们的命运极其悲惨,唯有在宽和政体下才处处见温馨,于是那些征服者们和专制君主们就有一种冷酷的倾向,[1]而只有家境不穷不富、命运不好不坏的人才性情温和,怀有恻隐之心。然而,我们却感觉到,这类人似乎并不生活在君主政体之

---

[1] 值得注意的是,孟德斯鸠还提到了僧侣,他排斥僧侣的统治,而充其量只承认在君主国家中,僧侣可以成为一种中间力量。

下,而更有可能生活在共和政体之下。只有在共和政体下,尤其是在民主政体中,人们才会自愿放弃个人利益,而追求公共利益,才会以节俭作为美德。更近一步地,只有在基于商业的民主共和国中,我们才能发现这种人,因为正如我们在孟德斯鸠有关商业性的民主共和国的描述中看到的,这里奉行一种节俭性的贸易,属于家庭的财富并不多,因而家境不穷不富,命运不好不坏;此外,商业精神带来了温良的性情,并且使人们彼此怀有恻隐之心,关心公众利益。孟德斯鸠所描述的这类人其实就是市民阶级,他们产业不多,只能凭借节俭性的贸易来致富,为了使自己的家业能持久,他们不得不持续地勤俭持家。

在此基础上,孟德斯鸠得出如下规律,即"在所有或几乎所有的欧洲国家里,人民离自由近,刑罚便少,人民离自由远,刑罚便多"。在孟德斯鸠笔下,宽和政体是离自由最近的政体。[1] 政体越是宽和,人们在其下生活的勇气也就越强烈("在宽和政体下,人们担心失去生活,而非害怕死亡"),如此立法者就越是有办法禁止人民犯罪。

什么是刑罚的目的? 即立法者或统治者究竟出于何种原因使用刑罚。刑罚的目的学说是刑法学理论的重要组成部分,孟德斯鸠指出,立法者关心的是预防犯罪,而非惩罚犯罪。将预防犯罪作为刑罚的目的,这是刑法学说史上的一个重大变化,这一刑罚目的的改变对于后世的刑法学说产生了巨大影响,20世纪的刑法学说中甚至区分了一般预防和特殊预防。前者考虑到的是对于犯罪的刑罚对于普罗大众的效果,即通过惩罚,使大众认识到实施此种行为是不值当的,因而不去犯罪,而特殊预防则只针对犯罪人本身而言,使其不再继续犯罪。有关刑罚目的的学说可谓驳杂繁多,它已经是现代刑法学研究的基本问题之一。

在孟德斯鸠为代表的古典刑罚学家那里,一般预防和特殊预防同时存在,例如贝卡利亚就说,"刑罚的目的仅仅在于:阻止罪犯再重新侵害

---

[1] 参见黄涛:《孟德斯鸠的优良政体论》,载于《兰州大学学报》(社会科学版),2017年第3期。

公民,并规诫其他人不要重蹈覆辙"。[1] 然而,在具体的一般预防和特殊预防的方法上他却提出了不同意见,例如,为了使罪犯不再能重新侵害公民,既可以采取极端的办法,即死刑,也可以采取拘束其自由的办法,即关进监狱,甚至还可以根据个体的社会危险性的预先评估,对有潜在危险性的个体进行预先防范;而为了规诫其他人不要重蹈覆辙,既可以采用威慑的办法,使人们害怕残酷的刑罚,也可以采用教育的办法,使人们从犯罪必然得到惩罚的这种必然性中,从刑罚施加的及时性中意识到犯罪行为得不偿失。在有关具体的预防办法上,孟德斯鸠有其特定的立场,他认为,"对于劣迹的惩罚就是认识到自己确有劣迹",最有效的惩罚不是酷刑,而是使人们产生耻辱心。从这个角度看,孟德斯鸠的立场接近于当代教育刑的立场,既不是采取肉刑即严刑拷打的办法,也不是采取长期关押的办法,而是使人心生耻辱,使内在的心灵成为拘束人们不去犯罪的主要力量。

对于孟德斯鸠来说,心灵的培育对于刑罚的作用就如同心灵的培育对于政体的作用那般意义重大。从刑罚目的出发,只有那些最有利于预防犯罪的刑罚才是有效的刑罚,在孟德斯鸠看来,最有效的刑罚是耻辱刑,他说,"大自然将耻辱作为对人的谴责,让我们遵循大自然的意志,使蒙受耻辱成为刑罚的最重要的部分"。孟德斯鸠在各种刑罚手段中比较看重耻辱刑的作用,正如他在政体学说中看重人的德性一样,他甚至说"民若有德,刑罚可少",在宽和政体中,"立法者只需向他们指出什么是善,他们就会齐心向善",而不必使用任何刑罚了。这一点颇类似于《论语·为政》篇中所说的"道之以德,齐之以礼,有耻且格"。在宽和政体中,统治者会竭力培养人民的羞耻心,在孟德斯鸠看来,人们内心是否存在羞耻心,甚至是区分专制政体和宽和政体的标志(第六章第12节)。

孟德斯鸠重视耻辱刑,认为耻辱感能使人不犯罪。他谈到了对逃兵

---

[1] 贝卡利亚:《论犯罪与刑罚》,黄风译,北京大学出版社2014年版,第52页。

的惩罚,认为对逃兵来说,最严重的惩罚不是处死他们,因为他们习惯于面临死亡,早就将生死置之度外,相反,应该让他们终身受辱,士兵是重视名誉的,使之遭受耻辱就会令他感到极度痛苦,较之处死他带来的恐惧更甚。因此,孟德斯鸠甚至说,"如果在一个国家里,刑罚不能使人产生耻辱心,那肯定是施行暴政的后果"。

从预防犯罪角度出发,酷刑不能达到其效果,严酷的刑罚往往会造成如下局面,即罪犯面临的恶果越大,也就越敢于规避刑罚,为了摆脱对一次罪行的刑罚,人们会犯下更多的罪行。[1]孟德斯鸠本人并未陈述这一点,但这一点却是非常明显的。酷刑的承担者当然知道行为的后果非常严重,因此他们会千方百计地摆脱这种后果,为了使犯罪行为不被发现,他们会实施更隐秘的犯罪。这就是为什么孟德斯鸠说,酷刑不仅不能使人们遵守法律,而且还会使人民受到败坏的原因。

反对酷刑的第三个理由要从人类心灵的内在感受性中去找。孟德斯鸠注意到,人类心灵具有一种内在的趋势,即对严酷的刑罚会慢慢地习以为常,从而再严酷的刑罚也变得不那么严酷了。由此,尽管专制政体想要用酷刑威慑人民,但极端的惩罚手段却无法达到效果,并且非但达不到使人民遵守法律的效果,相反,还会使人民的精神遭到腐蚀,变得对专制主义习以为常,变得对刑罚的轻重毫无感觉。这成为孟德斯鸠反对酷刑的第三个理由,也是最为重要的一个理由。

从孟德斯鸠反对酷刑的这个理由中还可以推出,尽管专制政体常常运用酷刑制造恐怖的气氛,但人心会逐渐适应这种恐怖,一旦人们看惯了杀人和残害身体的场面,就不会产生对于生命的热爱,也不会懂得人生的尊严和生活的美好与幸福。生命的意义一旦失去,体会不到生命的甜蜜与幸福,任何对于生活的追求都变得毫无意义,这也是为何孟德斯鸠甚至强调"严酷的刑罚甚至可能会腐蚀专制主义"的原因。为了说明这一点,

---

[1] 贝卡利亚:《论犯罪与刑罚》,黄风译,北京大学出版社2014年版,第54页。

他讨论了日本刑罚的残酷性,他说,"日本法律的暴烈曾经胜过它的力量,它成功地摧毁了基督教,然而,闻所未闻的努力恰恰证明了它的无效"(第六章,第13节)。

在孟德斯鸠之后不久,贝卡利亚再度表述了这个学说,他在《论犯罪与刑罚》的第十五章中说,"人的心灵就像液体一样,总是顺应着它周围的事物,随着刑场变得日益残酷,这些心灵也变得麻木不仁了。生机勃勃的欲望力量使得轮刑在经历了百年残酷之后,其威慑力量只相当于从前的监禁"。又说,"刑罚最残酷的国家和年代,往往就是行为最血腥、最不人道的国家和年代。因为支配立法者双手的残暴精神,恰恰也操纵着杀人者和刺客们的双手。在王庭上,这种精神为恭顺的奴隶的凶残心灵制定了铁的法律,在阴暗的角落里,它却煽动着人们绞杀这些暴君,并以新暴君取而代之"。[1]

然而,在现代刑罚学说中,有关反对酷刑的这个理由通常并未被人们所注意,现代人对于酷刑的态度十分暧昧,例如美国人一方面主张刑罚的人道和宽和,另一方面借助其反恐之名,在其他国家、民族和地区中实施酷刑。之所以如此,是因为当代刑罚学普遍遵循的是一种功利主义的刑罚观,这种功利主义的刑罚观太过重视刑罚与实际效果之间的关系。在反对酷刑这个问题上,我们因此可以看到,孟德斯鸠不是诉诸于计算的理性,而是诉诸于内心的情感,诉诸于人类心灵的内在感受性。在他看来,酷刑消磨了人的心灵的感受性,从人的心灵的感受出发解释酷刑的不恰当性,是孟德斯鸠的首创。在孟德斯鸠看来,只有在宽和的政体中,人才有丰富的心灵感受,才会有恻隐之心和羞耻之心。刑罚的适用应该考虑到人的内在的感受性,因为严格来说,教人守法的不是肉体遭受的重创,而是人内在心灵受到的刺激和影响。

在孟德斯鸠笔下,酷刑总是与专制政体、暴政联系在一起,孟德斯鸠

---

[1] 贝卡利亚:《论犯罪与刑罚》,黄风译,北京大学出版社2014年版,第54页。

甚至说，如果一个国家的人民不做坏事且遵守法律，只是因为害怕酷刑，那就同样可以肯定，造成这种状况的主要原因在于政府的暴戾。在他看来，人们之所以爱法律，不是因为恐惧某个君主，而是因为爱法律或爱荣宠。对于酷刑的反对因此就与他对专制政体的批判联系在一起。

在阅读孟德斯鸠有关酷刑的论述的过程中，还应注意到，孟德斯鸠谈到了有关立法者技艺的问题。酷刑的倡导者往往希望能够通过酷刑威慑人民，但孟德斯鸠却提醒立法者，在纠正弊病时，不能只想着纠正弊病本身，"眼睛死死地盯着这件事，却不看看它会带来怎样的负面效应"（第六章，第12节）。在孟德斯鸠看来，酷刑带来的负面效应是腐蚀了人民的精神，在他看来，人民被法律腐化是一种"不可救药的弊病"。在实际的政治生活中，头痛医头、脚痛医脚的做法不仅达不到目的，而且会成为新的病灶，加剧政治机体的病患。

## 四、罪刑相适应和刑罚的宽和

孟德斯鸠对于酷刑的态度引发了如下几个问题：首先，酷刑使人类心灵变得麻木，刑罚越是残酷，人们对于生命的意义和价值的感受就越是淡漠，一旦失去了对于生命意义和价值的感受，一切刑罚就会毫无意义了，人们不会因刑罚的严酷而变得更守法。其次，正如贝卡利亚注意到的，酷刑难以使犯罪与刑罚保持实质的对应关系，"无论暴政多么殚精竭虑地翻新刑罚的花样，但刑罚终究超越不了人类器官的感觉的限度。一旦达到这个极点，对于更有害和更凶残的犯罪，人们就找不出更重的刑罚以作为相应的预防手段"。

这两个方面都导致了一个问题，即如何使刑罚在预防犯罪的过程中变得更有效，既然酷刑不是恰当的刑罚，那么刑罚的轻重是否有一个尺度？孟德斯鸠在讨论刑罚的轻重，尤其是讨论酷刑后，接下来便讨论了"罪与罚的正确比例"（第六章，第16节），他说，"各种刑罚之间的轻重要配搭适当，这一点非常重要"。犯罪与刑罚之间要有一个正确的比例，即

"罪刑相适应"(或"犯罪与刑罚相对称")的理论是现代刑法的一个基本原则,也为现行中国刑法所承认。

尽管孟德斯鸠在第六章第 16 节中并未明确阐明为何在犯罪与刑罚之间应存在"正确的比例",但他在提出了各种刑罚的轻重要搭配适当的论断后,接下来提出,"人们总是防大罪甚于防小罪,防范对社会造成重大危害的罪行,甚于防范对社会造成较少危害的罪行",由此看来,罪与罚的正确比例是根据犯罪行为对于社会的危害来衡量的。以对社会的危害作为刑罚的标准,符合刑罚的目的。因为刑罚属于市民法,而市民法则是为了维护政体而起作用的。他在随后举出的例子中表明,如果对两种不同程度地侵犯社会的犯罪处以同等的刑罚,人们便无法找到更有力的手段去制止罪犯实施能为其带来较大好处的较大犯罪(这是贝卡利亚在孟德斯鸠的基础上得出的结论)。例如在莫斯科公国中,由于针对盗窃罪和杀人罪的刑罚相同,导致了盗贼不仅实施盗窃而且还杀人,因为既然两者的惩罚一样,则如果将人杀害了,也就意味着没有在场的证人,犯罪被查出也就变得困难了。此外,孟德斯鸠还举了反叛罪和诽谤罪、拦路抢劫和杀人劫财等等作为例子,其目的是为了证明,对不同性质的犯罪,应该量刑有别,他提到了中国针对不同类型抢劫犯给予不同刑罚的做法。他还提到,即便是在刑罚上没有区分,也要妥善地利用犯罪人对于赦免的期望。他提到了英国的做法,英国区分了盗窃和杀人,盗窃犯有获得赦免的期望,而杀人犯则不被赦免。由此也可以看出,仅仅从制度本身来看,有些制度非但不能达到威慑的目的,还会滋生新的犯罪,正是在此意义上,可以说,如何制定一部使罪刑相适应的刑法典,是立法者的技艺。

有关罪刑相适应的讨论表明,刑罚的有效性不在于残酷,而在于针对不同的犯罪给出不同的刑罚。只有这样,人类的心灵才不至于变得麻木,才会培养出他们对不同犯罪的危害性的感受。在孟德斯鸠笔下,罪刑相适应的根据不是功利主义的计算,而是着眼于人的道德情感的培养。不仅如此,从罪刑之间应该存在一个正确的比例出发,还有可能构建一个罪

## 孟德斯鸠论刑罚与政体

刑阶梯,即首先根据犯罪行为对于社会的危害程度,构建一个等级体系,这个阶梯的最高一级是那些直接毁灭社会的行为,最低的一级则是针对个人犯下的不正义的行为。与这个犯罪行为的阶梯对应,可以构建一个刑罚的阶梯,如此一来,就可以做到刑罚轻重的搭配适当了,也可以实现罪与罚之间的正确比例。贝卡利亚后来在谈到这个罪刑阶梯的价值和意义时说,"有了这种精确的、普遍的犯罪与刑罚的阶梯,我们就有了一把衡量自由和暴政程度的潜在的共同标尺,它显示了各个国家的人道程度和败坏程度"。从这个意义上讲,现代刑法学中一般归结给贝卡利亚的"罪刑相适应"的理论其实应该归属于孟德斯鸠,孟德斯鸠才是发明罪刑相适应理论的第一人。不仅如此,还可以得出如下结论:罪刑相适应属于宽和政体中的刑罚,酷刑制度则属于专制政体下的刑罚,罪刑相适应的刑罚制度设计充满了温馨的人道之风,它有利于培养人类的敏感的道德心灵,酷刑则使人类丧失掉生命的感觉,漠视一切道德事物。

在《论法的精神》一书中,孟德斯鸠对于与刑罚有关的其他问题也进行了深入的讨论,他的讨论涉及有关刑讯、肉刑与罚金刑、同态报复等相关问题。在这些部分中,孟德斯鸠集中表达了刑罚宽和的思想。

孟德斯鸠反对刑讯,这一点十分清楚。但我们在此考察的不是他是否反对刑讯,而是他为何要反对刑讯。历史上反对刑讯的人不在少数,值得注意的是他们反对刑讯的理由。尽管在现代文明的司法中,刑讯逼供的做法已不得人心,这种获得证据的做法通常被认为是不人道的,但在贝卡利亚看来,刑讯远非不人道这么简单。孟德斯鸠是从政体的角度来反对刑讯的,在他看来,只有在专制政体之下,才需要刑讯以产生令人畏惧的力量。在此,一个人是否犯罪,其证据就在于他是否能够忍受残忍的刑诉,不能忍受者即被判犯罪,似乎在"不幸者的筋骨和皮肉中蕴藏着检验真相的尺度",但这样一来,无辜者将要受到折磨,而真正的罪犯却往往能够逃脱,他只需忍受暂时的痛苦,就可以获得无罪和轻罪的结局。因此这种刑讯根本无益于找出真正的罪犯。

不仅如此,刑讯带来的肉体痛苦和精神痛苦根本无益于发现真相,当一个人的肉体遭受重创之后,在其精神受到残酷的折磨之后,他们怎么会说出真相?他们反而会担心,一旦自己说出的话无法令刑讯者满意,就会遭到更痛苦的折磨,他们心里想的是如何摆脱折磨,而不是事情的真相。实际上,只有极少数抱有强烈意志的人,才能在残酷的刑讯面前面无惧色,而大多数意志薄弱的人,在刑讯面前不得已承认了莫须有的罪名。

历史上主张刑讯的人还有其他为刑讯辩护的理由。例如,刑讯可以使罪犯供出其他的罪行,揭发同伙,并且,还能够使罪犯洗清耻辱,这些为刑讯辩护的理由在贝卡利亚的《论犯罪与刑罚》一书中都一一遭到了批判。对于为了获得案件真相而实施的刑讯来说,刑讯当然"并非是为其性质所必须",孟德斯鸠说,"法律虽然必须预先对案情做一些假设,但并非必须刑讯罪犯"(第六章,第17节)。刑罚不仅不能使人说真话,而且还使人畏惧,使人退缩,使人失去对于生命的尊严感,使人畏惧那个施以刑讯之人,而非畏惧法律,正是在此意义上,孟德斯鸠说,"刑讯对于专制政体也许是合适的"。

孟德斯鸠因此是在刑讯对于人的心灵的影响的角度,从刑讯同专制政体的内在关联性出发来反对刑讯的。只有在专制政体下,统治者怀疑一切人都是同他作对的,根本就不敢相信他的任何臣民。在讨论刑讯的主题的一开始,孟德斯鸠就同专制政体区分开来,他说,法律应该相信人,"人心本恶,法律不得不把人设想成比实际好些"。

同样的结论也反映在他对于各种类型的具体刑罚的评论中。他反对肉刑而赞成罚金刑,并且以赞赏的口吻谈到了古日耳曼人的做法,他们的刑罚多是采用罚金,因为他们认为,血只能留在手持武器的战斗中。尽管孟德斯鸠并未对罚金刑做过多评论,但他显然认为,罚金刑是合理的刑罚,因此应该大胆采用。并且,在第十二章第4节中,他认为,对于侵害财产安全的罪行,处以丧失财产的刑罚就更好,更符合这类犯罪的性质,但他也说,如果侵害者是一贫如洗的穷汉,就只能采取肉刑。由此看来,他

## 孟德斯鸠论刑罚与政体

并没有完全主张废除肉刑。孟德斯鸠在谈到日本人对于刑罚的态度时，竭力为罚金刑的意义做辩护。他似乎认为，罚金刑有同肉刑一样的遏制犯罪的效果。罚金刑涉及到财产，对宽和政体来说，财产的稳定具有重大的意义。只有从财产对于宽和政体的意义出发，才能理解孟德斯鸠为何要为罚金刑做辩护。贝卡利亚在评论驱逐和没收财产两种刑罚时曾经说，剥夺财产是一种比驱逐更重的刑罚。尽管如此，贝卡利亚也还论述了罚金刑的缺陷，它不仅可以为暴政获得利益提供机会，也可能会伤及无辜，过多的罚金会剥夺一家人的生活来源，形成巨大负担，正是在此意义上，我们才能理解，为何孟德斯鸠会说，优秀的立法者应该懂得灵活地运用这两种刑罚。

孟德斯鸠对于同态报复的讨论同样值得注意。现代刑法将同态报复视为一种原始的刑罚，按照黑格尔的说法是，这种刑罚追求的是量上的相等，例如"以眼还眼、以牙还牙"，但如果遇到一个独眼龙的罪犯，或者遇到一位满口无牙的罪犯又该怎么办呢？现代刑法学反对同态报复的立场，主张一种道义上的报应，或者法律上的报应，即凡是触犯刑律的人，之所以要受惩罚，乃是因为犯罪人在道德上应该受到惩罚，或者根据法律应该受到惩罚，现代刑法因此得出了如下犯罪的本质：一是道德上受到谴责的该当性，二是应受刑法惩罚性。作为刑法的奠基人，孟德斯鸠对同态报复的态度是复杂的，他反对同态报复，但他的理由却不是黑格尔的基于物理意义上的等量的理由，他在《论法的精神》的第六章第19节谈到了同态报复。在他看来，同态报复是一种简单的法律，专制国家常常采用这种法律，尽管政治宽和的国家也使用这种法律，但只是偶尔使用。因此，他对于同态报复的反对就是从政体出发的。但在第十二章第4节的倒数第二段中也出现了"同态报复"这个词，在此同态报复却不是从物理意义上说的，这里说，"这种刑罚源自这类罪行的性质，发自理性和善恶的本源"。从这个判断看，同态报复又具有报应的意味，因为它不是简单地从物理角度出发寻求量上的等值，而是考虑到了道德上的理由，出自理性的规定。

95

总体上来说,尽管我们不能肯定孟德斯鸠是否主张一种物理意义上的同态报复的观点,但可以肯定,他是主张限制同态报复的,具体来说,他主张在政治宽和的国家里,应较少地使用同态报复。

从表面上看,第 20 节和第 21 节讨论的是君主的仁慈,但实际上讨论的却是君主政体中的刑罚适用问题。因为唯有在君主政体下,才需要君主的仁慈。但在此所谓的仁慈并不仅仅是道德上的宽大为怀,而是要为荣宠治国留下空间,因为荣宠也具有一种法的身份,失去了荣宠就意味着要受刑罚的惩治。君主的仁慈不是因为君主软弱,也不是因为君主轻视惩罚甚至无力实施惩罚,而是要尽力克制使用强制,而想要用荣誉激发起人们对法律和国家的热情,而用丧失名誉作为惩罚,在这一点上集中体现了孟德斯鸠的耻辱刑构想。

## 五、结语

长期以来,刑罚与政体的关系问题被人遗忘,现代刑法学很少注意讨论这个主题,之所以如此,是因为现代政体越来越倾向于单一化,即主张一种权力分立的自由主义政体,在这种政体中,人们关心的不是刑罚与政体的问题,而是刑罚与自由的问题。政体和刑罚之间存在着内在的关联性,早在《论法的精神》的第一章第 3 节中就被提出来了,在那里,孟德斯鸠指出,政治法是组成政体的法律,市民法则是维持这个政体的法律。刑法是市民法的重要部分(另一个部分是民法),因此,随着政治法的改变,刑罚也就会发生改变,因而,他深信"刑罚是与政体的性质相关"(第六章,第 15 节)。

总而言之,《论法的精神》第六章讨论的主要是政体和刑法的关系问题,在这一章中,孟德斯鸠心中所想的是刑罚的宽和,这一章不是从个体公民出发,而是从遭到指控的犯罪人的角度进行讨论。一旦个体遭到犯罪的指控,就必须进入到公开审判中,因而刑法也就体现为酷刑和宽和的刑罚两种形态。不仅如此,在审判方式方面,在宽和政体中,审判的方式较为严格,也要求不得由君主审理案件,即便是人民审理案件,也要防止人们滥用审判权。

正如我们在本文开端注意到的,孟德斯鸠在《论法的精神》的第十二章中也讨论了刑法问题,但在那个部分中,涉及到的是另一个问题,也就是自由与刑法的关系问题,在公民的自由的问题上,主要依赖于将哪些行为规定为犯罪,因此,在那里,犯罪的问题而非刑罚的问题就成为孟德斯鸠关注的焦点。想要从刑罚中看到公民自由是很难的,因为在刑罚中,公民的自由是直接地处在受剥夺状态中的,在这里,对公民个体来说,感触至深的不是自由,而是刑罚的宽和以及审判的公正,有关刑法与自由的讨论将另文再谈。[1]

---

[1] 关于这一章的相对详尽的解读,参见施特劳斯:《从德性到自由——〈论法的精神〉讲疏》,黄涛译,华东师范大学出版社2017年版,第323页以下。

# 戴雪 VS 施密特：非常状态在法律秩序之外还是之内？

［英］大卫·岑豪斯（著） 李 普（译）*

> 根本不存在运用于混乱状态的规范。要使一种法律秩序生效，就必须存在一种正常状态，而且那个明确决定是否真正存在这种正常状态的人就是统治者。一切法律均是"具体处境中的法"。统治者创造并保护整个处境，他垄断了最终决定权。国家主权的本质正在于此，它必须在法理上被正确地界定为对决定权的垄断，而不是对强制和统治的垄断。非常状态最为清楚地揭示了国家权威的本质。决断在这里与法律规范分道扬镳，若用一个悖论来表示就是，权威证明了无需在法律的基础上制定法律。
>
> ——卡尔·施密特《政治的神学》[1]

这种并无法律规定，有时甚至违反法律而按照自由裁处来为公

---

\* 大卫·戴岑豪斯（David Dyzenhaus），任职于多伦多大学哲学部，法律系；该文为2005年于意大利百乐宫酒店举办的"恐怖主义，全球化与法治（Terrorism, Globalization and the Rule of Law）"会议用文，发表于2006年3月《卡多佐法律评论》。

李普，郑州大学法学院讲师。感谢杨洪斌（郑州大学法学院讲师）、郭富民（浙江财经大学法学院讲师）校对。

［1］Carl Schmitt, *Political Theology: Four Chapters on the Concept of Sovereignty* 13 (George Schwab trans., 1985)(1922).

## 戴雪 VS 施密特：非常状态在法律秩序之外还是之内？

众谋福利的行动的权力，就被称为特权（Prerogative）。

——约翰·洛克《政府论》[1]

这里的技术性问题在于是否克减权利的权力能够在此情况下被证明是正当的，即存在《欧洲人权公约》第十五条所说的"战争或者其他公共紧急状态威胁到国家生死存亡"情况。但我不想任何人认为我们是在质疑欧洲法律一些特殊条款。免于任意逮捕和拘留的自由是典型的英国式自由，当大部分欧洲人可能被心血来潮的统治者扔进监狱时，英国公民就享有了此种自由权。这种克减权利的特殊权力（exceptional power）在英国宪政史上也是存在的。历史上有几次重大国家紧急时刻，《人身保护令》被终止，基于怀疑而拘留的权力被授予政府……此种权力带着很大的疑虑被授予，当紧急状况过去之后，我们清醒回顾反思，往往发现特殊权力被残酷地且不必要地行使了。但此特殊权力在国家危机时刻的必要性被我们的宪政历史所承认。《欧洲人权公约》第十五条将"战争或其他公共紧急状态威胁国家生死存亡"的情况写进条款，准确地说明立法机关预先考虑到这种情况是必要的。

——霍夫曼勋爵[2]

"戒严法"何解？它有两义：其一指寻常法律的效力之停止，其二指国家全部或一部分受治于军事裁判机关，在这两种意义之下，所谓戒严法从未闻见于英格兰。在此点上，英格兰与法兰西没有一点共同之处，后者常有所谓"军事戒备时期之宣告（围城状态）"，在此情形下，平时归属于公民权以维持秩序的权力一概移交军政……这是英格兰法律在宪法之下具有永远至尊性的铁证。

——A. V. 戴雪《英宪精义》[3]

---

[1] John Locke, *Two Treatises on Government* 393 (Peter Laslett ed., 1967).
[2] [2005]2 W. L. R. 87,第 88—89 段。
[3] A. V. Dicey, *Introduction to the Study of the Law of the Constitution* 287-88 (10th ed. 1959)(引文省略)。

非常状态的一个奇妙特征为：它由法创造才得以存在。这样看来似乎法被用来当作对抗法本身的工具——法被使用，以停止自身的运转。卡尔·施密特认为这一事实是法治下自由主义理论的核心矛盾证据。自由主义者一直立志于将非常状态或紧急状态从法律秩序中驱逐出去，因为他们希望打造一个所有政治权力都服从法律的世界。但是自由主义者意识到法律规范无法适用于非常状态。非常状态是无法律的真空状态，一个法律黑洞，在此之下，国家的行为不受法律约束。

对此令人不快的事实，存在三种可能的自由主义式的回应。一，洛克的观点是接受主权者身兼两职：决定非常状态何时开始和如何应对非常状态。同样，施密特也在《政治的神学》著名的卷首语中放入这样的定义："主权者就是在非常状态下做出决定者。"[1]此种解释试图在宪法秩序之外寻找解决矛盾的源流。施密特反驳说，接受这样的解释也就是接受国家的政治权力最终不是由法而建立。

二，霍夫曼的解释试图在宪法之内找到解决矛盾的源头。将宣布国家进入非常状态的权力作为一项特殊条款放进宪法，因此主权者在行使此项权力时必须受到宪法的束缚。施密特认为这种回应的最后结果是约束变得虚幻而不实际，因而此种解释也是失败的。

三，戴雪的解释看起来更为直截了当，他否认主权者有权力用法去停止法的效力。施密特则认为第三种回应过于天真且无法避免政治权力最终不被法律规制的现实。确实，由于此观点在这样一种法律秩序背景下产生，戴雪的否认更加引人注目：1. 英格兰宪法是不成文的普通法宪法；2. 英国无所不能的议会——该议会能够通过任何它喜爱的法律，甚至包括道德上的恶法，比如，一个将所有蓝眼睛婴儿处死的法令。[2]

---

[1] Carl Schmitt, *Political Theology: Four Chapters on the Concept of Sovereignty* 1 (George Schwab trans., 1985)(1922).

[2] A. V. Dicey, *Introduction to the Study of the Law of the Constitution* 81 (10th ed. 1959).

## 戴雪 VS 施密特：非常状态在法律秩序之外还是之内？

约翰·费雷约翰和帕斯奎尔·帕斯奎诺在近来一篇文章中主张一种双重性，即用法停止法效力的双重性宪法权力，这就在普通法状态下的政权旁边创造一个例外的政权，这种二重性是"反绝对主义西方法律传统"[1]的普遍特征。作为证据，他们注意到在《英宪精义》[2]附录中戴雪意识到戒严法的必要性。他们没有讨论戴雪在书的主体部分的主张，即英国宪法排除了法国军事戒备意义上的戒严法，也就是排除了常态法政权旁存在例外政权。但是，不能否认的是，在附录中，戴雪的注解可以被解读为传达了一条关于国家用法停止法效力资格的模糊混杂的信息。举例如下：

我们必须时常记起英格兰法的一个基本原则：任何英国公民，在英格兰境内随时都具有他的常法权利（common law rights），特别是他的人身自由权利；除非得到一种确实证据，能证明他在那时正处于特殊情形之下，或者被议会法案或者被已经确立起来的法律原则所褫夺此类权利，他所有权利必须被常时设定其存在。这种有利于合法性的设定是法治（rule of law）必不可少的部分，也是英格兰制度的主要特征。因此，倘若有人宣称战事存在，因此要剥夺英国公民所有的常法权利……这个人必须负责寻出此项议论的法律依据。[3]

戴雪似乎讲了两种观点：法治是英国法律秩序的宪法要求，且一项法条可以停止法治，只要宣称停止法治的人能够证明事实上发生了什么。确实，戴雪甚至似乎暗示了除法律之外，一些"已经被确立起来的法律原则"也可以停止法的效力。而约翰·费雷约翰在戴雪的表述中恰好找到

---

[1] John Ferejohn and Pasquale Pasquino, "The Law of the Exception: A Typology of Emergency Powers", 2 Int'l J. Const. L. 210, 239(2004).

[2] A. V. Dicey, *Introduction to the Study of the Law of the Constitution*, at app. Note X at 538 – 55(8th ed. 1915). 该注释在此后的版本中消失了，我之后提及此注释时将会用"注释X"，其他的参考仍然是"注释4"。

[3] A. V. Dicey, *Introduction to the Study of the Law of the Constitution*, at app. Note X at 538 – 39(8th ed. 1915).

了这样一个原则:"戒严法的存在大抵为内乱或者外敌入侵之时、之地,在此时,君主的和平不再能以寻常方法保持……戒严法因紧急需要而生成"[1]和"此项政府为维持和平而使用任何武力都可不计的行动有时被称为君王的特权"[2]。

有一点约翰·费雷约翰未能提及,即戴雪本人对将这种权力描述为一种特权是非常怀疑的。戴雪把它"更为确切地"表述为每一个公民都有的、使用武力保卫君主的和平的权力,既然这是每一个公民都有的权力,那么君王也不例外。[3] 戴雪坚决反对存在这样一个法律原则或宪法原则,他称之为"政治需要或权益之计(doctrine of political necessity or expediency)"[4]。在戴雪看来,最多存在"迫切需要的大义(doctrine of immediate necessity)"[5],这样就授权每一个个体使用武力对抗紧急危险。甚至,戴雪明确表示,一旦非常状态过去,行使此权力的人如果意图免于在非常状态中实施违法行为的处罚,就必须证明其当时违法行事的必要性。任何人仅仅尝试用善意去回应真实的非常状态,无法逃避法律制裁。除善意之外,此人必须表明当时采取违法的行为应对危险的严格必要性。除非通过一宗赦免法案,否则超过了严格必要性范围的不合法行为不能被免除法律制裁。这也是戴雪之前提及的,议会把原来不合法的法律行为合法化。[6] 最后约翰·费雷约翰和帕斯奎尔·帕斯奎诺没有提及戴雪的必要性规则(rule of thumb test for necessity)——也就是说,在战时状态的某地,常规法院(ordinary courts)照常开庭并可维持此

---

[1] John Ferejohn and Pasquale Pasquino, "The Law of the Exception: A Typology of Emergency Powers", 2 Int'l J. Const. L. 238(2004).(引用 A. V. Dicey, *Introduction to the Study of the Law of the Constitution*, at app. Note X at 539 (8th ed. 1915))

[2] 同上。

[3] A. V. Dicey, *Introduction to the Study of the Law of the Constitution*, at app. Note X at 539 (8th ed. 1915).

[4] 同上,at 551-55。

[5] 同上,at 552。

[6] 同上,at 554。

### 戴雪 VS 施密特：非常状态在法律秩序之外还是之内？

地的和平状态。[1]

在我看来，与其探究以上两位杰出学者对戴雪片面的分析、引用得出的论点，即伟大的《英宪精义》除了佐证他们宣称的法律传统特征之外没有其他帮助，在非常状态的问题讨论上我们还可以走更远。尽管他们可以反驳，无论戴雪说了什么，他都承认这个特点，但仍然改变不了戴雪大部分所言所述与此种认可前后矛盾的事实。我的观点是，只有弄清楚戴雪笔下与此种认可意义不一致的文字意义，才有回应施密特挑战的理论基础。接下来我将论证，戴雪确实在两方面都直接回应了施密特的挑战。第一，法院来决定政府对紧急状况的宣布是否正当；第二，法院还必须评估政府应对紧急状况做出的实际行动是否合法。

我也会论证戴雪的回应为何更加有力——由于此回应是在普通法法律秩序的语境下，他承认此时一个明确的成文法法规就能够把不道德和违法行为合法化。施密特所挑战的乃是"法律主治"这一自由理想本身，无论它采取了何种制度化形式。它不仅运用于普通法法律秩序，也运用于保护权力与权利分离的宪法法律秩序，无论后者是否有规定了紧急权力的条款。如果确实有所规定，那么紧急情况权力的限制描述一定是详细且明确的。但如果把施密特的怀疑放到一个没有明确宪法的法律秩序下，则问题的解决可以更容易，即把权利分类的约束宪法化。

确实，将戴雪从约翰·费雷约翰先前的充满野心的争论中解救出来是必要的。虽然他们希望宣称回应非常状态需要双重的法律秩序——第一重为应对正常状态的常态法，第二重为应对非常状态的紧急法，他们似乎也倾向于这样的观点，即紧急法律体系应当是一种法律秩序，且尽可能

---

[1] A. V. Dicey, *Introduction to the Study of the Law of the Constitution*, at app. Note X at 545 (8th ed. 1915).

是一种法治秩序。[1] 而且,他们也暗示了任何对法治的克减都需要证明其正当性。[2]

所以,虽然他们对施密特怀疑的两点都有所妥协,但也做到了尽力去反驳。他们尤其反对施密特认为做出决定的主权者能够改变专制政体的观点,即从一种为了确保返回正常状态而在范围和时间上都被限制的委员会专制政体,到能够使用紧急权力创造新秩序的宪法专政(constitutional dictatorship)的转变。我认为,如果要反驳施密特此观点,首先要摒弃二位学者所推崇的双重性。然后需要结合绝对主义的思想和霍布斯-法律秩序是单一的。

换句话说,我主张汉斯·凯尔森的论点:国家完全由法律所创立。[3] 根据凯尔森的认同理论,当一个政治实体行动于法律之外时,其行为不再归属于国家,因此该行为没有权威。在我看来,戴雪同凯尔森持有相同的论点,仅在一点上异于凯尔森[4],即戴雪明确提出国家由法律创建意味着创建了国家并赋予其权威的法律本身包含了法治(rule of law)原则。这样一来,一个政治实体仅有在它依法行事时才能担当国家的角色。凯尔森论点的版本当然可以有薄厚之分,戴雪的解读版本更厚更有实质内涵。

从这一点出发,没有附属于任何国家机构的特权能够在法律范围之外行动。也就是说,即使不是二元论者,我们也可以承认存在法外之地,只要我们也同时否认那里有权威(不论是合法权威或非法权威)去授权国家在法外行动。凯尔森否认特权或其类似物的存在,并要求抵制运用政治权力在法律范围内安装类似特权的企图。如此,如果行政机构被宪法

---

[1] John Ferejohn and Pasquale Pasquino, "The Law of the Exception: A Typology of Emergency Powers", 2 Int'l J. Const. L. 228(2004).

[2] 同上,at 222。

[3] 参见 Hans Kelsen, *Introduction to the Problemes of Legal Theory: A Translation of the First Edition of the Reine Rechtslehre or Pure Theory of Law* 97-106 (Stanley L. Paulson & Bonnie Litsche wski-Paulson trans., 1992).

[4] 或者说至少异于凯尔森的解释标准,参见 Lars Vinx, Legality and Legitimacy in Hans Kelsen's Pure Theory of Law (Oct. 2005)(系尚未发表的博士论文)。

## 戴雪 VS 施密特：非常状态在法律秩序之外还是之内？

或成文法给予特权的等价或等效物，那接下来就是法官的责任，在法律的约束下去尝试解读此授权。到了此授权不能被如此解读的程度，法官必须将它当作内生性错误(embedded mistake)对待。这是法官必须承认的法律事实，但也是他们必须在可能的程度上去限制的，通过拒绝向"不可避免的暴力"让步或拒绝给予任何超过绝对必要的法律效果的能力。[1] 他们有资格这样做，因为他们被假定担任了变动性假设的角色：所有的政府机构都应与我们所认为的法治事业进行合作，而此项事业在尽力确保政治权力总是在法治的限度内行动。

然而，我所要争论的是，为了给凯尔森的认同理论（国家完全由法律构成）提供可信的解释，从戴雪笔下几个值得注意的方面开始分析显得尤为重要。刚才所言的"变动性假设"并不要求法官时刻担任法治的首要守护者。在一些特定情境下，比如非常状态中，也许就需要议会或者行政机关担任主要守护职责。法治的事业不需要忠于死板的三权分立原则，即只有法官才是法治的独家守卫者。虽然如此，对于维系法治，法官总是承担了一部分守护责任，甚至当立法和司法机关事实上也在法治事业中合作时。当此合作减弱或停止时，法官也承担了引起公共对此情形注意的重要角色。

正如我争辩的，法官只是法治事业的一部分，我们开始领会到当法制(rule by law)（用法而治、用成文法而治）废除法治(rule of law)（依良法而治）造出法律黑洞而产生的悖论。我认为法律黑洞的说法有矛盾之处。换句话说，没有法治(rule of law)就没有法制(rule by law)。但恰恰因为我想辩论的是法官只是法治事业的一部分，我也不致力于得出这样的结论，即法官总是有资格抵制创造法律黑洞的法规。他们是否有此资格取决于其所在法律秩序下的宪法结构。但无论宪法结构如何，他们都有维护法治的责任。即使他们没有资格作废创造了法律黑洞的法律，出于对

---

[1] Ronald Dworkin, "Hard Cases", in *Taking Rights Seriously* 81, 121-22(1977).

国家的责任,他们要宣布立法者在法治之外做出了独裁统治的决断。

## 一、卡尔施密特的疑惑

克林顿·罗斯特(Clinton L. Rossiter)1948年所著的《宪法专政》仍然是关于非常状态研究的前沿专著之一,他在书中总结道:"对于我们的民主来说,任何牺牲都不为大,民主自身的临时牺牲最不值得一提。"[1]他论证至关重要的一点是为应对非常状态,必要的专政可以是合宪的。他从罗马专政中得到线索,专政可以合法地被授予一个被信任的个人,此人的任务就是"恢复常态和恢复政府"和"一旦完成其目的迅速移交权力给常规权力机构"。[2]

罗斯特称有三个"基础性事实"能够为宪法专政提供合理性。[3]第一,民主宪政国家复杂的政府体制,其设计本质上是为了能在和平时期运作,因而它常常"不能胜任巨大宪政危机下紧急状态的急切要求"。[4]第二,在危机持续时,政府体系必须"临时地被改造到足以克服严重危机并恢复正常状态的程度"。[5]第三,被改造的政府——或许成为了"彻底的专政"政府(强势政府)——只能有一个目的:"保持国家独立、维护现存宪法秩序和捍卫人们政治、社会自由。"[6]然而,罗斯特在强调具有资格形容宪法专政概念的词汇的重要性时是焦虑且担忧的。[7]什么把它与法西斯专政区分开?"临时性和自我毁灭性"和"唯一存在的理由是严重危机的存在……危机消退则宪法专政也退下舞台"。[8]因此,在最终章,罗斯特列出满足专政合宪性的十一个标准。这些标准可分为三大类:1. 评

---

[1] Clinton L. Rossiter, *Constitutional Dictatorship* 314 (Princeton Univ. Press 1979)(1948).
[2] 同上,at 4-5。
[3] 同上,at 5。
[4] 同上。
[5] 同上。
[6] 同上,at 5-7。
[7] 同上,at 4。
[8] 同上,at 8。

## 戴雪 VS 施密特：非常状态在法律秩序之外还是之内？

判创建宪法专政的标准；2. 评判运行宪法专政的标准；3. 评判终结宪法专政的标准。[1]

罗斯特的第一个标准是宪法专政不应该开始，"除非它为捍卫国家和宪法体制非常必要、不可或缺"。[2] 第二个标准紧随而至："建立宪法专政的决定权，绝对不能掌握在可能任命专政者的人或人们手中。"[3] 这里罗斯特是参考了罗马专政制度，在罗马专政下是由元老院发起宪法专政的提议，执政官们任命一个专政官。专政官须是罗马公民，他拥有绝对的权力，但权力被限制在六个月的执政期间内。[4] 正如罗斯特直接意识到的，第二个标准与观察到的处理紧急权力现代经验并不一致；他备注说："最伟大的宪法专政者林肯是自我任命的，但是他别无选择。"[5]

罗斯特考虑到林肯在内战中的行为，包括他在没有国会授权情况下暂缓执行人身保护令。[6] 根据非常状态的理论，林肯作为总统可以夺取他认为的对保护国家有必要的任何权力——立法权、行政权和司法权，在此过程中还可以违反"国家的基本法，如果走到这一步不可避免"。[7] 此中包含了一项被最高法院追认的权力："如果叛乱地区的公民被视为美国的敌人，总统就可以拥有任意处置他们的无限权力，并将他们放逐于宪法的保护之外。"[8]

罗斯特的难点在此并没有得到解决，反而更加显现出宪法专政概念的内在张力。一方面，他声称非常状态规则在自由主义的民主下可以在

---

[1] Clinton L. Rossiter, *Constitutional Dictatorship* 298 (Princeton Univ. Press 1979) (1948).

[2] 同上。

[3] 同上，at 299。

[4] 同上，at 20-23。

[5] 同上，at 299。

[6] 同上，at ch, XIV ("The Constitution, the President, and Crisis Gouernment")。第14章"宪法、总统和危机政府"。

[7] 同上，at 229。

[8] 同上，at 230。[参考 Prize Cases, 67 U.S. 635, 670(1863)]。

107

本质上有合宪性。"合宪（constitutional）"意味着约束和限制不仅同法律一致，而且要合乎基本法。对于罗斯特为宪法专政提出的十一项标准，与其说它们不是为正常状态而设宪法，不如说它们是支配例外状态时的法律。这些准则或者被纳入到专政者评判必要性的考量中，或者作为限制、范围被铭记，载入宪法或立法中。

然而，罗斯特没有合理处理一个事实，即必要性判断是由专政者做出，这意味着这些准则不可能成为约束或限制，而仅仅成为了专政者必须做出决定的事项。其他准则看起来更像真实的限制，不仅如此，它们还是可以被铭记在宪法中的准则。如第二项准则要求做出进入非常状态决定的人不能是承担独裁权的人。然而，如我们看到的一样，罗斯特现代宪法专政者中最重要的人物——林肯——不仅授予了自己独裁权，而且没有其他选择，罗斯特这样推测。

此外，如果这些准则被载入宪法中，那么这一部分的宪法将致力于支配此时（非常状态），而另一部分宪法虽然仍是构成宪法的一部分，但可能被暂缓执行。所以，正如常态的宪法，我们能想到的例外、紧急宪法——治理非常状态的宪法——若专政者认为必要则会将其停止。这在另一方面也解释了为什么罗斯特将非常状态的法律等同于潜在的无限制独裁，如同洛克的特权观点。罗斯特还说，"不管非常状态的理论何去何从，在国家极度紧急时刻，事实总如同洛克所预料"。[1]

所以，罗斯特一面认为宪法专政在本质上不能被约束，一面又觉得其可以被他的十一项标准所抑制。结果就是，"合宪性"变得不是我们通常认为的意义，而是成为一个误导性的名字，即期待专政者接受专政权力是因为他能够对实际必要性做出诚恳的评估，并拥有及时回归常规状态的坚定信念。

这样一来，吉奥乔·阿甘本（Giorgio Agamben）的观点就是正确的，

---

[1] Clinton L. Rossiter, *Constitutional Dictatorship* 219 (Princeton Univ. Press 1979) (1948).

### 戴雪 VS 施密特：非常状态在法律秩序之外还是之内？

他意识到依靠罗马专政的传统建立现代宪法专政理论容易误入歧途。[1]他们在罗马传统的基础上试图证明专政是合宪的、受法律支配的。但事实上他们展示出专政基本上是原则上的专制——专政者受到任何他认为必要的限制，也就意味着没有任何限制。正如哈特（H. L. A. Hart）在法律实证主义传统中描述的君主，是不被命令的命令发布者。[2]他在黑洞中行使权力，用阿甘本的话就是"缺乏法律的空间（an emptiness of law）"。[3]因此阿甘本认为真正与当代非常状态类似的不是罗马宪法专政而是悬法（iustitium，法的停顿、悬置）制度。悬法之下产生"法律真空（juridical void）"——法的完全停止。[4]为了证明自己的结论，阿甘本支持了他书中的主要对话者卡尔·施密特的观点。

然而，看清这一点很重要，即施密特并不将例外状态等同于法律黑洞——法律上产生的真空。确切地说，它是超越法律的空间，它在法萎缩衰弱、国家由君主代表时显现。实质上，由于两者都不被法律管制约束，所以法律黑洞和超越法律之空间看起来也许几乎没有差别。但有一点不同之处，几乎所有自由主义法学理论都认为真空概念超越了法的对立面，即使他们假定法律可以被用来创造一个法律真空。如果这些理论家为了合法性宣称法律是在行使自己的角色时尤为如此，即使是在法律扮演停止法治角色的情况下。

施密特本应将这些主张当作依附于法治自由主义概念之残骸的企图，任何试图回应法律下的紧急事件的行为都可能带来此种残骸。他们想把例外驱逐于法律秩序之外，但徒劳无功。因为自由主义者无法赞同此观点，即政治活动不被法律掌控。他们将合法性的虚饰掩于政治之上，这样就准许了行政机构在为所欲为的同时宣称法治的合法性。我们已经

---

[1] Giorgio Agamben, *State of Exception* 47-48(Kevin Attell tarans., 2005).

[2] H. L. A. Hart, "Positivism and the Separation of Law and Morals", in *Essays in Jurisprudence and Philosophy* 49, 59(1983).

[3] Giorgio Agamben, *State of Exception* 48(Kevin Attell tarans., 2005).

[4] 同上，at 41-42。

看到罗斯特提出一个杰出的案例支持施密特的观点,如我接下来将展示的事实一样,虽令人不快,但近来很多关于"9·11"紧急事件的作品也都支持施密特的观点。

## 二、回应"9·11"事件

如,布鲁斯·阿克曼(Bruce Ackerman)在其《紧急状态宪法》[1]一文中开始就宣称,随着每一次新的恐怖袭击,政治家就会颁布越来越压抑的法律,为了避免公民自由保护中发生的这种恶性循环,我们需要"新的宪法概念"。[2] 他说,我们需要把"紧急权力"的概念从"像施密特这般法西斯主义的思想者那里"解救出来,"施密特把这一概念作为攻击自由主义民主的攻城槌"。[3] 因为阿克曼不认为法官在紧急状态期间可以或能够比他们之前在克制行政机构方面做得更好,他主要提议宪法的权力的制约与平衡的创造性设计能够保证对抗非常状态的常态化,如同罗马宪法专政那样。法官不应该被神话为"受到威胁的自由传统的救世主"。[4] 因此,最好是依靠有着激励措施的政治体系,即能够避免滥用紧急权力的"政治经济"。[5]

他命名其第一个策略为"超越多数的加持(supramajoritarian escalator)"[6]——基本上是宣布非常状态的要求:短时间内的立法机构认可,其后此认可必须每隔一小段时间更新,每一次的更新都需要大多数立法者的同意。因为随着时间推移,终结紧急状态也会越来越容易,甚至对于少数立法者也是如此,这样就减少了行政机构滥用权力的机会。[7] 第二个策略是要求行政机构与立法委员会分享安全情报并且委员会的多

---

[1] Bruce Ackerman, "The Emergency Constitution", 113 Yale L. J. 1029(2004).
[2] 同上,at 1029-30。
[3] 同上,at 1044。
[4] 同上,at 1031。
[5] 同上。
[6] 同上,at 1047。
[7] 同上,at 1047-49。

戴雪 VS 施密特：非常状态在法律秩序之外还是之内？

数席位属于反对党。[1]

阿克曼确实看到了法院的一些任务。如果行政机构蔑视宪法，那么法院将拥有大量任务。虽然他承认行政机构可能单纯地主张停止紧急宪法的必要性，同时这项主张可能广受追捧，但也提议如果法院发声，认为行政机构违反宪法，那么这会让公众对其产生质疑从而减少行政机构违宪的诱因。[2] 此外，紧急状态期间，当法院认为非经审判拘留嫌疑人无法避免时，将对此拥有一定的监管权。嫌疑人应当被带至法庭，也应被给予拘留之理由，如果没有被这样对待，他们可以进行抗议。但阿克曼认为这种抗议实际上不可行，不如一方面给嫌疑人一个公众身份，这样嫌疑人不会失联，另一方面也为嫌疑人提供了事后补偿的依据，以防紧急状态过去后发现行政机构编造了拘留原因。他也希望维持严刑逼供的宪法禁令，这一点他认为通过要求律师定期探访就可被执行。[3]

法院的角色不仅被限制了，就连阿克曼也不认为法院能在限制"完全的无法状态(sheer lawlessness)"中大有作为。[4] 甚至在司法层面，他说能真正制约行政机构的是能够结束紧急状态的"超越多数的加持"策略，届时如果没有关押的真凭实据，被关押者将会被释放。[5]

总之，据阿克曼的观点，法官在非常状态中充其量担任了其最小限度角色。我们无法真正逃避一个事实，即非常状态是一个合法创造的黑洞，一个法律真空。它受制于定位在宪法层面并由立法者监管的行政机构的外在约束、管制。但是，从内在层面看，法治(rule of law)不再有效力，我们能合理预期的只有合乎礼仪(decency)。然而，由于经法官监督的法治

──────────

[1] Bruce Ackerman, "The Emergency Constitution", 113 Yale L. J. 1050-53(2004). 阿克曼同样也添加了，在行政机构宣布进入紧急状态之前，需要达到宪法性要求，即实际且重大攻击(第1060页)，同样也要求宪法提供给被紧急措施伤害的个人及其家庭足够的补偿(1062—1066页)。

[2] 同上，at 1067-68。

[3] 同上，at 1068-76。

[4] 同上，at 1069。

[5] 同上。

几乎不再有效力,一旦非常状态从本质上或多或少被认为是法律黑洞,那么理解阿克曼抛出的外在法律约束就很困难了。

回顾阿克曼,使得我们接受这样一种解释,即不应当给予法官大于最小限度的责任是因为历史上司法机关的挫败,面对行政机构对法外行使权力必要性的认定,司法机关无法支撑起紧急状态下的法治。因此,他设计出一套政治经济理论来约束紧急权力。但政治经济理论依然必须依附于法律和秩序之上才可被执行,这意味着阿克曼不得不转向法官求助。可是阿克曼在前面还赞同紧急状态下不应依赖法官,那么我们为何要接受他此番转变?行政机构坚持悬置例外宪法(用于非常状态下的宪法)时,为什么我们能够依靠法官?阿克曼的紧急宪法策略,完全不能把紧急权力的概念从施密特那里解救出来,他本来试图修正罗斯特的宪法专政模型,但出于和罗斯特一样的原因,也失败了。正如他们都试图去回应施密特的怀疑,他们似乎证明了施密特在魏玛晚期的宣传——法律不能有效地在宪法专政和专政之间奉上其差别。他们在为法律找到适当角色方面显得徒劳无功,同时又向法律无所作为的观点妥协。

当然,这个最后的推论利用了法治(rule of law)概念的歧义,法治(rule of law)一方面理解为实质原则的统治,另一方面依法律而制(rule by law),只要政府作为有法律根据,政府就被认为是法治政府。只有当我们忠于一个相当有实质内容的法治(rule of law)概念时,在法制(rule by law)不再与法治(rule of law)相一致的情况下,我们才能说存在合法性的连续问题。

阿克曼对于法制(rule by law)的争论,用紧急宪法而治理国家的观点,可能不能回答施密特的挑战。但它至少尝试避免了法律空虚顶着法治的头衔自提身价,即使它试图以法律去治理不再能被法律治理的国家。与对"9·11"的那些回应不同,这些回应似乎在暗示,只要这些黑洞被正确创造出来,法律黑洞与法治的关系就不会紧张。虽然找到位置去清楚表达这样一个观点(法律黑洞)相对困难,但是找到描述"灰洞"(grey

### 戴雪 VS 施密特：非常状态在法律秩序之外还是之内？

holes)的方法却很常见，只要灰洞被适当地创造出来。一个灰洞是这样一个合法空间，它对行政行为有一些法律约束，因此不是无法律的空虚，但这些约束又是那么脆弱以至于几乎允许政府为所欲为。法律灰洞使得政府鱼与熊掌兼得，似乎不仅依照成文法统治国家（rule by law），而且还依照良法而治（rule of law）。从法治的实质概念角度看，法律灰洞及法官、学者对它的支持认可可能比纯粹的法律黑洞更危险。

此种支持的例子可见卡斯·桑斯坦（Cass Sunstein）在"极简主义"立场中对紧急形势延期的描述，他认为法官此时应当拥有一切宪法事项的决定权。[1] 不同于阿克曼等学者的美国式辩论，桑斯坦不提倡法官仅仅由于过去没有胜任此角色而在紧急状态中承担最小限度职责的观点。他的推论依赖于此想法，即司法极简主义不仅适用于平常状态，更适用于紧急状态期间。

根据桑斯坦，极简主义者偏爱浅显甚于深奥。他们避开宪法讨论最激烈的地方，宁可抛弃未有定论的最基础问题——"没有完全理论化的不一致"。桑斯坦希望这种浅显能够得到在该理论立场上的大部分人们的支持，或者也能吸引到对深奥问题尚没有准确答案的人。同样，极简主义者偏爱狭窄甚于宽泛。他们进行"一次一案（one case at a time）"，避免解决本案之外的需求，虽然极简主义同桑斯坦赞同的策略一致，即强制"促进民主决策"，此决策促进"那些民主的、负责任的部门（democratically accountable actors），其中最重要的就是国会"[2]清晰地报告形势的判断。极简主义此方面的需求是，关于立法者需要做什么说得越少越好，这样才能让民主选举机构去决定回应由法院鉴定的问题究竟有多好。

---

[1]"极简主义"立场，参见 Cass R. Sunstein, *One Case at a Time：Judicial Minimalism on the Supreme Court* (1999). 扩展阅读可参见 Cass Sunstein, "Minimalism at War", 47 Sup. Ct. Rev. 48(2004).

[2] 同上，at 47-48.

相反,极繁主义者偏爱深奥;他们在自己的判断表述中接受基本理论,并确信他们观点的正确性。他们也偏爱宽泛,他们在司法自由裁量上事先安置好"稳定、清晰的规则",而极简主义者必然会把裁量空间留给法官,在此同时提供一个"非常明确的反对其他政府分支分摊法官工作的背景"。[1]

桑斯坦认为,在紧急状态期间,极简主义相较于其他两种选择能更好调和国家安全和宪法权利之间的紧张关系。其中一种选择被他称作"国家安全极繁主义",这需要一个高度顺从的司法机关;另一个他称为"自由极繁主义",这强调法官必须将自由权利保护到同和平时期一致的程度,确实,这是法官在紧急状态时期最重要的任务。[2] 他反对自由极繁主义,一是因为法官之前已经拒绝担此责任,二是它"天生的不可欲性(inherently undesirable)":当安全岌岌可危,政府有更正当的理由干涉个人自由。[3] 基于以下几个原因,他反对国家安全极繁主义。首先,宪法授予总统在紧急状态中排他性权利,这样的解读是存在偏见的。第二,行政机构能够打击安全和个人自由之间的失衡,尤其因为考虑到行政分支可能会加固现有的态度而不是制衡那些态度。第三,从事情本质上看,出于安全措施的目的对个人自由的选择性的否定,行政机构的政治成本可能很低。[4]

他争辩说,法院不需要必备信息就可以预言行政机构在安全和个人自由之间的均衡;但是当行政行为干涉宪法保护利益时,他们仍然能够要求行政机构出示明确的国会授权。这项要求一方面提供了制衡,另一方

---

[1] Cass R. Sunstein, *One Case at a Time: Judicial Minimalism on the Supreme Court* (1999), at 47-48。有趣的是斯卡利亚大法官实证主义法理学理念正是桑斯坦所言的极繁主义例证,试图制定能够最大程度约束未来的规则。这个选择意味着桑斯坦不必对此微妙的对手,此对手辩驳说他并不是在制定规则,而是解释原则。

[2] 同上,at 48。

[3] 同上,at 51-52。

[4] 同上,at 52-53。

戴雪 VS 施密特：非常状态在法律秩序之外还是之内？

面，"当有足够理由争取时如此授权很有可能来临"。[1] 由此，个人自由"在没有向合法安全利益妥协"的情况下被促进了。[2] 法院也应"在可能的任何时候，坚持核心的正当法律程序原则"。[3] 某种听证会必须在适当的时间地点召开，以确保个人自由不会被错误地剥夺。最后，法官必须通过做出浅显而狭窄的判决而做到自律。[4]

总之，桑斯坦认为，通过要求行政行为有立法上的根据，同时保证法官在支撑宪法秩序中保持重要地位，极简主义策略的三个特征能够促进民主。国会的授权确保对行政机构的关注来自不同的、审慎的团体。开庭之前必要的听证"显示出正当程序保证最常见的一面";[5] 法院做出狭窄而浅显的裁决要求意味着那些不归法院处理的问题——以后的案件会遇到的问题，将被提供听证的机会。[6]

阿克曼和桑斯坦都同意，过往经验教导我们这点：实际上，紧急状态期间我们不应该过多地期待法官。但是桑斯坦又与阿克曼不同，在国会与行政机构对待"9·11"的反应这点上他看上去未受干扰，某种程度上因为他认为法官在支撑法治工作方面做得很好。换句话说，即便是日常状态，他的极简主义设想也是法官在宪法问题上采取的正确立场。由于本设想在美国应对"9·11"时被显示，所以从法治层面看将不存在特殊问题。

但美国法制史上近来被视为污点"勋章"的判决紧随而至，其中最臭名昭著的，是二战中美国最高院在是松（Korematsu）诉美国政府案[7]中的大多数决定。现在必须用另一种观点看待这些判决。它们不能被看做

---

[1] Cass R. Sunstein, *One Case at a Time: Judicial Minimalism on the Supreme Court* (1999), at 53–54.

[2] 同上。

[3] 同上。

[4] 同上。

[5] 同上，at 54–55。

[6] 同上。

[7] Korematsu v. United States, 323 U.S. 214(1944).

是法院没能坚守法治的失败判决。准确地说,它们应当被看作"对极简主义的悼念——行政机构对个人自由的剥夺需要明确的国会支持,仅有找到支持理由时才能允许此种剥夺"。[1]

在是松案中,法院支持了于此案两年之前的一项行政命令。该命令授权军队驱逐西海岸的日裔美国公民以方便对他们的拘留,因此军队能够判断其中谁才忠诚于美国。现在桑斯坦和其他修正主义者[2]希望指出,在同一天做出的另一个判决,远藤(Endo)案[3]中,法院宣布对这些公民的拘留是不合法的。他们强调法院分析出的一点:国会授权了驱逐令,但没有授权拘留令。

是松案中的判决依据是近期的一项由能干的政府官员规定的法令,该法令将"逗留在……军事区域"[4]规定为犯罪。桑斯坦认为,与远藤案相比较,此案没有行政机构拘留令的法律条文根据。桑斯坦总结道,只有当"国会明确地允许此行为时",该行政行为(人员)才能够幸免于法律攻击。[5]但是,正如桑斯坦的认识,杰克逊法官在是松案中的异议中辩称,没有国会法案授权驱逐行为;驱逐令的唯一根据是军队命令。[6]他进一步说,远藤案中政府辩解认为同一项法律授权了拘留。法庭多数法官对此的回应为:"拘留"并没有在法律条文中使用,当然不能够作为拘留被认为忠诚于美国的远藤的根据。

桑斯坦向做出远藤案判决的法庭道贺称,它以极简主义的方式,通过

---

[1] Cass R. Sunstein, *One Case at a Time*: *Judicial Minimalism on the Supreme Court* (1999), at 51.

[2] 参见 Samuel Issacharoff and Richard H. Pildes, "Emergency Contexts Without Emergency Powers: The United States' Constitutinal Approach During Wartime", 2 Int'l J. Const. L. 296(2004)。

[3] Ex parte Endo, 323 U.S. 283(1944).

[4] Korematsu, 323 U.S. at 216.

[5] Cass R. Sunstein, *One Case at a Time*: *Judicial Minimalism on the Supreme Court* (1999), at 92-93.

[6] Korematsu, 323 U.S. at 224.

## 戴雪 VS 施密特：非常状态在法律秩序之外还是之内？

把分析限制在法律条文解释的日常操练之内，避免了有争议的宪法问题。[1] 但是他没有说明杰克逊法官在是松案中的相似观点哪里出错了，即1942年的法律没有任何一处明确授权针对日裔美国公民的驱逐令。他也没有提及远藤案中，墨菲法官和罗伯茨法官在他们的同意意见中就法院正视宪法问题的必要性的激烈讨论。

为了净化是松案的污渍而去重燃对远藤案的兴趣很困难。判决两个案件的大部分法官也视它们有某种程度的共生关系。后"9·11"时期，帕特里克·古德里奇（Patrick O. Gudridge）首次在文章中引得公众注意这种关系，他称这比随后研究他文章的修正主义者理解的要复杂。[2] 古德里奇指出，是松案中撰写多数意见的布莱克法官（Justice Black）意图把是松案描绘成处理一个"已经过去的短暂时期"，即紧急时刻，而远藤案终结了这个短暂时期。[3] 布莱克法官认为驱逐是暂时的，只是应对紧急时刻的方法。布莱克反驳判决的异议中罗伯特法官的观点，后者认为驱逐令必须被看作一揽子法令的一部分，总的来说是为了完成长期拘留。[4] 另外，古德里奇指出，不顾道格拉斯法官至少全心全意地试图用自己的方法在远藤案中表达意见，而将其意见描述为有着与宪法解释不同的法律日常操练容易让人误解。[5]

确实，桑斯坦明确地参考了宪法极简主义理论的首要发展阶段，古德里奇完全拒绝了其中远藤案是宪法极简主义的一个版本的想法。[6] 确切地说，是道格拉斯法官用宪法为自己的法律解释操练搭建舞台。[7] 而且，古德里奇认为即使那些主要意见文字中的明确信号不是为解释法律

---

[1] Cass R. Sunstein, *One Case at a Time: Judicial Minimalism on the Supreme Court* (1999), at 92-93.

[2] Patrick O. Gudridge, "Remember Endo?", 116 Harv. L. Rev. 1933(2003).

[3] 同上, at 1934。

[4] 同上, at 1942。

[5] 同上, at 1938-39。

[6] 同上, at 1959。

[7] 同上, at 1947-53。

做准备,授权理论在此种上下文中的应用也以宪法为前提,不管是否被明确表述。[1]因此,问题并不是桑斯坦所认为的"没有完全被理论化的不一致",而是法官更倾向于策略性理由以将他们的原则沉入表面之下。

结合是松案与远藤案而提取出的结论并不是说二者之结合可以合法化是松案。而是说,它们一起提出如下问题,正如桑斯坦的表述:"宪法同时具有间歇性和组织性是有可能的吗?"[2]是松案的判决屈从了行政机构的必要性要求,远藤案却肯定了宪法价值,桑斯坦对此表示,真是"相互排斥的观点"。[3]

换句话说,是松案,用最宽厚的读法,判定非常状态是一个灰洞,但此灰洞需要被立法者合理创建。它不代表极简主义,而是偏向宪法宣称紧急状态时,法官必须盲目地遵从行政机构。[4]这样的遵从意味着法官创造了一个情境,此情境之下行政机构看似受到审查,但实质上并无约束,也就是实际上的黑洞。相反,远藤案判决表明,为了合乎宪法价值观念,应对紧急情况的法律必须从头至尾被细读,因为法官应当假设在可能的程度上,紧急状况归他们管理。

桑斯坦和其他修正主义者认为,这种将日裔美国人关进去的黑洞被合法化,而且是被法律合法化,这一事实已经足够令人困扰。但还有更让人困扰的事,同是松案大部分法官一样,他们心甘情愿地放松了限制条件,即何时一项法律在实际上授权行政机构创造一个黑洞。最大的麻烦是修正主义者对是松案的解释被用来维护9·11事件后的布什政府。

修正主义者并不支持布什政府初期做出的完全无证据的行政权力主张,但是随着对公众和司法意见的试验,它做出了越来越多温和适中的评价。比如,桑斯坦对最高院在敌方战斗人员韩迪(Hamdi)案中的多数意

---

[1] Patrick O. Gudridge, "Remember Endo?", 116 Harv. L. Rev, at 1953, 1964(2003).
[2] 同上, at 1967(重点增加)。
[3] 同上。
[4] 参见 Jonathan Masur, "A Hard Look or a Blind Eye: Administrative Law and Military Deference", 56 Hastings L. J. 441(2005)。

戴雪 VS 施密特：非常状态在法律秩序之外还是之内？

见判决充满热情。[1]

在韩迪案中，多数法官判决对此类战斗人员的拘留来自国会法令的授权，该法令授权总统使用"一切必要且适合的手段"应对恐怖主义。[2]虽然多数派也判决被拘留者有权质疑拘留令，但将用来抗辩的合适地点选定为军事法庭，审判程序的决定也和成本效益估算一致，即对安全与个人权益的考量。[3]

桑斯坦对这两项判决都认可：第一，因为它承认了对国会授权的需要；[4]第二，因为它展示了自律的必要程度。[5]但他也认可以下意见，即一般的对权力的授权必包含两层含义，一是拘留权之授权，二是行政机构被授权限制被拘留者的正当程序权利，这样才能不为被拘留者提供质疑拘留的真正机会。斯卡利亚和史蒂文法官在异议中提出对第一个问题的关注，[6]苏特法官（Justices Souter）和金斯伯格法官（Justices Ginsburg）也同样提出此问题，但后二者为了使多数判决实际生效，不情愿地站在了多数派阵营。苏特法官和金斯伯格法官也表达了他们对多数关于充足的正当程序的强烈怀疑。之后一个联邦法院判决认定：将这次多数派的判决建议付诸实践的政府程序，是不充分、不适当的。[7]

我担忧的是桑斯坦的极简主义致力于合法性考量，它不仅许可行政机构宣称任意拘留系统是依法而运行，还要求法官认可此宣称。只要有一点点立法机关的悬而未决的授权的迹象，法官就应当接受立法机关已

---

[1] Hamdi V. Rumsfeld, 542 U. S. 507(2004); Cass R. Sunstein, *One Case at a Time: Judicial Minimalism on the Supreme Court* (1999), at 92 – 95.

[2] Hamdi, 542 U. S. 507(2004), at 512 – 24.

[3] 同上, at 524 – 39。

[4] Cass R. Sunstein, *One Case at a Time: Judicial Minimalism on the Supreme Court* (1999), at 94 – 95.

[5] 同上, at 102。

[6] Hamdi, 542 U. S. 507(2004), at 540 – 65.（苏特法官部分赞同部分反对，斯卡利亚法官反对）

[7] 同上, at 550 – 52.（苏特法官部分赞同部分反对）

经授权行政机构所选择的实施手段。当涉及到这些手段是否合乎法治（rule of law）的问题时，法官应当让行政机关去决定他们如何完美地遵从法治，只要他们有些许程序做到位。

确实，一个真正的极简主义法庭本不可以告诉行政机构哪些手段、方法达到适当的最低限度要求。这样的做法不仅不能告知他们如何行为才能在合宪上达标，反而将会引起行政机构和立法机构的注意，成为今后司法审查的短板。[1] 更重要的是，如果极简主义想做好推进"促进民主"的工作，这些信息本应该传递给立法机关而非行政机构。但以上观点都没有桑斯坦的身影，因为他清晰陈述的规则最终允许暧昧不明的授权。

与他的论证相反，一条可信而清楚的声明规则只有在法官拒绝他在极简主义的第一层面向上后才能生效——为了达到保护法治的结果而避免完全的辩护。但是，一个清晰的声明规则是无意义的，除非法官假定：直到立法机构开口宣布它们（声明规则），否则法治状态仍在运转。换句话说，法官必须抵制桑斯坦的极简主义的第二层面向，即极简主义关注的并不是判决的言语措辞，而是判决的结果。法官负有做出结论、在最大程度上保护法治的责任，前提之一就是避免允许行政机构在合法性形式下运转却没有被法治的本质约束。

确实，从法治的角度看，极简主义比桑斯坦所言的国家安全极繁主义危害更大，托马斯法官在韩迪案中就采纳了后者的方法。托马斯法官认可政府的主要论点——行政机构拥有一个开展拘留行动的空白支票，即使该支票没有国会授权，因为宪法第二章规定了总统是"指挥官兼武装部

---

[1] 桑斯坦，在笔者看来，误解了以色列最高法院对酷刑的判决，法院考虑了一般安全事务的审讯方法的合法性。38 I. L. M. 1471,1488(1999)（以下称审讯方法）；Cass R. Sunstein, *One Case at a Time: Judicial Minimalism on the Supreme Court* (1999), at 77-78。虽然法院同意如果刑讯逼供被允许，那么立法者就必须有明确的授权，但实际上它要远远地超出一个清楚的最小限度要求。它也暗示，立法机构策划给予刑讯预先许可可能会由于自身原因而失败，因为立法机构必须事先就"必要性"做出判断，而这一判断本质上只能在事后才能证成正当性。它还暗示了法院或许会发现这种策划不合宪。参考 Interrogatin Methods, 38 I. L. M. 1471 第 36 段（讨论预防手段必要性的本质），注意第 39 段最后一行。

## 戴雪 VS 施密特：非常状态在法律秩序之外还是之内？

队总司令(Commander in Chief of the Armed Forces)"。[1] 然后他抛出一个基本的施密特式的论证，大意是，为了回应例外境况，行政机构拥有不被合法性约束的权力是必要的。此策略的确更少地损害了桑斯坦的方法，因为它接受政府在法律之外的空间不被法律管束的行动。

如今，单从字面上看托马斯法官的策略，在政治上是无法接受的。因为它剥夺了政府声称行政机构回应紧急状态合法性的依据。但这恰恰解释了为什么从法治角度来看托马斯的策略比桑斯坦的极简主义要好，极简主义允许政府把法治的表面和它的实质划上等号，从而兼得鱼与熊掌。桑斯坦的极简主义也比斯卡利亚的异议糟糕，它读起来像是公民自由主义者的反对意见，直到我们意识到斯卡利亚不是在反对行政机构的决定，即将被其认定为敌方作战人员者抛弃于法律黑洞中，而是反对行政机构没有获得此行为的适当的授权。也就是说，斯卡利亚法官要求一项明确的宪法人身保护的停止令，一项真正、清楚的陈述，而不是桑斯坦和判决多数法官接受的模糊不清的声明。但当有了清楚的声明，斯卡利亚就准备为法律黑洞贴上合法性标签。空白支票就很好，只要它们能正确地保付。[2]

斯卡利亚法官认为从法治的角度看来，只要黑洞是被合法地创造出来就没有问题。这一处理方法本身是存在疑问的。但它比桑斯坦的极简主义更优越：斯卡利亚要求立法机关就创建法律黑洞做出明确的意图，不试图佯装它是除了法律空虚之外的其他事务而掩盖其黑暗性。

我想用另一种方式表达我的观点：灰洞对法治(rule of law)的损害比黑洞更严重。正如我之前指出的，一个灰洞是这样的空间，被拘留者有些许程序上的权利，但这些权利不足以使他有效地对抗行政机构对他的拘留。它实质上是法律黑洞，但比法律黑洞更恶劣，因为给予被拘留者的程序性权利遮掩了实质上的不足。决定黑暗何时退却，提供给被拘留者足够的法治保护，这当然是棘手的事件，此时既是法律空虚终止之时，也

---

[1] Hamdi, 542 U. S. 507(2004), at 579-85.(斯卡利亚，反对意见)

[2] 同上，at 563-64.("当令状被停止，政府就完全从司法监督中解放出来")

是持续的合法性开始之时。

但对于我想要单纯确立的这个时刻,极简主义因为距离黑洞太近,为了便宜行事就终结了合法的连续性。一点点的合法性可能比完全没有合法性对法治更致命。

如此看来,能够从致力于从法治实质性概念中绘制出结论的人只有施密特。我们应当承认,在例外状态或非常状态下,法律后撤,国家的行为不再受法律约束。欧仁·格罗斯（Oren Gross）在其令人着迷的文章中做出上述结论。[1] 格罗斯描绘的两种传统模型可以被用来回应紧急状态。第一个是"一如既往（Business as Usual）"模型,当下的法律秩序有自身的资源应对非常状态,因此不需要对法律做出实质改变。[2] 第二个是"调节、适应（accommodation）"模型,为了迎合安全考虑而力争对现有秩序的重大变革,但另一方面也尽最大可能性保持日常系统的完好无损。[3] 对"一如既往"模式最主要的批判在于,它天真甚至虚伪,因为它要么忽视、要么隐瞒了紧急状态中政府行使权力的必要性。相反的,"调节、适应"模式冒了瓦解腐蚀日常秩序的风险,因为它引入了为处理非常状态而设计的措施。[4]

格罗斯称,非常状态的讨论由两个基本假定支配,二者都是支撑上文两个模型的基础。第一个是假设常态和例外状态的分离,"被我们能力内的信赖所定义,从常态中分离出紧急情况和危机,从日常法律规则规范中分离出反恐怖主义措施"。[5] 此假定让我们更容易接受政府扩张的权力和特别措施,因为我们料想一旦威胁解除,我们就能回归常

---

［1］参见 Oren Gross, "Chaos and Rules: Should Responses to Violent Crises Always be Constitutional?",112 Yale L. J. 1011(2003)。

［2］同上,at 1021。

［3］同上。

［4］同上,at 1021-22。格罗斯在调节阵营内做了几个不同的模型,为了简明扼要,我将讨论一个模型。

［5］同上,at 1022(省略脚注)。

## 戴雪 VS 施密特：非常状态在法律秩序之外还是之内？

态，况且那些措施是为了对付敌人而不是我们。第二个假设是合宪性："不管为应对特别的紧急事件的挑战做出何种回应，这种回应必须被限制在宪法的界限内。"[1]格罗斯接受对两种模型的批评，他也对两种假定提出质疑。

分离常态和例外的假设忽略了紧急状态政府变成常规的路径，自从美国政府应对"9·11"事件后就一直在聚集力量，这种方法已经被广泛复制。而合宪性的假定，不管是声称"一如既往"还是声称所作的调整、变革符合宪法价值，都冒着腐蚀法律秩序的风险。

如此一来，格罗斯推举出一个新模型，"法律之外措施模型（Extra-Legal Measures model）"[2]。这个模型告诉公职官员，当他们"确信如此行为对于保护灾难面前的国家和公众是必不可少的"时候，就可以在法律之外实施此行为，也就是说"推定他们堂而皇之地认识到他们行为的性质"[3]。格罗斯宣称，这个模型是最适合用来保护宪法秩序"基础性原则和原理"的[4]。另外，公职官员必须公开其行为活动的本质属性并希望得到"事后直接或间接的追认"，追认可以来自于法庭或者行政机构、立法机构[5]。参与追认的过程将促进公众审议和个人责任，同时给公务员提供一个暂缓行事的机会，以防其仓促行动之诱惑[6]。

为了说服我们接受法律之外模型，格罗斯建议我们先从同意以下三点开始：

1. 紧急情况需要特别的政府回应；2. 宪法上的争论没有很大的驱使政府直面回应此种紧急情况的要求；3. 政府在紧急情况下的举措很有可

---

[1] Oren Gross, "Chaos and Rules: Should Responses to Violent Crises Always be Constitutional?", 112 Yale L. J. 1023(2003).

[2] 同上。

[3] 同上。

[4] 同上, at 1023-24。

[5] 同上, at 1024。

[6] 同上。

能最终渗入法律体系中,甚至在危机之后。[1] 在他看来,该模型承认了以上三点的力量,但同时否定了"一如既往"模式的天真(要求例外政府的回应碰巧发生在法律之外),格罗斯宣称它极大地减小了渗漏的可能性。

格罗斯的论据有两个主要来源:洛克所关注的特权和施密特关于法律规范不适用于例外状态的推论。尤其他最近把戴雪招募进其理论库存。他在其中找到支持法律之外措施的观点,即戴雪意识到,公职官员在紧急情况下可能必须诉诸于不合法的行动,如果他们善意行事,他们应当被授予赦免法案将"不法行为合法化"。[2]

但是,引入戴雪的理论是有代价的。它表露了除了辩论的魄力,他不能够坚持自己的推论。洛克和施密特都认为非常状态是一种法律空虚的状态,而格罗斯在此点上有所偏离。事实上,法律仍然在他的理论中担当重要角色,公众通过法律去回应官员的违法行为,或是准许他们因犯罪行为而受处罚,或是免除、豁免他们。正如我在别处所讨论的,法律之外措施模型的重大问题在于,如果它被当作一个模型采纳,作为面临紧急状态或认为他们面临紧急状态的官员的一套约定俗成的考虑,官员将会产生预期,并且是合理的预期,期待法律对他们的法外行为的回应将会是一个赦免法案或其等价物。

此外,格罗斯还想要启发我们更好地解释洛克。似乎站在他的立场,行政机构在法律之外的特权是有可能立于宪法之内的。[3] 他立刻注意到其中的困境。在法律之外行使权力本身是一项法律权力,不管是否被明确规定,它都内嵌于宪法秩序之内,而且宪法似乎允许持有此项权力者可以这样行使它:"在使用时违反规定的法律限制,变为一项无限制的权

---

[1] Oren Gross, "Chaos and Rules: Should Responses to Violent Crises Always be Constitutional?", 112 Yale L. J. 1097(2003).

[2] A. V. Dicey, *Introduction to the Study of the Law of the Constitution* 412–13 (10th ed. 1959).

[3] 参见 Oren Gross, "Stability and Flexibility: A Dicey Business", in *Global Antiterrorism Law* 90 (Victor Ramraj, Michael Hor & Kent Roach eds., 2005).

### 戴雪 VS 施密特：非常状态在法律秩序之外还是之内？

力，既不被法律规范约束也不被宪法秩序原则管束。"[1]

察觉出此困境，格罗斯清晰地认识到一点，即阿甘本批判了罗斯特和其他理论家的宪法专政。承认施密特所宣称的紧急状态是黑洞就等于放弃法律能够控制紧急状态的想法，不管控制方法如何被设计。进一步地，如我所论，想要坚持法律在紧急状态中有所做为，不管行政机构采取什么手段，合法性都会有风险。甚至最简单的法制（rule by law）形式，似乎引入一观点，即只因为它和合法的法律保持一致，就成了法治（rule of law）。

然而，我不认为我们应该抵抗将法律带入此境地的诱惑。如果我们要回答施密特的挑战，我们就必须能够表明，与他的论点相反，例外状态能够从法律秩序中被驱逐。我们必须能够表明，不创造例外的法域（正常法域旁边的法域），我们也能够通过法律回应紧急状态。例外的法域允许政府宣称自己是在依法行事，而在事实上政府行为却不被约束，例外法域存续时间越久，越会将法律之外的政府权力渗漏到正常法律秩序中。正如我现在要讨论的，这次努力有一个充满前途的起始点——理解戴雪对英国宪法创造的围城状态意义下的戒严法之否定。

正如我们将了解的，对戴雪来说，由于他认为除了成文法授权之外，不存在任何宪法授权行政机构，所以以法治（rule of law）（依良法而治）回应紧急状态是必然的合法回应。现在看来这一立场可能是戴雪研究英国宪法而产生的结果。但是，我也将证明，这不如说是戴雪的法治实质性概念的成果。不存在此种宪法权力的论断让法官产生如此推定，即需要成文法授权官员在法域内回应紧急状态，这样权力的行使就服从于法治了。

与施密特和上文其他讨论的观点相反，如果这样一个变动性的假设既是可行的又有益处，我们就能够得出超越英国宪法意外事件的结论。情况是这样的，阿克曼的宪政改革提议和格罗斯的域外法律措施模型，至少因为当下紧急状态所谓的永久的不确定的性质，而都不能称为可行的

---

[1] Oren Gross, "Stability and Flexibility: A Dicey Business", in *Global Anti-terrorism Law* 97 (Victor Ramraj, Michael Hor & Kent Roach eds., 2005).

回应候选策略。甚至，如果阿克曼的提议被接受，政府也会决定在其紧急宪法下小心谨慎地行动以求得制作出应对危机的长期策略。同时，如我已经讨论的，格罗斯的域外法律措施模型最后没能成为模型，而是成为对没时间做出合法应对方法的情形的事后回应的描述。如美国最高院在韩迪案中所阐明的，即使法官不要求一个合理的合法回应，也会要求行政机构本身符合一些立法计划，这样法官才能感觉他们是在捍卫法治，即使他们所认为的法治概念相当缺斤短两。因此不管调整和渗漏的危险是什么，除了从事激励立法的体制设计试验外，没有其他选择。此点上，戴雪的观点在某种意义上有所助益。

### 三、戴雪的合法性模型

"国家有时发生骚乱或被入侵，此时为了合法性本身，法治必须被破坏……内阁必须违反法律并信任豁免令的保护。此法令是……国会专制最新、最高的权力行使。它合法化不合法行为……合并法的维护和国会自由行使自由裁量权或特权的权力。特权，在某些形式之下，必须在危险时刻被每一个民主国家的政府使用。"[1]

一般而言，戴雪极为反对王室特权的说法，因为这些主张意图逾越法律。也就是说，他的宪法秩序概念否决了这一观念，即国家可以在法律黑洞中以国家的资格运转，他也不能容忍额外的法律权力、宪法权力或是成文法权力创造这样一个黑洞。但如我们所见，他承认，在普通法秩序下，无论立法者所欲何为，均可以制定法的形式实现依法统治。接下来似乎要说一个成文法能够创造法律黑洞——依成文法而治（rule by law）能够废除法治（rule of law）。

---

[1] A. V. Dicey, *Introduction to the Study of the Law of the Constitution* 412–13 (10th ed. 1959).

### 戴雪 VS 施密特：非常状态在法律秩序之外还是之内？

我之前提到法治(rule of law)概念的歧义，一方面，法治被理解为依照实质性的原则治理，另一方面，被理解为按照成文法治理(rule by law)，只要政府行为有法律批准，政府就可以被认为符合了法治(rule of law)。只有当我们持有一个相当实质的、有内容的法治观点，我们才认为合法的连续性上有一个点，在此点上依成文法而治(rule by law)不再和法治保持一致。但我想从戴雪身上提取的这一点超出了这个想法。法治有丰富内涵的概念致力于这样的结论，即运用依成文法而治把某事物从合法的连续状态中拿掉是可能的。没有依成文法而治，更不必说法治。看到以下二者的区别很重要，一是成文法创造的法律黑洞，预见到官员将会违反法律；二是赦免法案(豁免令)，用戴雪在本章节中的题词来说，就是溯及既往地"合法化不合法行为"，这存在的不只是时间上的问题。

戴雪承认，前瞻性的被创造出的法律黑洞存在于他关于人身保护令终止法案的讨论中，该法案在"政治热潮时期"终止那些被指控有叛国罪之人的人身保护令。[1] 但是他说，虽然被普遍认为是人身保护令终止法案，但这个名称是不对的。该法案能做的只是让被拘留者"坚持释放或经过庭审程序"变得不可能。[2] 但是它"和普遍意义上的禁止人身权利保护令相距甚远"，也不能"合法化终止法案通过之前的任何不合法的逮捕、监禁或惩罚"。[3] 这样一来，戴雪说它也和宪法的保证终止差很远。这一事实可以阐明，该法案到期之前，它的效力"几乎一定地要由完全不同性质的立法做补充，即豁免令"。[4]

戴雪的意思是，没有了豁免令，监禁未判决囚犯的官员将会因若干不法行为而被认为有罪。的确，"人身保护令终止法案未公开宣布的目标是使政府能够做此种行为：虽然是政治上的权宜之计，但也许不能完全合

---

[1] A. V. Dicey, *Introduction to the Study of the Law of the Constitution* 229 (10th ed. 1959).

[2] 同上，at 230。

[3] 同上。

[4] 同上，at 232。

法".[1] 终止法案和赦免法案的组合"确实以专制权力武装了行政机构".[2] 然而,实际上被批准的赦免法案救济是"可预期的且不确定的",是否赦免依据于它的条款,它也不太可能覆盖"残忍的、不顾后果的"行为。[3] 此外,赦免法案除了是一项"专制权力的行使"的事实,戴雪强调它仍然是法律,因此"与宣布的戒严法、戒严状态的确立,或者其他政府凭借自己意愿终止境内法律的事项都不同".[4] 它因此"维持着相当大程度、不低于显著的最高法的效力".[5]

但是一个法律黑洞与赦免法案之前的人身保护令之停止很不同,不管后者多么自信地能被预测。因为一个法律黑洞凭借一项直接将两者(人身保护令之停止与赦免法案)合并的法律产生。它开启了这样一个区域,在此区域内官员行为不受法治约束,并预先宣称他们的行为是合法的。它声明,该官员的决定是出于当然的紧急事态和善意。

相反地,一项终止法令并没有终止法律,只是终止了本来属于某人的补偿。就是说,它不是对法律彻底的克减,而是对通往部分法律的暂时阻隔。此外,颁布赦免法案,它并不是除去了已作出的不合法行为中的不合法特性。而是,它免除了官员行为的刑事和民事法律责任。换句话说,法律实际上赋予官员的责任是不受影响的。并且,赦免他们的法律不由行政许可产生,而是通过立法产生。依据成文法依次发生的停止和赦免,并没有把专制引入法律秩序中,专制就被遏制了,因此该成文法没有废除法治。

因为这个原因,戴雪说推测随终止法令而至的赦免法案代替了"王室特权下的国会专政"是不正确的。[6] "英国行政机构最为专制的权力必

---

[1] A. V. Dicey, *Introduction to the Study of the Law of the Constitution* 234 (10th ed. 1959).

[2] 同上,at 236。

[3] 同上。

[4] 同上,at 237。

[5] 同上。

[6] 同上,at 413。

### 戴雪 VS 施密特：非常状态在法律秩序之外还是之内？

须始终在国会法案下行使这一事实，使得政府即使被巨大权威武装但仍然受监督、管理，比如说受法庭监督。"[1] 戴雪认为，基于对"普通法一般精神"的理解，法官可以对行政行为行使一定控制权。[2] 他说，在英国"议会主权偏爱法治……境内法律的至高无上唤起议会主权，进而在合法性精神中发挥作用"。[3] 换句话说，法治在此种程度上被保护，即行事不合法的官员仍然依法负有责任，因为法官将解释该项法律去确保此官员的行为出于善意且行为形式不属于极端残忍。

然而，法治能够被维护的程度显然依赖于赦免法案的条款。一项赦免法案可以清楚地表明任何行为都被涵盖，包含了出于恶意的行为和极端残忍的行为，并表明紧急状态期间法官没有资格审查官员行为。戴雪也许这样总结，正如那项下令处死所有蓝眼睛婴儿的法令一样，法官在此种法律面前无能为力。一项赦免法案可能建立一个法律黑洞——一个能够溯及既往的不合法的区域。戴雪会毫不犹豫地标记它为专制。

虽然法官在这样的法律面前无能为力，但戴雪的法律理论不会。对戴雪来说依成文法而治（rule by law）和法治（rule of law）是同一个硬币的两面，这也是他为什么认为英国宪法的两个特征是议会主权和法律至上。[4] 由此，当法治在重压之下，便出现此疑问：我们是否还能依成文法而治？我们可能会迎来不合法行为真正的合法化，一种由法律引起的状态但其中既无依成文法而治也无法治。如果停止和赦免在同一法律中结合，被规定为前瞻性或能溯及既往，此时不仅是法治，依成文法而治也一样被消灭了。法律——即使是最单薄概念上的法律——也再不能指导成文法授予权力的官员。我不是说法律的功能应该被看作是唯一的，或者法律主要是提供指导方针。甚至，即使有人坚持法律的主要或唯一功能

---

[1] A. V. Dicey, *Introduction to the Study of the Law of the Constitution* 413 (10th ed. 1959).
[2] 同上。
[3] 同上，at 414。
[4] 同上，at 183-184。

就是提供指导，那么会有一个临界点，在此点上，依成文法而治被自己所颠覆。

据我所知，戴雪并不预期一项成文法如何可能地、前瞻性地为非常状态提供执行回应，同时多多少少还能维护法治。[1] 这和以下事实有很大关系，即戴雪反对任何立法机关授予行政机构不受司法控制的自由裁量权力。他认为这种行政国家是对法治的冒犯，正是因为在一个官员拥有巨大裁量权力的国家，立法项目的实施必然将这些官员放逐于法治之外。更一般的说法是，戴雪极为反对行政国家。

但是戴雪对赦免法案的反思开启了未来对非常状态回应的概念空间，在授予官员行动权力，如监禁个人的权力时，要求他们在独立的庭审中证明，其行为时所做出的决定是正当的，符合必要性并且出于善意。为了让此庭审能有效地审查他们的决定，法庭不仅应该是独立的，而且必须能够阅览到官员宣称的被关押者如何威胁到国家安全的所有信息。此外，必须要这样，与韩迪案的多数意见相反，国家承担了证明被监禁者是威胁的责任。一个停止法令和一个赦免法案一前一后地配合，如此回应精确地达到了戴雪的期望：它们为官员做决定提供了法律条文依据，同时设法确保这些决定由合法性精神而来。由于决定的做出是可以试验的，试验该决定是否与法律确立的合法范围保持一致，因此宣布每一项决定有额外的益处。

意识到这个想法不仅仅是思维实验很重要。英国的特别移民上诉委员会（The Special Immigration Appeals Commission in the United Kingdom）就是这样一个法庭。它确实有瑕疵，最显著的是，当禁止旁听的法庭要检测机密信息时，被拘留者和他的律师没有办法接触到这些信

---

[1] Dyzenhaus, "The State of Emergency in Legal Theory", in *Global Anti-terrorism Law*, at 65. 在那里我声称戴雪在《英宪精义》(*Introduction to the Study of the Law of the Constitution*) 第 412—413 页中清楚地表达了一种倾向，即议会预先给予官员资源依照法律去应对紧急事件。在此之前的解读有误，此注释之后的解释是正确的。

## 戴雪 VS 施密特：非常状态在法律秩序之外还是之内？

息，只能依靠一个特殊的代言人争辩此案。但更重要的是，在尽力保证以法治(rule of law)回应感知到的紧急状况，与法治相伴、一致的道路上，它比英国走得更远。

之前由成文法或成文法授予之权力开启的拘留计划相当重要，政府为了避免开创黑洞、消灭一切法律保护很是紧张。于是，政府创造了替代性的灰洞，即给予被拘留者没有实质性内涵的权利。但即使是开创灰洞的冲动也证明了政府意识到依成文法而治必须附随着法治（依良法之治）。到创造出了灰洞而非黑洞的程度时，法官，只要不是极简主义者，都能够在最大程度的可能性上依据法律尽量减小官员的专制。法官这么做时，就是在挑战政府，让它要么澄清其意图：为什么排除被拘留者于法律保护之外？要么想出令人满意的更好的方法，让它的推断委身于法治。

在我看来，抓住这一事实至关重要，即在某一程度上关于法治的争论是理论上的、规范性的，讨论日常、常态时期中什么是合适的，讨论紧急情况可能给法治带来何种不同的概念。如果我们抓住这一点，就能使这个可能性保持生机，即法治实质概念在紧急状态的合法回应中身兼重任。伴随这个生动的可能性，我们供养评判资源，评估紧急状态的合法回应，也评估对这些回应的合法性的司法判决。

我认为解决办法位于此两难之地中，承认一项成文法是合法的并不必然的就是承认此法有法定权威。戴雪在此处有所助益，因为他告诉我们怎样去避免我所说的有效性陷阱——如果我们认为一项特别法律有完整法定权威的充分条件就是它们满足一个法律秩序规定的合法性正式标准，我们就落入了这个陷阱。接下来，如果这个法律秩序没有提供使法律无效的制度通道，那么无论我们认为它有多矛盾，它都有完整的法定权威。我认为更好的方法是，把一项法律一方面理解为合法有效的，另一方面，认为它只是可疑地宣称自身有法定权威，因为它明确地无视了法治基本原则。

如我在引论中所指出的，核心论点否定了特权或者其类似物的存在，并要求抵制在合法范围内用政治权力安装特权等价物的企图。因此,如果行政机构被宪法或者成文法授予此种特权的等价物,那么试图去理解由法治约束的权力授权就是法官的责任了。一旦到了授权不可被理解的程度,法官必须视此授权为嵌入式的错误(an embedded mistake)(德沃金发明的专业术语),法官必须承认授权这个事实,但对于授予的权力,法官应当限制在可能的程度。[1] 法官有权力这么做,因为他们应当采取一种角色和观点推定,即政府的所有机构都在同法治事业合作,而此事业尽力确保政治权力总是在法治的界限内行使。

罗伯特·阿列克西(Robert Alexy)关于宪法的例子在这里很有启发性,宪法第一项条款就宣称它创建的政治实体是不公正的。[2] 阿列克西思索着不论我们关于法律的理论立场是什么,这一立场都看起来很疯狂。它带着矛盾面对法官和其他人,此矛盾在法律秩序内由法律安装。我怀疑法官很可能在处理这种条款时无视它。近来更切题的讨论是宪法或成文法的条款,它们看起来给予行政机构法外行事的权力。在我看来,此种条款给法官带来更严重的困境,如果他们采纳了这一变动性假设,即所有法律秩序下的机构都当然地致力于法治事业,那么此种条款便给法官带来更严重的困境。

考虑如下条款,《欧洲人权公约》第15条第1款:

"战时或者遇有威胁国家生存的公共紧急时期,任何缔约国有权在紧急情况所严格要求的范围内采取有悖于其根据本公约所应当履行的义务的措施,但是,上述措施不得与其根据国际法的规定所应当履行的其他义务相抵触。"[3]

---

[1] Ronald Dworkin, "Hard Cases", in *Taking Rights Seriously* 81, 121–22(1977).
[2] Robert Alexy, "A Defence of Radbruch's Formula", in *Recrafting the Rule of Law: the Limits of Legal Order* 15, 27–28 (David Dyzenhaus ed., 1999).
[3] European Convention on Human Rights, Rome, Nov. 4, 1950, 213 U.N.T.S. 221.

戴雪 VS 施密特：非常状态在法律秩序之外还是之内？

《英国人权法案》(1998)第 14 章第 6 条与它意义相同，简单地说就是"在联合王国提出克减之前可发布指定命令"。但是在 A 诉内政部国务大臣案(A v. Secretary of State for the Home Department)[1]中，上议院的大多数解读为《英国人权法案》第 14 章吸收了《欧洲人权公约》第 15 条的内容。

正是这种解读使得罗德·霍夫曼(Lord Hoffmann)支持克减命令是无效的，因为非常状态的宣布必须被法院所证成，而政府在此番努力中失败了。[2] 也正是同样的解读使得大部分法官发现那个命令（驱逐令）在不同层面上的无效，对外国人不明确的拘留是不合理且有歧视的。

假定立法机关通过重新起草第 14 章以回应司法裁定：

战争时期或公共紧急状态时期，威胁到国家生死存亡，联合王国政府将采取措施克减任何或所有人权。做出战争或公众紧急情况的决定权属于政府自由裁量权范畴，因此不管是该决定还是其采取的措施，不管基于任何理由（事实或法律）都不受法院审查。将此条款纳入宪法或成文法时，政府可利用法律授予自己创造法律黑洞的方法。我想法官面对如此条款挑战之时能够宣布它与法案其他部分的承诺互相矛盾。但法官是否能走得更远或者找到使此条款无效的权威就不是能够预测的事情了，不论法官在判决之外如何说明。

但即使法官发现他们除了宣布不相容性无法更进一步，他们也能争论并指出政府已经终止在法治下统治，它已经把自身转换为在法律范围之外行使权力的政治实体。事实上，由于一项克减决定的做出和落实后的反应都需要被证明正当性，所以此克减条款不会是真实的克减条款。任何没有被明确克减的权力都被完整地留下了。

---

[1] [2005] 2 W. L. R. 87 (Eng.).

[2] David Dyzenhaus, "An Unfortunafe Outburst of Anglo-Saxon Parochialism", 68 Mod. L. Rev. 673(2005), 我辩称霍夫曼的立场和斯卡利亚在韩迪案中的一样——只要法律黑洞被合适地创造，它就是良好的。

133

此外，人权制度的克减不是法治的克减。试图克减者将自身困于矛盾境地，当它克减的能力被载入宪法或如人权法等准宪法性文件时，这种紧张局面更被加剧。紧急状态在成文宪法中的规定应当被法官视为克减规定，而不能被视为创造法律黑洞的机制。

可能更重要的是要看到，这些问题都在这样的情境中出现，即当行政机构或立法机构或两者都停止与法治事业协作。但回应施密特的答案不需要接受他的挑战的条款。确实，我在最后一部分梗概对这些状况的批判就可以用这种方式总结。当我们接受法治的实质概念在非常状态中没有任何位置时，就等于向施密特的挑战屈服，或者因为我们认为法治的概念只适用于日常状态，或者我们认为单薄浅显的概念才是适合一切的。要回答那个挑战，我们需要说明存在一个法治的实质概念并且证明此概念自始至终都适用。问题不在于没有立法规定时政府和官员应当如何回应紧急状况。而是，是否提供机会去深思法律应该如何被使用才能应对紧急状况，维持法治事业的回应方法是可能的，一项立法机关、政府和法官合作的事业确保官方对紧急状态的回应符合法治。

因此把宪法专制政体当作法治实质概念的测试是错误的，因为这个政体已经承认败给了施密特，虽然尽力去限制，但它还是在宪法中植入一个黑洞。相似地，把立法政体当作测试也不对，它明确宣布了它的意图，即官员在应对紧急情况时可以多多少少做他们乐意做的事情。这样的政体确立了一种二元国家，厄恩斯特·弗兰克尔（Ernst Fraenkel）在描述纳粹国家时有过此种用法。因为它在很多方面仍然持续坚持法治，但在其他方面，它用特权制定规则。[1] 但是，我们不能因此说这样的二元体制存在，所以施密特的挑战是无法回答的。对此挑战真正的测试是：是否立法机关对紧急状态的应对必然地会创造黑洞或实质上是黑洞的灰洞，但如我们已经知道的，实际上立法机关的回应效果比以上更糟糕，他们使

---

[1] Ernest Fraenkel, *The Dual State: A Contribution to the Theory of Dictatorship* (Octagon Books 1969).

得官员目无法纪但保留合法性的外观。

## 四、后记

2005年11月10日,参议员投票剥夺了关塔那摩案中"敌方参战人员"在法庭上质疑其拘留的权利。[1] 如果被颁布,这项立法就相当于清晰地表明这些被拘留者被剥夺了人身自由权。但是它也会清晰地表明这不符合合法性精神。

回顾斯卡利亚法官在韩迪案中"要么全有要么全无(all-or-nothing approach)"的处理手段:被监禁者要么拥有权利,要么一点权利都没有,并总结说如果没有任何权利,那么必须有明确的停止人身保护法令。理解其判决的一种方法是,停止人身保护是一种完全的停止——它的产生是由于立法分支得到的进入紧急状态的结论,以至于没有任何人再享有此权利。因为服从于美国法的每个人,包括远离恐怖活动的涉嫌犯罪的公民,本应停止他们的权利(但事实上并没有),此种停止政治成本是无法承受的;至少,这样的停止应该是短暂的。

一项停止"敌方参战人员"人身自由权的法律会有很大不同。此类停止(人身权的法律)仍允许法院审查一个人是否被正确地归为敌方参战人员,且会要求此种归类严格遵守正当程序。此项法律只有在查明他的拘留令有效后才会停止其权利。

与此相反,参议员所考虑的立法方法不仅剥夺了敌方参战人员的人身自由权,也剥夺了他们通过法庭判定他们事实上是否是敌方参战人员的正当程序权利。看起来被拘留者能够在年度审查中质疑政府监禁他们时是否履行自身程序义务的问题,但这只是合法性的虚饰,韩迪案多数意见认可的灰洞正在逐渐变为黑洞。而立法机构将决定给予行政机构应对紧急状况的专政权力,布什政府称其为不需要立法授权的权力。

---

[1] Eric Schmitt, "Senate Approves Limiting Rights of U. S. Detainees", *N. Y. Times*, Nov. 11, 2005, at A1.

美国法院的反应仍需我们拭目以待。但很有可能的是,无重视法治记录的首席大法官连同最高院,将祝福送给趋向特权国家的美国。这会强调本文主要论证中所暗示的矛盾。戴雪猜想,普通法法律秩序相对于有司法审查形式(可以使法律无效的司法权威)的法律秩序,可能有维持法治的更好资源,因为司法审查形式鼓励一种"要么全有要么全无"的处理方式。

# 司法研究

# 论批捕权在检察院的内部配置：以捕诉关系为视角

谢登科[*]

**【摘　要】** 检察机关内设机构改革是我国当下司法改革中的热点问题之一，我国有些地区检察院在推行内设机构改革时，抛弃了传统的"捕诉分离"模式而采用"捕诉合一"模式，试图回应提升案件质量、提高诉讼效率的社会需求。"捕诉合一"模式无论是在实体公正还是司法效率和人权保障方面，都不存在明显优势，不能对上述社会需求予以有效回应，还背离了批捕权中立性的司法规律。因此，检察机关在开展内设机构改革时不宜采取"捕诉合一"模式，而应坚持传统的"捕诉分离"模式，以保持批捕权相对中立性的底限要求。

**【关键词】** 批捕权；捕诉合一；捕诉分离；中立性

---

[*] 谢登科，国家"2011计划司法文明协同创新中心"、吉林大学法学院副教授，博士生导师，吉林大学司法数据应用研究中心研究员。

本文系国家社科基金青年项目(15CFX031)"刑事简易程序实证研究"、吉林省法学会2016年重点课题"检察机关捕诉资源整合改革研究"、吉林大学基本科研业务项目(2016QY025)"附条件不起诉实证研究"阶段性成果。

法理学与部门法哲学

## 一、问题与路径

在我国现行司法体制下,批捕权配置历来是个备受争议的话题。作为刑事诉讼中最为严厉的强制措施,逮捕蕴含了国家权力与个人权利的激烈冲突。为实现二者平衡,需从合法性、必要性、运行程序等方面对逮捕予以规制。只有在符合相应事实要件、罪责要件、社会危险性要件的情况下,才能对被追诉人实施逮捕。而是否符合上述条件,则需相关司法机关予以审查。我国刑诉法规定,[1]公安机关逮捕犯罪嫌疑人时须经检察院批准,由此实现了逮捕中批准权与执行权的相互分离。这虽然在立法层面解决了批捕权的实然配置问题,但却并未消除理论界关于批捕权应然配置的争议与分歧。批捕权配置牵涉批捕权本质属性问题,由此产生两种截然对立的观点,即"司法审查权说"和"法律监督权说"。前者主张批捕权系司法审查权,它应由承担审判职能的法院来行使,而不应由承担控诉职能的检察院来行使。[2]后者则主张批捕权系法律监督权,它应由承担法律监督职能的检察院来行使,而不宜由法院来行使。[3]上述争议的焦点是批捕权外部配置问题,即批捕权是由检察院行使还是由法院行使,这种探讨主要集中在理论层面、应然层面展开。由于我国宪法已明确规定批捕权由检察院行使,[4]而短期之内

---

[1] 我国《刑事诉讼法》第78条规定:"逮捕犯罪嫌疑人、被告人,必须经过人民检察院批准或者人民法院决定,由公安机关执行。"

[2] 关于"司法审查权说"的主要观点详见郝银钟:《论批捕权的优化配置》,载于《法学》,1998年第6期;郝银钟:《批捕权的法理与法理化的批捕权》,载于《法学》,2000年第1期;陈瑞华:《未决羁押制度的理论反思》,载于《法学研究》,2002年第51期等文。

[3] 关于"法律监督权说"的主要观点详见张智辉:《也谈批捕权的法理——〈批捕权的法理与法理化的批捕权〉一文质疑》,载于《法学》2000年第5期;高峰:《对检察机关批捕权废除论的质疑——兼论检察机关行使批捕权的正当性》,载于《中国刑事法杂志》,2006年第5期;朱孝清:《中国检察制度的几个问题》,载于《中国法学》,2007年第2期等文。

[4] 我国《宪法》第37条第2款规定:"任何公民,非经人民检察院批准或者决定或者人民法院决定,并由公安机关执行,不受逮捕。"

## 论批捕权在检察院的内部配置：以捕诉关系为视角

修订该宪法性条款的希望渺茫。在宪法修订之前，任何将批捕权交由法院行使的改革探索都将违宪。因此，这种理论探讨并未导致实践中对批捕权配置的根本变动，亦未对逮捕制度的实践运行产生实质性影响。

如果说我国理论界对批捕权归属问题的探讨主要着眼于批捕权的外部配置，那么，司法实务部门对批捕权的改革探索，则更多地着眼于其内部配置问题，即在检察院内部各部门之间和上下级之间如何配置批捕权。由于我国现行法律仅规定了由检察机关批准逮捕，但并未明确在检察机关内部由哪一部门来行使批捕权，也并未明确规定批捕权在检察院内部不同层级之间如何配置。这就为检察院在司法实践中探索批捕权内部配置的不同模式提供了操作空间。[1] 从批捕权在检察院内部的横向配置来看，检察院在我国现行司法体制下对于批捕权的内部配置主要采取"捕诉分离"模式，即将批捕权交由侦查监督部门行使，案件的后期起诉工作则由公诉部门承担。但是，近年来，我国各级检察院也对尝试在一些特定类型的刑事案件中采取"捕诉合一"模式，即由同一检察官承担相同刑事案件的批捕和起诉工作。比如最高人民检察院2012年10月下发《关于进一步加强未成年人刑事检察工作的决定》，要求省级、地市级检察院和未成年人刑事案件较多的基层检察院，原则上都应设立独立未成年人刑事检察机构，该决定要求未成年人刑事案件检察工作采取捕、诉、监、防"一体化"工作模式，由同一承办检察官负责同一案件的

---

[1] 批捕权在我国检察院系统内部存在"纵向配置"和"横向配置"两个方面。"纵向配置"涉及到批捕权在承办检察官、部门领导、检察长之间的分配。最高人民检察院《人民检察院刑事诉讼规则（试行）》第304条规定："侦查监督部门办理审查逮捕案件，应当指定办案人员进行审查。办案人员应当审阅案卷材料和证据，依法讯问犯罪嫌疑人、询问证人等诉讼参与人、听取辩护律师意见，制作审查逮捕意见书，提出批准或者决定逮捕、不批准或者不予逮捕的意见，经部门负责人审核后，报请检察长批准或者决定；重大案件应当经检察委员会讨论决定。"该规定确立了批捕权在检察院内部行政化的"三级审批"机制，即办案人提出意见、部门负责人审核、检察长批准。而"横向配置"则主要涉及批捕权在检察院内部不同部门之间的配置。关于批捕权在检察院内部存在"纵向配置"问题将另行研究，本文不作探讨。

141

批捕、起诉、诉讼监督和预防帮教等工作。[1] 再比如试行金融检察的上海市杨浦区人民检察院金融检察科、静安区人民检察院金融和知识产权检察科等等,设立了专门的金融检察科或者金融检察室,对金融犯罪实行捕、诉、防"三位一体"的工作机制。[2] 还有一些地区检察院在环境犯罪、知识产权犯罪、网络信息犯罪、毒品犯罪等刑事案件中试行"捕诉合一"工作机制。

我国十八大四中全会提出"优化司法职权配置"后,各地检察院开展了检察官员额制、办案责任追究制、内设机构调整等诸多改革措施。这些改革措施都或多或少涉及批捕权的内部配置问题(后文将详细分析),而其中又以检察院内设机构改革牵涉最多。比如我国东北地区的J省,J省三级检察机关除开展"检察官员额制"、"司法责任制"改革外,还开展了以"大部制"为基础的内设机构改革。[3] J省检察院推进的"大部制"内设机构改革,将原有的侦查监督部门和公诉部门合并成立刑事检察部,两个部门的原有人员统一纳入到刑事检察部。由刑事检察部统一处理刑事案件的批捕和公诉工作。在"大部制"内设机构改革之下,将原来分别由侦查监督和公诉两个部门行使的批捕权和公诉权,一并纳入到刑事检察部下。但是,关于在刑事检察部内部如何实现批捕权和公诉权优化配置,J省各级检察机关则开展了自生自发的实践探索,主要存在"捕诉合一"和"捕诉分离"(后文将详细阐述)。J省检察院关于批捕权内部配置的上述改革措施,虽然在适用案件范围上与我国其他地区检察院的改革措施存在差异,前者仅在某些特定案件中推行,后者则适用于所有类型的刑事案

---

[1] 王拓:《未成年人"捕、诉、监、防"一体化工作模式初论》,载于《预防青少年犯罪研究》,2013年第4期。

[2] 储国棵:《金融检察工作的理性思考》,载于《金融检察与金融安全:首届中国金融检察论坛文集》,上海交通大学出版社2012年版,第17—24页。

[3] 董鹏宇:《高原:打通司法责任落实最后一公里》,载于《吉林日报》,2016年9月9日第2版。

## 论批捕权在检察院的内部配置：以捕诉关系为视角

件，[1]但是，它们在本质上都涉及到批捕权在检察院的内部配置问题，涉及"捕诉分离"与"捕诉合一"之争，即同一案件的批捕权、公诉权是否由同一检察官行使。从全国范围来看，J省三级检察机关推行的"大部制"内设机构改革下"捕诉分离"并非个案，在全国很多地区，比如内蒙古、上海、海南、河北、湖北、江苏等地基层检察院都采取了类似改革。[2]这些基层检察院在开展内设机构改革时，存在的共同特点是将侦查监督部门与公诉部门予以整合，成立刑事检察部，批捕权和公诉权将由同一部门或者人员行使。

那么，在我国刑事司法实践中，检察机关为什么会自生自发地摒弃传统的"捕诉分离"模式而探索"捕诉合一"模式？这项改革的背后存在哪些深层社会需求？"捕诉分离"模式能否有效回应其改革背后的社会需求？这一自生自发的改革措施是否符合刑事司法发展规律？是否符合批捕权自身法律属性和特征？其实践运行效果如何？等等。这些问题都有待考察和研究。正如前文所述，由于我国理论界对批捕权配置问题的探讨主要集中于其内部配置，而对于其在检察院的内部配置这样一个颇具中国本土特色的实践问题则未予重视。因此，笔者将结合对我国东北地区J省检察机关对批捕权内部配置改革的考察，试图对上述问题进行分析和

---

[1] 上述改革措施适用案件范围的差异，会导致对检察院内部分案机制、人员配置等配套措施的差异。从分案机制上看，在特定案件中适用"捕诉合一"模式，对检察院分案机制提出了较高要求，它要求克服传统的随机分案机制，建立以案件类型为基础的分案机制，要求将某一具体类型的刑事案件固定分配某一个或者几个专门处理特定类型案件的检察官。从人员配置上看，以特定案件为基础的捕诉资源整合，并不会导致检察院内设机构的根本性调整和变动，最多也就是在检察院现有内设机构的基础上，增加相应以处理专门案件为基础的内设部门，比如未成年人刑事检察部门、金融犯罪刑事检察部门等等。

[2] 关于我国各地检察机关内设机构改革的具体内容，详见金昌波等：《勇当司法改革创新试验田——海南基层检察院内设机构改革成效明显》，载于《海南日报》，2017年2月8日第A06版；程岩等：《遵循司法规律推进基层内设机构改革》，载于《检察日报》，2016年9月8日第003版；任世民等：《内蒙古包头市昆区检察院：整合内设机构，推进司法改革》，载于《民主与法制时报》，2016年8月25日第004版；陈晓明：《基层检察机关内设机构设置改革研究——以检察权权力属性为视角》，载于《第十二届国家高级检察官论坛论文集》等文。

143

阐释。

## 二、批捕权内部配置改革背后的社会需求

任何法律制度和实践都是基于对现实社会需求的回应,现实社会需求决定了制度设计和规范配置的应然形态。"探求回应型法已成为现代法律理论的一个持续不断的关注点,而使法律更多地回应社会需求则是法律现实主义者的主要目标。"[1]我国东北地区J省某些检察机关自生自发地摈弃传统的"捕诉分离"模式而探索"捕诉合一"模式,也主要是试图回应当下司法改革中产生的相关社会需求。

第一,在"司法责任制"改革下检察官存在强化对侦查活动介入引导、提升案件质量的社会需求。司法责任制是我国当下司法改革重要内容之一,最高人民检察院2015年出台的《关于完善人民检察院司法责任制的若干意见》明确提出"谁办案谁负责,谁决定谁负责"的要求。在检察官"责任制"下,检察官需要对自己所承办、决定的案件负责,如果出现冤假错案,承办检察官就面临被追责的风险。因此,在司法责任制改革下,检察官具有提升案件质量、防范冤假错案、避免自己被追责的内在需求。但是,冤假错案的源头在于侦查,比如侦查中的刑讯逼供、辨认错误、勘验不规范、鉴定不科学等等。"侦查是裁判结果的客观性与正确性的先兆。"[2]侦查活动往往直接预断了后来审判程序中的证据调查,侦查中所犯的错误往往不可弥补,而侦查错误则是冤假错案产生的最大肇因。我国刑事诉讼法将刑事诉讼活动区分为立案、侦查、起诉、审判、执行等五个诉讼阶段。立案、侦查与起诉是各自独立的诉讼阶段,公安机关和检察机关各自独立地展开审前追诉活动。公安机关和检察机关按照各自法定管辖分工各自独立地开展侦查、审查起诉活动,对于追诉程序的启动、运行

---

[1] [美]P. 诺内特、P. 塞尔兹尼克:《转变中的法律与社会:迈向回应型法》,季卫东、张志铭译,中国政法大学出版社2004年版,第73页。

[2] 林钰雄:《刑事诉讼法》(下册各论编),中国人民大学出版社2005年版,第4页。

和终结基本上拥有各自独立的决定权。[1]这种区分导致刑事追诉活动呈现出分离化、碎片化的格局,让检察官对于自侦案件以外的刑事案件无法介入、引导侦查活动,无法从源头上掌控刑事案件质量。冤假错案产生的源头在于侦查,侦查活动一旦出现错误,再尽职的检察官可能也无法挽救侦查错误所产生的恶果。由此产生检察官提升案件质量主观需求强烈与介入引导侦查活动客观乏力之间的内在矛盾。虽然,我国有些地区检察机关也尝试开展了"检察引导侦查"的改革探索工作,[2]但是在"捕诉分离"模式下开展的检察引导侦查,存在引导主体模糊等诸多困境(后文将详细阐述)。而在我国推进"以审判为中心"的诉讼制度改革背景下,强调法院在整个诉讼活动中的中心地位。[3]法院一方面需要在审判中加强对侦查活动合法性的审查和监督,对侦查机关通过违法侦查行为收集的非法证据予以排除,另一方面则需要在事实认定中坚守"排除合理怀疑"的证明标准,如果达不到该证明标准则应作出证据不足的无罪判决。这都加大了检察院成功公诉的难度,而法院作出无罪判决就意味着检察院要承担国家赔偿,检察官个人则面临追责风险。J省检察机关进行批捕权内部配置改革的重要目的之一,就是想要通过捕诉资源整合,让检察机关提前介入重大、疑难、复杂案件的侦查活动,强化检察机关对侦查活动的介入、引导,将冤假错案的产生消灭于萌芽状态。

第二,在"司法员额制"改革下检察机关存在优化内部人员配置、提高诉讼效率的社会需求。我国检察官"员额制"改革限定了进入员额内检察官的比例,这虽然有利于实现检察官队伍的精英化,有利于凸显检察官在检察系统内部的核心地位,但是,却总体上减少了享有办案权的检察官数

---

[1]陈瑞华:《刑事诉讼的前沿问题》,中国人民大学出版社2011年版,第287—289页。
[2]关于我国检察引导侦查具体情况详见陈然等:《检察引导侦查取证之理论及实践问题分析》,载于《政治与法律》,2010年第1期;董邦俊等:《检察引导侦查之应然方向》,载于《法学》,2010年第4期;秦炯天、蔡永彤:《"检察引导侦查"机制的反思与展望》,载于《中南大学学报(社会科学版)》,2009年第3期等文。
[3]闵春雷:《以审判为中心:内涵解读及实现路径》,载于《法律科学》,2015年第3期。

量。在我国推行检察官"员额制"改革的过程中,检察官助理、书记员等检辅人员却并未相应增加。在这种情况下,许多本应由检辅人员承担的辅助性工作,都转由"员额内"检察官承担。另一方面,我国2012年修订后的刑事诉讼法强调"尊重和保障人权",由此创设和完善的许多制度都大幅增加了检察机关的工作量。刑诉法对逮捕制度的诸多修改,比如细化逮捕条件、完善审查程序、增加捕后羁押必要性审查等等,虽然增强了逮捕制度的可操作性和权利保障,但也增加了批捕工作的司法成本,检察官在办理批捕案件时需投入比以前更多的时间和精力。在审查起诉中,2012年修改后刑诉法则要求检察官"应当讯问犯罪嫌疑人,听取辩护人、被害人及其诉讼代理人的意见,并记录在案。辩护人、被害人及其诉讼代理人提出书面意见的,应当附卷"。审查起诉方式的完善,虽有利于当事人和诉讼参与人权利,但却增加了检察官审查起诉中的工作量。即便是在以实现"案件繁简分流、提高诉讼效率"的刑事简易程序中,其修改不仅没有实现检察院出庭工作量的降低,反而还大幅增加了检察机关出庭工作。我国1996年刑诉法规定在适用简易程序审理的公诉案件中,检察院可以不派员出庭。在实践中,几乎所有适用简易程序审理的公诉案件,检察院都不派员出庭。[1] 2012年修订后的刑诉法第210条第2款规定:"适用简易程序审理公诉案件,人民检察院应当派员出席法庭。"这种修改虽然有利于实现刑事简易程序中的控审分离和法官中立,[2]但是,公诉人在适用简易程序审理的公诉案件中由可以不出庭转变为应当出庭,却大大增加了检察机关在简易程序中的出庭工作量。在这种转变中,检察机关会面临简易程序适用率越高、出庭工作量增加越多的悖论。而在简易程序中对被告定罪的证明标准并不比普通程序低,[3]检察院在适用简

---

[1] 左卫民:《简易刑事程序研究》,法律出版社2005年版,第80—98页。

[2] 陈光中:《〈中华人民共和国刑事诉讼法〉修改条文释义与点评》,人民法院出版社2012年版,第300—301页。

[3] 谢登科:《论刑事简易程序中的证明标准》,载于《当代法学》,2015年第3期。

易程序审理的案件中,其所承担的庭前准备工作并不比普通程序少。总体来看,刑事简易程序的修改仅减少了法院的庭审工作量,但却增加了检察院的工作量。"员额制"改革减少了享有办案权的检察官数量,强化人权保障却导致检察院工作量增加,这些因素叠加就让检察院面临案多人少的困境。如何化解员额内检察官工作负荷过重的问题,就成为检察官"员额制"改革中无法回避的问题。J省进行批捕权内部配置改革的另一个重要目的就是想要化解检察官"员额制"改革中的上述困境,通过捕诉资源整合来减少检察院内部的同质性、重复性工作,降低员额内检察官在批捕、起诉中的工作量。

当然,我国检察机关除了具有提升案件质量、提高诉讼效率的需求外,还存在检察队伍专业化和强化人权保障的需求。但是,检察队伍专业化按照不同标准可能存在不同的路径。第一种以诉讼职能为基础的检察专业化,分设案件管理、侦查(反贪污贿赂部门和反侵权渎职部门)、侦查监督、公诉、监所检察等部门。在这种检察专业化路径下,批捕权与公诉权在检察机关内部实现了天然的分离。另外一种则是以案件类型为基础的检察队伍专业化,比如未成年人犯罪检察、金融犯罪检察、环境犯罪检察、知识产权犯罪检察等等。在这种检察队伍专业化建设路径中,"捕诉分离"并非必然选择。从实践来看,多数试行以案件类型为基础的专业化建设的检察院都采取了"捕诉合一"模式。专业化提升有利于提高对同类工作的熟练程度和工作效率,检察队伍专业化也是提高案件质量和诉讼效率的重要途径。但是,专业化仅仅是中间或者阶段性目的而不是最终目的,检察队伍专业化的最终目的还是要实现提高案件质量和诉讼效率。因此,后文在对批捕权内部配置的实践考察中,主要从能否有效回应检察机关提升案件质量和诉讼效率角度展开,而对检察队伍专业化的效果则不作考察。

## 三、批捕权内部配置两种模式的利弊评析

从批捕权与公诉权的相互关系来看,批捕权在检察院的内部配置主

要有两种模式,即"捕诉分离"模式和"捕诉合一"模式。所谓"捕诉分离"模式,是指将同一案件的批捕权和起诉权分别配置给不同检察官行使,负责批捕的检察官不承担相同案件的后期起诉工作,而负责起诉的检察官则不承担相同案件的前期批捕工作。在检察院传统的内设机构设置之下,批捕权和公诉权分别配置给侦查监督和公诉两个部门,这种职能分工已经预设其必然采取"捕诉分离"模式。"捕诉合一"模式,是指将同一案件的批捕权和起诉权配置给同一检察官行使,由同一检察官同时负责该案件的批捕和起诉工作。J省检察院推进的"大部制"内设机构改革中,将原有的侦查监督部门和公诉部门合并成立刑事检察部,两个部门的原有人员统一纳入到刑事检察部。由刑事检察部统一处理刑事案件的批捕和公诉工作。在"大部制"内设机构改革之下,将原来分别由侦查监督和公诉两个部门行使的批捕权和公诉权,一并纳入到刑事检察部。当然,在J省检察院推行"大部制"改革的过程中,有部分检察院则实行了"捕诉交叉"模式。所谓"捕诉交叉"模式,是指同一检察官既负责批捕工作,也负责起诉工作,但是,对于自己批捕的案件,该检察官并不负责后续的起诉工作,而是交由其他检察官负责后续的起诉工作。在该模式下,负责批捕工作的检察官,也负责案件的起诉工作,但是他不能处理自己批捕案件的起诉工作,而只能对其他检察官批捕的案件进行起诉。"捕诉交叉"模式也实现了批捕权和公诉权的分离,在本质上仍然属于"捕诉分离"模式。"捕诉分离"模式的优缺点在"捕诉交叉"模式中都得以继承,因此,后文并不对"捕诉交叉"模式的运行效果作专门考察。

"公正与效率"是任何司法活动和司法改革所追求的永恒目标。J省检察院进行批捕权内部配置改革也是试图回应提升案件质量和提高诉讼效率的需求。"司法公正"可以从两个层面展开考察,即实体公正和程序公正。实体公正要求在查明案件事实的基础上不冤不纵,而程序公正则要求在追诉犯罪中实现对个人基本人权的程序性保护。因此,对检察院批捕权内部配置改革的分析,亦可从实体公正、人权保障和诉讼效率三个维度展开。

### （一）批捕权内部配置与实体公正

正如前文所述，在"司法责任制"改革下，检察官具有提升案件质量、避免自己被追责的内在需求，而刑事案件质量直接取决于侦查活动效果，检察院需要强化对侦查活动的介入、引导。在案件侦查阶段，检察机关对于侦查活动的合理介入、引导，有利于查明事实、打击犯罪。

在"捕诉分离"模式下，在检察院内部由何人来实现"检察引导侦查"，则存在两种路径：一是由批捕检察官来引导侦查；二是由公诉检察官来引导侦查。在前一路径下，由于批捕检察官承担对侦查活动的法律监督职能，由介入引导侦查活动，可以增强检察机关介入、引导侦查的效果。从实践来看，对于侦查机关移送提请逮捕的案件，如果检察院作出不予批捕的决定，往往会成为对侦查人员不利的考核指标。因此，侦查人员对于批捕检察官提出的引导侦查建议往往比较重视，也会认真执行。另外，检察院批捕时，案件往往正在公安机关侦查之后，侦查人员也有按照引导侦查建议来收集相关证据或者材料的便利条件。但是，在"捕诉分离"模式下，批捕检察官并不承担相同案件的后期起诉工作，这就导致他在引导侦查时会更多地从批捕角度考虑证据收集的充分性和合法性问题，而很少考虑随后的起诉、审判问题。这就可能导致批准逮捕后的公诉案件仍然达不到起诉要求，往往需要退回补充侦查。在后一路径下，公诉检察官虽然能够介入、引导侦查活动，但却存在影响力和控制力先天不足的问题，检察官无法根据起诉工作的需要来介入、引导侦查工作。检察机关缺少对侦查活动的有效引导、介入，无法在源头上强化对案件质量的控制。通过与检察官访谈得知，在"捕诉分离"模式下，公诉检察官虽然也可以在审查起诉阶段提出补充侦查意见，但是，此时距离案件时间较远，有些证据可能随着时间发展而消逝，导致侦查人员在客观上无法收集证据。检察院作出的不起诉决定并不是对公安机关侦查人员不利的考核指标，公诉检察官缺乏对侦查人员补充侦查活动有力的制约措施，由此导致侦查人员在主观上对公诉检察官引导侦查的意见不够重视。

相对于"捕诉分离"模式而言，"捕诉合一"模式在强化检察引导侦查、提升案件质量方面主要存在三个优势：第一，可以将引导侦查的时间提前至侦查活动进行之中。检察官可以在侦查活动进行中对于侦查机关收集、固定、补充和完善证据提出建议，可以及时发现侦查活动中的违法行为，及时提出相应的纠正意见，力争尽早解决证据的充分性和合法性问题。第二，可以强化检察官介入引导侦查的效力。由于承担批捕和公诉的检察官是同一人，侦查机关往往对检察官提出的引导侦查建议会比较重视、认真执行。第三，检察官可以按照公诉要求来引导侦查。侦查机关和检察院启动刑事诉讼程序的最终目的是要实现对犯罪分子的成功追诉，公诉检察官对于庭审中定罪量刑所要的证据和相关材料比较清楚。"捕诉合一"模式下，承担批捕和公诉的检察官是同一人，他在提出引导侦查建议时就会考虑后期审判中定罪量刑的需要，而不仅仅是站在批捕角度考虑介入引导侦查。

但是，需要注意的是，"捕诉合一"模式强化引导也消除了"捕诉分离"模式在提升案件质量的显著优势，即减少了检察院不同部门对案件的多层审查，可能存在降低案件总体质量的风险。在"捕诉合一"模式之下，对同一案件的批捕和起诉工作由相同检察官承担，虽然并没有减少审查批捕和审查起诉的环节，但该模式却减少了审查主体，缺少了不同检察官在两个环节中的多层把关，也就消减了多层审查保障案件质量的效果。另外，检察官在审查逮捕中已经接触到了案件卷宗和证据材料，在审查逮捕环节就已经形成了对案件事实的心证或者预断，这会导致其在后续的审查起诉环节中对案件和证据材料的审查流于形式。因此，"捕诉合一"模式减少了检察院不同部门对案件的多层审查，可能存在降低案件总体质量的风险。"捕诉分离"模式下由不同检察官分别负责案件审查批捕和审查起诉工作。由不同人员审查可以避免批捕中产生先入为主的预断，避免对审查起诉工作的形式化。我国刑事诉讼法对批捕和起诉分别规定了不同的条件,二者在事实基础要件的证明标准上存在差异。但是,批捕和起诉都要求存在相应的事实基础,二者仅仅存在量的差别,即证明标准的差异。批捕的事实基础仍然可能是起诉中存在的相应部分事实基础。[1] 在"捕诉合一"模式下,由同一检察官负责相同案件的批捕和起诉工作,该检察官在批捕中就会接触到相应案件事实,这部分案件与起诉中的事实存在重叠之处,该检察官在审查起诉时就可能放松对该重叠部分事实的审查。"捕诉分离"模式则可以有效避免上述弊端。负责起诉工作的检察官,在审查起诉之前并没有接触到案卷材料,他就需要全面审查案件材料。不同检察官在批捕和起诉两个阶段对案件分别进行审查,有利于提升案件质量。增加了对案件的审查环节,审查次数或者环节的增多,有利于保障案件事实的正确性。

总体来看,"捕诉合一"模式存在强化引导侦查来提升案件质量的优势,但却减少了在不同部门或人员间的横向审查环节。"捕诉分离"模式虽在引导侦查的效果上不如"捕诉合一"模式,但却增加了案件横向审查的环节。因此,两种模式在提升案件质量方面各存利弊。

## (二)批捕权内部配置与司法效率

在"司法员额制"改革下检察机关存在优化内部人员配置、提高诉讼效率的社会需求。从诉讼效率角度来看,"捕诉合一"模式契合了J省检察院内设机构的"大部制"改革,将原有的侦查监督和公诉两个部门合并成立刑事检察部,减少了部门领导人数,增加了办案人员数量。对于办案人员来说,该模式可以减少批捕、起诉中的同质化工作,可以提高诉讼效

---

[1] 我国《刑事诉讼法》第79条规定,逮捕的证据条件是"有证据证明有犯罪事实"。最高人民检察院《刑事诉讼规则》第139条第2款则对该证据条件予以细化,要求同时具备三个条件:①有证据证明发生了犯罪事实;②有证据证明犯罪事实是犯罪嫌疑人实施的;③证明犯罪嫌疑人实施犯罪行为的证据已经查证属实。我国《刑事诉讼法》第172条规定,提起公诉的证明标准是"证据确实、充分"。提起公诉所要求的证明标准要高于逮捕。

率、节约司法资源。"捕诉合一"模式将相同案件的批捕和起诉工作分配给同一检察官。该检察官在前期的批捕工作中就已经查阅卷宗、讯问犯罪嫌疑人、询问诉讼参与人和听取辩护律师意见,其在后期的审查起诉工作中,就可以避免对前期已经审查过的内容进行重复审查,而将关注的重点集中于批捕后新出现的事实或者证据。但是,正如前文所述,"捕诉合一"模式减少了检察院内部不同部门对案件的多层审查,可能存在降低案件总体质量的风险。检察院为了防止案件质量下滑,防止因为试行"捕诉合一"模式而导致冤假错案的产生,在批捕、起诉工作之外,增加了许多案件考核工作,比如年度考核、季度考察、不定期抽查等等。检察官在批捕、起诉工作之外,还要准备应付这些考核工作,检察官需要准备各种材料,向考核人员汇报案件情况,这些事务性工作都增加了检察官的额外负担。这些考核作为强化"捕诉合一"模式的配套监督机制,虽然可能有利于提升案件质量,但却增加了检察院许多工作量。因此,"捕诉合一"模式虽然减少了批捕、起诉中的同质化工作,但却增加了许多辅助性事务。辅助性事务的增加,一方面会阻碍诉讼效率的提升,另一方面也会消减检察官推行"捕诉合一"模式的积极性。

从诉讼效率角度来看,"捕诉分离"模式会产生检察系统内部的重复性劳动,不利于诉讼效率的提升。在"捕诉分离"模式下,不同检察官分别负责案件审查批捕和审查起诉工作。检察官在审查批捕过程中,需要查阅案件卷宗和证据材料,讯问犯罪嫌疑人,询问证人等诉讼参与人,还需要听取辩护律师意见。检察官在审查起诉中,也需要查阅案件卷宗和证据材料,讯问犯罪嫌疑人,听取辩护人、被害人及其诉讼代理人的意见。虽然,批捕和审查二者在审查程序中的关注重点不尽相同,[1]但这并不否认二者之间存在较多同质性、重复性工作。在"捕诉分离"模式下,承担审查起诉工作的检察官并不负责相同案件的批捕工作,他需要对批捕中

---

[1] 在批捕程序中,检察官审查的重点是案件是否符合逮捕条件;而在起诉程序中,检察官审查的重点则是案件是否符合提起公诉的条件。

已经审查过的卷宗材料进行审查,也需要对批捕之后新出现的卷宗和证据材料进行审查。由不同检察官分别在批捕和起诉中对案件进行审查,虽然能够有效提升办案质量,却增加了检察院在这两个诉讼活动中的工作负荷。不过,相比较于"捕诉合一"模式,由于不同检察官分别在批捕和起诉中对案件进行审查,案件处理质量也更有保障,所以,检察院内部对于"捕诉分离"模式下案件评查工作也相对较少。在"捕诉分离"模式下,检察官无需疲于应对批捕、起诉之外的考核工作,从而可以将主要精力投入到核心检察业务的处理之中。因此,"捕诉分离"模式也存在自己提高诉讼效率的相对优势。

### (三)批捕权内部配置与人权保障

从人权保障角度来看,"捕诉合一"模式有利于对侦查活动法律监督的全面性、连续性,防止因法律监督盲区而产生的权力滥用。"捕诉合一"往往实现了侦查监督和公诉两个部门人员的合并,增加了办理批捕案件的人员数量,可以在一定程度上缩减批准逮捕所花费的时间,减少了犯罪嫌疑人在审前羁押中的停留时间。但是,"捕诉合一"模式也弱化了法律监督从而提升了侵犯人权的风险。我国现行刑事司法体制在检警关系上主要采取"检警分离"模式,检察机关和公安机关互不隶属,二者相互之间具有独立的法律地位。"检警分离"模式有利于法律监督者与被监督者之间保持适当的距离,有利于检察院法律监督的中立性和独立性,防止二者距离过近或者关系密切而导致法律监督失灵。"捕诉合一"虽然有利于检察院强化对侦查活动的提前介入和引导,但却可能会因对侦查活动的提前介入而导致检警关系过于密切,导致对自己介入、引导侦查的案件法律监督流于形式,损害检察院作为法律监督机关的客观性和中立性,减损检察院对侦查活动法律监督的效果,弱化了法律监督从而提升了侵犯人权的风险。

从人权保障角度来看,"捕诉分离"模式通过批捕与起诉在检察系统内部的相互分离和制约来强化人权保障。在"捕诉分离"模式下,负责批捕和公诉工作的分别是不同的检察官。负责批捕的检察官,无需考察后续的公诉工作,可以免受追诉职能的干扰,实现追诉职能与监督职能的适当分离,有利于保持批捕活动的客观性和中立性,真正发挥批捕保障人权、防止错捕的功能。在审查起诉工作中,负责审查起诉工作的检察官,并没有参与前期的批捕工作,在审查起诉之前没有接触到案卷卷宗,也没有形成对案件事实的预断和偏见。这有利于保障审查起诉中的检察官对于案件的实质性审查,防止审查起诉工作流于形式,也有利于发挥审查起诉保障人权、分流案件的功能。在"捕诉分离"模式下,对于侦查阶段没有逮捕的犯罪嫌疑人,公诉检察官在审查起诉时认为需要逮捕的,也通常不能自行作出逮捕决定,而需要将案件移送负责批捕的检察官处理,实现了批捕权和公诉权在检察院内部的相对分离,有利于对批捕案件和起诉案件展开实质性审查,发挥人权保障之功能。因此,"捕诉分离"模式实现了批捕权和起诉权的相对分离,有利于两种职权在检察院内里的相对分离、相互制约,从而有利于更好地实现两种诉讼活动的人权保障。但是,"捕诉分离"模式也造成检察院对公安机关侦查活动法律监督的割裂化,产生检察院对侦查活动法律监督的盲区,从而增加了人权侵犯的风险。检察院作为国家法律监督机关,从理论上看,可以实现对侦查活动的全程、同步监督。[1] 由于法律监督权的主动性、全面性、持续性,可以在刑事诉讼的各个阶段实现对国家专门机关各种诉讼互动的全程监督,因此,检察院对于侦查活动的制约居于主要地位。在我国现行司法体制下,检察院对于侦查活动的法律监督按照不同职权分别配置给了侦查监督和公诉两个部门。这种"捕诉分离"的权力配置模式,虽符合批捕权、起诉权的权力属性,但却造成本应具有全面性、持续性的法律监督活动被人为、机械地割裂开来。侦查监督部门的重要职责是批准逮捕。通过审查批捕,可以实

---

[1] 但伟、姜涛:《侦查监督制度研究——兼论检察引导侦查的基本理论问题》,载于《中国法学》,2003年第2期。

现对批捕之前的侦查活动进行审查。公诉部门的主要职能是审查起诉、提起公诉和出庭,它虽然在提起公诉之前,也需要对案件进行审查,但审查的主要目的是为提起公诉做好准备,而不是监督侦查活动。这就造成侦查机关在批捕后起诉前的阶段,对侦查活动法律监督的弱化,而不利于侦查阶段的人权保障和事后救济。

综上可知,"捕诉合一"模式无论是在实体公正还是司法效率方面,并不存绝对优势,只不过它与"捕诉分离"模式存在各自上述价值目标的不同路径。在实现实体公正上,"捕诉合一"具有强化检察引导侦查、提升侦查质量的优势,但却减少了横向审查环节;在实现司法效率上,它减少了批准逮捕和审查起诉中的同质化工作,但却增加了检察官应对外部考核的工作;在强化人权保障上,"捕诉合一"模式虽然可以消除检察机关对侦查活动法律监督的盲区,但却让检警关系过于紧密而可能导致法律监督流于形式。因此,"捕诉合一"和"捕诉分离"两种模式在实现实体公正、司法效率和人权保障方面各有利弊。

## 四、"捕诉合一"模式的理论反思

任何司法改革都应遵循司法规律,违背司法规律的改革,最终将面临失败结局。对于批捕权内部配置改革亦应如此,对检察院内部进行批捕权配置的改革应当考虑批捕权性质,尊重批捕权自身发展规律。侦查活动是国家权力与个人权利冲突最为激烈的领域,如果缺乏对侦查机关权力的有效监督制约,很容易产生权力滥用而肆意侵害公民个人权利。通常而言,对于侦查活动的监督包括司法监督和检察监督两种模式。在司法监督模式下,侦查机关采取侵犯公民个人自由和权利的强制措施时,需要有法院进行司法审查以决定是否签发适用强制措施的令状。而在检察监督模式下,侦查人员适用强制措施需要取得检察院批准。从世界各国刑事司法制度的发展来看,其基本都经历了早期由行政官员批准逮捕(羁押)到现代由司法官员审查决定逮捕(羁押)。这种发展趋势的背后是要强化批捕权主体的中立性,通过强化批捕权主体的中立性来实现对被逮捕人的程序性保障。

美国《宪法》第四修正案仅规定:"无合理根据,不得签发令状。"但是,对于签发令状的主体则未予明确。美国在仍为英国殖民地时期,继承了英国的做法,由皇家行政官员或者皇家州长享有签发令状的权力,他们可以根据案件侦破的需要随时决定是否对犯罪嫌疑人签发羁押或者搜查令状。直到20世纪初,许多州仍然是由扮演检察官角色的行政官员来签发令状。美国联邦最高法院1948年在Johnson v. U.S.案中对宪法第四修正案予以解释,指出只有"处于中立且超然地位的司法人员",才有权签发令状。同时,在该案中明确指出警察和行政执法人员并非处于中立且超然地位的司法人员,他们没有权力签发令状。这主要是考虑到:"警察在破案和打击犯罪的问题上,通常面临很大的压力。如果由警察自行判断是否签发令状,那么,宪法对于公民权利的保护将被完全置于警察自由裁量之下。令状必须由中立且超然的司法人员签发,而不得由警察签发。"但是,该案并未明确检察官、检察长是否属于"中立且超然地位的司法人员",并未明确他们是否有权签发令状。[1]

美国联邦最高法院于1971年在Coolidge v. New Hampshire案中指出州检察长并非"处于中立且超然地位的司法人员",他们不得签发令状。美国联邦最高法院认为州检察总长在侦查中负责调查工作,在审判中是控方的首席检察官,虽然州法律授权检察官签发令状,但检察官与警察同样扮演着打击犯罪的角色,对于他们自身所负责侦查的案件,检察官不可能保持宪法所要求的中立且超然地位。[2] 该案明确了州检察长不得签发羁押或者搜查令状,但是,并未明确如果签发令状的检察官并非案件的承办检察官是否属于"处于中立且超然地位的司法人员"。1972年美国联邦最高法院在另一案件中则明确任何检察官都不是处于中立且超然地

---

〔1〕 王兆鹏:《美国刑事诉讼法》,北京大学出版社2005年版,第97—98页。
〔2〕 同上,第98—99页。

## 论批捕权在检察院的内部配置:以捕诉关系为视角

位。美国最高法院指出检察官作为行政体系的官员,其职责是执行法律、侦查、起诉,其享有的自由裁量权几乎不受到任何审查,很容易受到外界压力影响,第四修正案并不将行政官员视为"处于中立且超然地位的司法人员"。[1]因此,美国司法制度经历了从早期允许检察官签发搜查、羁押令状到现代完全排斥检察官签发令状的转变,即便签发令状的检察官并非案件的承办检察官也被认为有违宪法精神,这种转变的核心是为了更好地保障令状签发人员处于中立、超然地位。

我国刑事诉讼制度和检察制度的很多方面参考和借鉴了前苏联的相关制度和理论,故苏俄关于批捕权设置的制度变迁亦值得考察和反思。前苏联宪法第54条规定:"公民人身自由不受侵犯,任何人非经法院决定或者检察长批准,不受逮捕。"这主要源于检察长承担的法律监督职权,其在刑事诉讼程序中的监督对象是侦查和审判刑事案件时法律执行情况。在侦查活动中决定是否适用限制公民权利和自由的措施,正是检察长行使法律监督的重要表现。[2]前苏联解体之后,俄罗斯对宪法和刑事诉讼法的很多内容进行修改,但是在检察机关的性质和功能上则并未做改变,仍然将其定性为国家的法律监督机关。不过,它也对检察院的具体监督职能进行了调整,具体到逮捕制度上,则不再由检察长在侦查程序中批准对犯罪嫌疑人的羁押,而是由法院进行司法审查后做出是否予以羁押的决定。这体现了事前司法监督,通过司法监督实现强制措施适用中的人权保障和防止权力滥用。[3]俄罗斯宪法和刑事诉讼法将批捕权配置给了法院,是因为司法监督相比较于检察监督更能保障强制措施适用审查中的被动性和中立性。[4]虽然检察官在刑事诉讼中行使法律监督权时,

---

[1] 王兆鹏:《美国刑事诉讼法》,北京大学出版社2005年版,第99页。
[2] [苏]И.В.蒂里切夫等:《苏维埃刑事诉讼》,法律出版社1984年版,第195—196页。
[3] 张嫄:《俄罗斯经验与启示:刑事侦查的检察监督控制》,载于《南京社会科学》,2013年第10期。
[4] [俄]К.Ф.古岑科:《俄罗斯刑事诉讼教程》,黄道秀等译,中国人民公安大学出版社2007年版,第258—289页。

亦应受到客观公正义务的制约,但其承担的控诉职能会大大阻碍其在批捕中的中立且超然地位。

纵观当今世界各国刑事诉讼司法制度,由检察院承担批捕权的国家并不多见。即使在检察官承担批捕权的国家和组织中也要求实现批捕和公诉的分离,而不能由批捕检察官同时承担公诉职能。比如欧洲人权法院并不排斥检察官的搜查、羁押等强制处分权,但前提是检察官须保持独立、中立。[1] 如果享有强制处分权的检察官,同时也承担控诉职能,则无法保持其中立、超然地位。在我国现行司法体制下,检察院承担批捕权具有其相对合理性。但是,在检察院内部对批捕权配置所进行的任何改革,都应当是促进而不是阻碍批捕权中立性的实现。在这一底线要求下,批捕权和公诉权不能由同一检察官行使,而应当将二者分别配置给不同的检察官行使,这样才能在检察院内部保持批捕权的相对中立性。总体来说,在我国现有的"捕诉分离"模式下,批捕权和起诉权分别配置给侦监和公诉两个部门,承担批捕工作的检察官并不承担后续的起诉工作,有利于其处于中立、超然的地位。另外,为了解决我国自侦案件审查逮捕决定中存在的同级监督和自我监督所产生的监督不中立问题,《刑事诉讼规则》第327—341条规定了自侦案件由上一级检察院审查决定逮捕。[2] 这些措施都不同程度上保障了批捕权中立性的实现。

如果按照批捕权中立性的要求来看"捕诉合一"模式,它不仅没有促进反而阻碍批捕权中立性的实现。具体表现在以下方面:首先,"捕诉合一"模式会让检察官在批捕之前对案件形成预断,从而降低批捕的中立性。正如前文所述,检察院试行"捕诉合一"模式目的之一就是要通过提前介入侦查来提高案件质量,提早介入侦查意味着他在批捕之前就已经

---

[1] 高峰:《欧洲人权法院视野下的检察官中立性问题——兼论检察官行使强制处分权的正当性》,载于《犯罪研究》,2006年版第1期。

[2] 陈卫东:《〈人民检察院刑事诉讼规则(试行)〉析评》,中国民主法制出版社2013年版,第232—235页。

实质性接触了解到案件事实,这就会让其对案件事实形成预断,从而降低其在批捕中的中立性,导致审查批捕工作流于形式。其次,"捕诉合一"模式会使批捕职能沦为公诉职能的附庸,从而降低批捕的中立性。批捕权的中立性要求其在运行中保持被动性、消极性,在侦查机关没有主动申请逮捕的情况下,检察院不宜主动启动逮捕程序。而公诉职能则具有积极性,只要检察机关在审查起诉中发现其他犯罪分子,即使侦查机关没有提请追诉,也可以要求侦查机关补充侦查或者自行侦查。在"捕诉合一"模式下,公诉权的主动性很容易侵蚀批捕权的消极性,让批捕职能沦为公诉职能的附庸,[1]从而减损批捕权的中立性。再次,"捕诉合一"模式会异化检警关系,从而降低批捕的中立性。我国现行法律将逮捕决定权和执行权相互分离本身是为了实现权力之间相互监督制约,从而防止权力滥用和保护公民合法权利。[2]监督制约的前提是监督者与被监督者保持适当距离,如果二者关系过于亲密,就会让监督者丧失其中立性从而影响监督的效果。而"捕诉合一"会让检察院提前介入案件侦查,从而缩减了监督者与被监督者之间的距离,公安机关的侦查活动会根据检察机关的引导建议进行,提请批捕的犯罪嫌疑人所涉案件事实很可能是根据检察官提出的引导侦查建议而查明,这也会让检察官批捕工作丧失中立性。

## 五、结论

我国检察机关自生自发地开展批捕权内部配置的改革探索,试图回应当下司法改革中产生的相关社会需求。毋庸置疑,"司法责任制"改革下检察官提升案件质量、"司法员额制"改革下检察机关提高诉讼效率的社会需求,都是现实存在和亟待回应的。但是,检察机关抛弃传统的"捕诉分离"模式而试行"捕诉合一"模式,却并未对上述社会需求予以有效回

---

[1] 闵春雷:《论审查逮捕程序的诉讼化》,载于《法制与社会发展》,2016年第3期。
[2] 郎胜:《〈中华人民共和国刑事诉讼法〉修改与适用》,新华出版社2012年版,第171页。

应,且还背离了批捕权中立性的司法规律,由此产生更多副作用。从刑事诉讼发展规律来看,检察机关不宜采取"捕诉合一"模式,而应当坚持传统的"捕诉分离",将同一案件的批捕权和公诉权分别交由侦监和公诉部门承担,保持批捕权相对中立性的底线要求。对于检察院在司法改革中产生的诸多社会需求,则应当另寻良方予以回应。对于检察引导侦查、提升案件质量的社会需求,在坚持"捕诉分离"模式下,应当强调公诉检察官而不是批捕检察官对于侦查工作的引导。为解决公诉检察官介入滞后性和引导效力不足的问题,则应当由检察院和公安部门加强协调,将公诉检察官介入引导侦查的诉讼阶段、案件范围和法律效力在制度层面予以明确。对于"司法员额制"改革所带来的检察院人员紧张的问题,一方面需要适当增加检察官助理、书记员等检辅人员,另一方面推进检察院司法行政事务管理权与检察权的相互分离,推进检察业务的"去行政化",让检察官不再疲于应付批捕、公诉之外的行政事务,将主要时间和精力完全投入到批捕、公诉等检察业务的处理之中。

# 我国法院管理体制中的科层化"扩张"问题研究
## ——以管理权与审判权的关系为线索

孙世贝[*]

**【摘 要】** 法院作为组织的一种形式,其运行和存续无法离开管理,相反,要想更好地实现为社会提供良好公共产品的目的,必须有一定的科层化管理。在进行司法改革时,不能笼统地强调司法的去行政化改革,而应将问题的关键着眼于法院管理的行政科层同审判的专业权威之分工和契合问题上。审判权与管理权关系的应然状态应当是一种"审"主"管"辅的权力结构安排。我国法院管理权不断"扩张"进而侵蚀审判权的原因,在于传统意识形态、政策实施型司法下的自然选择和科层制的"异化"。重构管理权与审判权二者关系,主要包括三个部分:理顺上下级法院关系;重构法院审判权运行机制;完善法官等级制度。

**【关键词】** 法院管理;科层化;司法改革;等级结构;同等结构

　　组织离开管理将难以存续,法院作为组织的一种形式,如果离开管理,其审判职能也同样将难以实现。然而,有管理就有科层,而审判强调独立,因此如何将管理的行政科层与审判的专业权威契合在法院组织内

---

[*] 孙世贝,吉林大学法学院2014级法学理论专业研究生,现就职于北京市金杜(广州)律师事务所。

就是一个非常重要的理论问题。从最高人民法院在2005年公布的《人民法院第二个五年改革纲要(2004—2008)》第一次提出司法管理的概念,并提出了一系列措施进行改革开始,再到随后的第三个和第四个五年改革纲要中也都对如何进行法院管理改革的措施有进一步的强调和完善。但碍于种种原因,尽管在历次司法改革中一直都在强调法院管理体制改革,将管理事务从审判事务中抽离出来,减少科层化管理权对平权性审判权的影响,但一直收获甚小。而且不论是在实践中还是在理论中,我国法院管理体制都面临着很多问题。

在实践中,我国法院管理体制存在法院管理权不断"扩张",干预或侵蚀审判权的运行,出现审判权服从管理权的本末倒置现象。法院作为审判组织,其主要职能是裁决纠纷,但在现实中法院又不可避免地处理很多行政事务,存在科层化的管理。也就是说,在法院组织结构中,存在两个权力运行制度:审判权运行制度和管理权运行制度。这两种权力运行制度在设立之初所欲求的是一种"审"主"管"辅的理想状态。但目前我国法院在管理权运行实践中出现的问题是:管理权本应作为一种辅助性权力而服务于审判权,但是管理权却喧宾夺主且不断挤压、干预或侵蚀审判权,甚至出现本应是服务性的管理权变成一种主导性的权力,打破制度设立时所欲求的那种分工,最终导致法院整体组织目标的偏离。

在理论上,我国法院管理体制存在将法院管理职能与审判职能、法院管理科层化与法院科层化混同的问题。一方面,许多学者在司法改革方面的论文只是对法院审判活动进行论述,或将法院管理活动的内容和审判活动的内容交叉在一起论述,在提出具体的法院改革措施时,也不加区分地对管理职能和审判职能一并提出改革措施,并没有对审判职能和管理职能详加区别;另一方面,许多学者将法院管理科层化和法院科层化都定义为法院在机构设置上套用行政机关的模式,法院的组织结构、运行机制和管理方式与行政机关趋于一致,法院内部产生明显的科层化等级结构,从而影响审判业务的开展,使得审判业务也具有科层化特征。但这其实是一种错误的做法,并没有区分法院管理科层化与法院科层化之间的不同。

新一轮司法改革中诸多法院改革措施的落脚点都是为了规范审判权的运行,但法院审判权运行制度的改革无法脱离法院管理体制等配套制度的改革,二者是息息相关的。因而,在这一轮司法改革处于攻坚期的大背景下,对法院管理体制进行相关研究,分析法院管理权与审判权的关系就显得尤为重要了。

## 一、法院管理与法院的异质性结构

当我们谈及法院的职责或功能时,我们可能会想到马丁·夏皮罗关于法院标准模板的经典描述:"①一位独立的法官;②适用业已存在的法律规则;③进行对抗性的诉讼程序;④作出一个两分式裁决,一方当事人被赋予法定权利,另一方当事人则被判定败诉。"[1]可能会想到卡尔·卢埃林在阐述法律职能时认为:"处理'麻烦事情'是一项极为核心的法律职能,并在现代西方社会中牢固地确立了法院在法律活动中的中心地位,并始终为其他功能的实施创造条件。"[2]这些都是从法学角度和组织目标角度对法院目标和功能的定义,指出作为审判组织的法院,其首要和直接功能就是纠纷裁决。

因而在纠纷裁决的目标背景下,作为解决社会争议的法院结构就需要构造类似"等腰三角形",即对抗双方将争议诉至法院,法院居中裁判。因此,与"上行下效"的行政机构不同,解决个案纠纷的法院必须保证自身的中立性和独立性,其内部审判权运行也应处于平行的、协作式的同等结构中。

但是任何组织的运行和存续都无法离开管理,法院作为组织的一种

---

[1] [英]罗杰·科特威尔:《法律社会学导论》,彭小龙译,中国政法大学出版社2015年版,第205页。
[2] 同上,第79页。

形式,如果离开管理,其纠纷裁决的审判职能也将难以实现。但是"只要是管理,就会有组织,有层级(显著的和隐秘的),就有决策和执行(领导与服从)的问题"。[1] 而法院审判强调独立性,因此如何协调法院管理的行政科层化与审判的独立自主性之间的冲突,避免法院审判同行政管理的重合就非常值得我们去关注和研究。但许多学者在司法改革方面的论文,只是对法院审判活动的论述,或将法院管理活动的内容和审判活动的内容交叉在一起论述,在提出具体的法院改革措施时,也不加区分地对管理职能和审判职能一并提出改革措施,并没有对审判职能和行政管理详加区分。

新一轮司法改革的诸多法院改革措施的落脚点都是为了规范审判权的运行,但法院审判权运行制度的改革无法脱离法院管理体制等配套制度的改革,二者是息息相关的。因而对法院管理体制进行研究,科学把握法院管理就显得十分必要。

**(一)法院管理的概念**

最高人民法院副院长沈德咏曾指出,尽管法院管理来源于公共管理,但由于与公共管理服务对象的不同(法院管理服务对象是法官和审判),法院管理和公共管理又具有很大的差别,在以后相当长的一段时间内都将是一个独立且重要的领域,有其独有的价值和规律。但《中华人民共和国宪法》(以下简称《宪法》)、《中华人民共和国人民法院组织法》(以下简称《人民法院组织法》)却并没有对法院管理制度和法院行政事务作出相关规定,仅仅是规定法院是国家的审判机关、法院的审判组织和审判人员,即使有与法院管理制度的相关内容也仅是在审判组织部分作出的附带性规定。最早出现法院管理的概念是在2005年最高人民法院公布的《人民法院第二个五年改革纲要(2004—2008)》中,其将"司法管理"分

---

[1] 苏力:《审判管理与社会管理——法院如何回应"案多人少"》,载于《中国法学》,2010年第6期,第177页。

## 我国法院管理体制中的科层化"扩张"问题研究

为审判管理、司法政务管理、司法人事管理三个部分。[1]

根据最高人民法院蒋惠玲法官在《关于二五改革纲要的几个问题》一文中指出:"审判管理是那些与审判案件直接相关的事务管理,如案件的流程管理,案件质量和效率管理(绩效评估)等。司法政务管理包括为审理案件和法院的运转提供支持和服务的活动,如办公设施、经费保障、后勤事务等。司法人事管理包括法官管理、辅助人员管理、行政人员管理等。"[2]也就是说,法院管理主要指的是法院的一些行政性管理事务,是与法院审判职能相对应的管理职能。

但法院之所以为法院,不同于其他机关,其最直接和最主要的目标和功能还是裁决纠纷,亦即审判职能的实现是法院最直接和最根本的组织目标,管理职能只是一种辅助性的职能,其主要目标是为了服务审判职能,以期更快、更有效地实现审判职能。因此本文将法院管理定义为"法院为了实现组织目标,获取与整合组织资源的管理活动和过程"。[3]法院管理的核心在于在服务审判的前提下,如何有效获取资源和配置管理决策。法院管理的内容主要分为外部管理和内部管理。外部管理是指法院与地方党政机关之间的关系协调,上下级法院之间的事务协调等。内部管理又可分为审判管理与法院人事管理,审判管理是与审判案件直接相关的事务管理,法院人事管理主要是指法官管理、行政人员管理等。

从上述描述中,我们可以看出,在法院组织结构中,至少存在两个运行制度:一个是以发挥法院纠纷解决功能,实现司法公正为组织目标的运行制度(审判权运行制度);另一个是以获取与配置资源,辅助实现法院审判职能为目标的运行制度(管理权运行制度)。也即法院内部存在两种不同性质的权力:管理权(行政权)和审判权。"这两种不同性质权力共

---

[1] 在这里法院管理与司法管理是同一个意思。
[2] 蒋惠玲:《关于二五改革纲要的几个问题》,载于《法律适用》,2006年第8期,第10页。
[3] 谭世贵、梁三利等:《法院管理模式研究》,法律出版社2010年版,第18页。

存于一个组织体内,就结织成相互关联但运行规律不同的结构关系。"[1]但从制度设置的逻辑上来看,法院管理权的设立是为了实现法院审判权,因而其应当是辅助性或者说附属性的权力。

### (二) 法院管理权的特征

与强调独立性、被动性、中立性、专业性等特征的审判权不同,法院管理权也具有自己独特的特征:

#### 1. 科层性

作为组织的一种形式(审判组织),法院内部的辅助机构和人员为了更加有效率地保障案件审理和法院的正常运转,内部专门行政人员和机构会构成一种科层制的行政机制以实现上述目的。彼德·布劳根据科层制一词的创始者马克斯·韦伯的研究,将组织中科层制的基本特征概括为"专业化、权力等级、规章制度和非人格化"。[2] 专业化是指官员都是由专门的职业人员所构成,并形成一种封闭的职业圈,外行人员都被排除在外;权力等级是指所有的官员都处于一个金字塔式的,命令从上到下、层层下达的权力结构中;规章制度主要是指官员们的行事所为有着正式规则的约束;非人格化是指在正式程序规则的约束下,官员们被要求共享一种共同的办事思维,不考虑个人因素。

因而在我国法院组织内,除了职业法官外,还存在着一大群的"职业官员",他们被内嵌在一个严格的上行下效的等级结构中,共享一种体制化思维,严格地按照上级标准执行命令,形成一种权威性的等级链,具有统一、迅速的特征,以方便更有效率地完成服务审判系统的管理目标,实现效益最大化。

---

[1] 谭世贵、梁三利等:《法院管理模式研究》,法律出版社2010年版,第21页。
[2] [美]彼德·布劳、马歇尔·梅耶:《现代社会中的科层制》,马戎等译,学林出版社2001年版,第7页。

## 2. 附属性

前面已经提到,在法院组织的两个运行制度中,审判权运行制度是法院最主要的运行制度,迅速有效地解决纠纷、实现司法公正是法院最根本或最主要的目标,而法院管理权的运行更多的是为审判职能的实现提供充分的支持和服务。这也是法院之所以为法院并且不同于其他机关的体现。"纠纷解决需要作为组织技术核心的审判业务系统功能的实现,审判活动过程需要物质和人力资源整合,管理系统的服务作用就是为审判活动实现法院目标提供基础,法院管理是通过处理法院机构程序,帮助维持法院本身实现直接服务审判系统的管理目标,间接实现法院公正高效裁判纠纷的司法目标。"[1]从这里可以看出,法院管理是服务于法院审判的,法院管理权属于一种服务性的权力而法院审判权属于一种主导性的权力,如果法院审判职能的目标无法实现,法院管理的目标也就无从谈起,法院的管理活动应围绕审判活动而开展,这也正是法院管理附属性的体现。

由此可见,现代法院具有审判权和管理权双重权力运行制度,失去审判权,法院将不再是法院;而失去管理权,法院本身的审判职能亦难以实现。两者尽管运行规律不同,但从制度设立时的分工角度而言,审判权与管理权应当是处于一种相辅相成、"审"主"管"辅的权力结构构造中。

### (三)法院的异质性结构——平权性的审判权与科层性的管理权

正如前文所提,法院内部具有审判运行制度和管理运行制度两种运行制度,旨在实现审判和管理两种不同的法院组织功能。然而不同的法院组织功能需要通过不同的组织结构来实现和保障,即法院之所以具有一定的功能,例如实现司法公正、保证司法独立以及提高审判效率等,是由法院相应的组织结构所保障的。

---

[1] 谭世贵、梁三利等:《法院管理模式研究》,法律出版社2010年版,第8页。

作为法院本质属性的审判权是法院的根本权力,属于一种专业权力,权威来源于法律和法律专业知识。审判权的实施偏向于适用一种权力平行分配、成员之间相互协作、配合、交换和互助的平权性同等结构,在这里法官"除了法律就没有别的上司"。因而,在这样一种平权性的同等结构中,没有任何人处于高高在上的地位,所有人都被安排在一个单一的权力层次之中。由于权力的广泛散布,任何人都可以表达自己的观点,即使它听起来毫无道理亦或是纷繁复杂,都不会受到其他人的限制或是阻碍。通过这样一种结构,法院可以为社会提供更优良的司法产品,进而实现司法公正。

而作为法院附属性或者辅助性的管理权则主要是为了实现审判职能,通过获取和配置审判活动所需要的资源,从而辅助实现法院审判职能的权力。在效率的导向下,管理权的行使体现出强烈的科层性,其运行倾向于采用一种权力层层分化,成员之间存在一个严格的金字塔型的科层性等级机构。在这里,法院内部的行政人员被严格地组织到金字塔的不同梯队之中,权力被牢牢控制在最顶层,理想状态是在组织效率和效益的目标下所有人都踩着同样的鼓点齐步向前,追求部门利益的最大化。

服务于审判目标的平权性同等结构的审判权与服务于管理目标的科层性等级结构的管理权分属于法院内部的不同运行系统,反映出法院异质性结构特征,二者具有不同的组织目标和行为方式。当这两种不同权力运行规律的权力设计同时存在于同一个机构之中,难免会出现权力行使的交叉或混淆,不可避免的会在权力运行时存在着紧张和冲突,尤其是可能出现管理权和审判权在行使时的混同现象。甚至是出现由于法院管理权不断"扩张",管理权对审判权喧宾夺主,本应是辅助性的管理权变成主导性的权力,通过干预和侵蚀审判权的运行,造成二者主次位置颠倒,也随之产生我国学者一直批判的法院科层化(行政化)问题。

## 二、法院管理科层化"扩张"与审判权运行机制的异化

在展开这一部分的论述之前,我需要说明一点:正如我前面所分析的那样,作为法院本质属性的平权性审判权的实现,需要科层性管理权的辅助。而且现实中的法院也不可避免的会面临一系列行政管理事务,总是会履行某些与审判相关的行政管理职能。在法院追求公正与效率的大背景下,法院行政管理制度采取严格的科层制设置也有其自身的合法性。关键问题在于审判权与管理权这两种具有不同价值取向、行为方式和组织目标的权力在行使过程中出现本应辅助审判权实现的管理权不断"扩张",干预和侵蚀审判权,法院的行政管理工作与审判工作出现交叉、混同、冲突,并在很大程度上干扰审判工作的开展,打破了制度设置时所欲求的"审"主"管"辅的分工,出现审判权与管理权二者关系的本末倒置。所以,本文的观点是:法院管理并不是要排斥或避免行政管理事务,反而恰恰需要这种管理权来辅助审判权的实现,问题的关键在于,按照分工的角度,将以等级结构为主的管理职能尽可能地同以同等结构为主的审判职能区分开来,以避免出现职能混乱,出现法院整体管理的科层化。

### (一)法院管理科层化及其"扩张"

1. 法院管理科层化与法院科层化的区别

正如我一直所强调的,法院管理并不是要排斥行政管理事务,反而恰恰需要这种管理权来辅助审判权的实现,也就是说法院系统内必然会存在科层化的行政管理。那么什么是科层化或者说科层制呢?科层制一词最初由马克斯·韦伯所提出,韦伯所言的科层制(也即官僚制,bureaucracy)是根据他所提出的三种权威类型中的理性权威类型所建构而来的。在韦伯看来,"统治应该叫做在一个可能标明的人的群体里,让具体的(或者一切)命令得到服从的机会"。但任何统治都不能持久地建立在强制或者暴力的基础上,必须要为自己的正当性辩护,具有合法性

基础。据此,韦伯提出了权威的三个理想类型:传统权威、克里斯玛权威和法理权威。传统权威是在历史传承下来的习俗、习惯之上建立其正当性基础;克里斯玛权威是通过领袖的超凡个人魅力来获得拥护者的支持和爱戴,以获得正当性基础;法理权威则是依据公众所认可接受的公正程序而得到正当性基础。在这三种权威类型下又相应产生了三种理想类型的支配方式:家长制、克里斯玛制和科层制。科层制就是在法理权威基础上建立的理性组织形式,其突出特点是等级分明的权力结构,决策的技术性标准,上下级间命令、指示以文件传递,职业化的官员以及官员与官员之间共享一种体制化的思维方式等。[1] 按照彼得·布劳的观点,专业化、权力等级、规章制度和非人格化这四个因素是科层制组织的基本特征。[2]

按照上述观点,理想型的法院管理科层化应当是:第一,职业化的官员。法官、司法辅助人员以及司法行政人员之间存在明确的职责分工。第二,严格的等级秩序。法院管理系统内部存在着严格的金字塔式的等级结构,不同级别的管理人员被组织到不同的梯队当中,决定权被牢牢控制在最顶层。第三,卷宗管理。科层制管理下,为保证上级统一和集中决策,信息的收集必须采取书面文档的方式。第四,类型化的决策标准。管理人员之中产生一种体制化的思维方式,作出决策的依据只能是已经明确的适用标准,个人的特权和喜好是不被允许的。在这样一种理想模式下,法院管理制度严格地按照预先设定好的规则运行,为法院整个系统运作及审判权行使服务。

而所谓的法院科层化是指,法院在整体上与行政机关趋于一致,机构设置、权力运行方式等完全参照行政机关模式,法院系统内部和外部都呈现出高度科层化。按照张卫平老师在《体制、观念与司法改革》一文中的

---

[1] 参见[德]马克斯·韦伯:《经济与社会》上卷,林荣远译,商务印书馆1997年版,第238—251页。
[2] 参见[美]彼得·布劳、马歇尔·梅耶:《现代社会中的科层制》,马戎等译,学林出版社2001年版,第7页。

观点,由于法院在整体结构和运作方式上完全按照行政体制的结构和模式建构,在法院内部具有明显的科层化等级结构的特点,在结构行政化的影响下,法院运作方式也呈现出强烈的行政化色彩,使得审判业务也具有了行政化特色。[1]苏力老师认为,我国法院的科层化问题主要是由于审判职能与管理职能在实践运行过程中出现了职能的混同,并没有实现制度设计之时理想的或者我们所欲求的分工。[2]根据贺卫方老师的观点,由于我国法院系统存在司法决策过程中的集体决策制、法官之间的等级制度以及上下级法院关系的行政化问题使得我国法院呈现出整个管理体制的科层化问题。[3]

根据上述学者的观点,可以把法院科层化总结为:法院不加区分地完全套用行政机关的制度设置,法院的组织结构、运行机制和管理方式与行政机关趋于一致,即采取一种科层化或行政化的逻辑行使审判权。但许多学者在研究中并未注意法院管理科层化与法院科层化二者的区别,或者直接将二者概念混同,将法院管理科层化和法院科层化都定义为上述概念,未加区分。可以说法院管理科层化是一种理想状态下法院管理权的运行程序规则,而法院科层化从某种意义上来说是法院管理科层化"扩张"所产生的结果,即在法院的运作过程中,管理权不断"扩张",侵蚀或者干预审判权的行使,二者并没有按照"审"主"管"辅的理想结构运行。相反,审判权和管理权在行使过程中常常被混同,主次位置也在相当大的程度上被颠倒,突破了审判权和管理权最初设立时所欲求的分工,出现法院的科层化。

2. 法院管理科层化"扩张"的特点

正如我前文所说,法院管理科层化与法院科层化不同,法院科层化其

---

[1] 参见张卫平:《体制、观念与司法改革》,载于《中国法学》,2003年第1期,第5页。
[2] 参见苏力:《论法院的审判职能与行政管理》,载于《中外法学》,1999年第5期,第37—38页。
[3] 参见贺卫方:《中国司法管理制度的两个问题》,载于《中国社会科学》,1997年第6期,第117页。

实是法院管理科层化"扩张"所产生的结果，也就是说法院管理科层化"扩张"是一种动态过程，而法院科层化则是一种静态结果。在法院管理科层化"扩张"的动态过程中，其主要表现出以下两个特点：

第一，偏爱上级审查。在法院管理科层化"扩张"的过程中，对下级法院进行常规且全面而深入的审查是上级法院经常采取的手段。随着法院管理权的不断"扩张"，上级法院对下级法院案件审理时在事实、法律和逻辑上的审级监督会异化为上级法院对下级法院在审判和管理事务上的全面指导，从而产生上下级法院关系科层化或者说审级监督科层化的现象。

第二，规则的附属性。尽管在我国法院管理系统内部已经形成了以职业化官员、严格的等级秩序、卷宗管理以及类型化的决策标准为特点的理想型法院管理科层化，但由于我国法院管理体制中还保留着注重上级权力、规则适用上的弹性以及人际关系等传统因素，使得管理权在行使过程中常常以其行使所获致的正确结果来证明自身的正当性。这也使得管理权在行使过程中存在一定的不确定性。尤其是在法院管理科层化"扩张"的状态下，一部分程序性规则由于具体案件审理时所面临的特殊情况，需要采取特殊方式对待而可以被忽略（即通过行使管理权的方式取代规则预先设立好的做法），这种将规则在一定程度上视为次要的或者附属性地位的做法将严重影响审判权运行机制，造成审判权运行机制的科层化。

### （二）法院管理科层化"扩张"下的审判权运行机制

前文已经提到法院具有审判和管理两个基本职能，一个侧重于公正、独立、专业；一个侧重于效率、迅速、统一，这使得法院组织机构中必然既具有平权性的同等结构特点，又具有科层性的等级结构特点，只是在理想的法院结构中二者的侧重和比例应当以审判为主、管理为辅，并有必要在这两种组织结构中保持一定必要而适当的张力。但在实践操作中，由于种种原因，作为辅助性的管理权不断"扩张"、侵蚀审判权的运行，甚至是从一种本应是服务性的权力变为一种主导性的权力,出现审判权让位或服从于管理权的现象。这种不断"扩张"的科层化管理权对审判权运行的影响主要表现为上下级法院关系的科层化、法院内部审判权运行的科层化以及法官等级制度的科层化三个方面。

1. 上下级法院关系的科层化

依照《人民法院组织法》的相关规定,我国实行的是"两审终审制"的审级制度,法院分为最高院、高院、中院、基层院四级,上下级法院之间的关系是审判工作上的监督关系,并不同于上下级行政机关和检察机关的领导关系。这样一种有别于上下级行政机关和检察机关的设置,其本意是强调法院作为审判组织与行政机关不同,在审判职能下应保证各个法院的独立性而不考虑法院级别,其指向是去科层化的,旨在使各个法院能够做到独立行使职权,减少上级法院对下级法院的不当干预。

依照这样一种设计,上下级法院间关系的理想状态基本上是这样的:"上级法院仅可通过审级监督影响下级法院,下级法院只在司法警察、司法统计、案卷管理、信息技术利用等方面配合上级法院工作……审级不同只是分工的要求,法院之间并无等级差别。"[1]但在实践中,随着法院管理权的不断"扩张",上下级法院之间却突破了这一制度设计,完全变成了一种科层制管理模式,上级法院对下级法院的工作不加区分地全面指导,下级法院对上级法院负责。上下级法院之间早已突破原有制度设计上的审级监督关系,法院与法院之间完全采取一种行政关系来对待,与一般的上下级行政机关之间并无大的区别。

一方面,按照我国《宪法》和《人民法院组织法》的规定,上下级法院只是审判工作上的监督关系,但对于审判工作之外如司法政务、人事以及财务管理等行政类事务并没有作出相关规定。再加上在实践中,由于不同法院对应着不同的行政级别,自然而然地,处于高行政级别的上级法院在

---

[1] 徐昕、黄艳好等:《中国司法改革年度报告(2013)》,载于《政法论坛》,2014年第2期,第5页。

对下级法院进行审级监督的时候,就可能会异化为对下级法院审判、行政事务的全面管理和指导,形成一种事实上的支配关系。尤其是在这一轮司法改革中,为防止法院尤其是基层院受到地方党政机关的干预,减少司法地方化现象,所采取的地方法院人财物省级统管措施,虽然可能会在相当大程度上减少地方党政机关对司法的干预,但从法院系统内部管理的角度,其恰恰会加强省级法院对下级法院的行政管理力度,造成法院内部科层化现象加重的不利局面。

因为在进行地方法院人财物省级统管之前,上下级法院关系之间的科层化主要是通过考核评价、业务管理和人事任命三种渠道来表现的。[1] 考核评价主要表现为上级法院通常会给下级法院设定各种经过位次排序的考核指标,不完成指标就会采取相应的通报批评等措施,使得下级法院的工作不得不围绕着上级法院来开展。业务管理主要表现为上级法院对下级法院的审判业务庭进行对口业务指导,这种本意上是为了减少审判错误、提高审判效率的措施也由于配套的业绩考评机制,使得上级法院对下级法院审判工作的业务指导异化为上级法院控制下级法院的审判工作。人事任命主要表现为下级法院院长、副院长等主要领导的任命权除了受地方党政机关的影响之外,上级法院领导也起到很大的决定作用,这也不可避免地造成了上下级法院之间的科层化关系。而现在为了地方法院免受地方党政机关的不当干预以及减少司法地方化现象所要采取的地方法院人财物省级统管措施,将对地方法院人财物的控制权从地方转移到省级统管。虽然这些措施在一定程度上减少了司法地方化现象,但是从法院系统内部科层化的角度来看,这也会大大加大省级法院对下级各级法院的控制,加剧法院内部科层化现象。

另一方面体现上下级法院关系科层化的,就是司法实践中常见的向上级法院请示和批复问题。法院作为审判组织,对于自己所审理的案件

---

[1] 参见龙宗智、袁坚:《深化改革背景下对司法行政化的遏制》,载于《法学研究》,2014年第1期,第136页。

应当是独立审理和裁判的,上级法院不能干预下级法院审判,上级法院和下级法院在审判工作上的关系应仅停留在监督关系上。但现实中,经常出现的是法院在面对本应该由自己独立裁判的案件时,由于种种原因,并未依法裁判,而是选择将案件报由上级法院请示,希望从上级法院得到如何判决的相关指导意见,而且上级法院基于某种原因,也可能会主动介入下级法院正在审理的案件,进行相应"指导"。这其实就是在正式制度规则之外采取一种非正式的制度规则来行使权力,原本上下级法院之间审判监督关系被异化为类似于上下级行政机关之间的领导关系,上级法院法官借行使管理权名义介入到下级法院的审判活动,作出指示,下级法院迫于这种异化的领导关系,也只能接受。这其实是在以行政化逻辑行使上下级法院间原有的审级监督权,具有强烈的行政性。

"这样的监督权,也有可能在特定条件下反戈一击,转变成法院系统内部压制各个法官自主性的行政手段。"[1]一般认为,我国的审判独立是法院独立,而不是法官独立,但是要想做到审判独立,归根到底还是要强调法官独立。因为组织目标的实现,最终还是要落到每一个组织个体头上,没有每一个单个法官的审判独立,就不可能有整个法院的审判独立。但现行的这样一种行政化逻辑的审级监督却使得上级法院的法官可以在下级法院法官审判案件时,作出指示,干预下级法院法官审判,使得下级法院法官只能是接受上级法院的指示,这严重压制下级法院法官的自主性和积极性。

而且这样一种请示、批复的做法使得当事人当面主张的对象是合议庭,判决书上署名的是合议庭,可是判决内容却可能是幕后某个领导所决定的。法院领导可以轻易地通过行使异化的监督权来干预法官审理案件,严重违背审判独立的要求。尽管这种做法,在某些情况下有助于贯彻执行法律,减少错案的发生。但这种充满不确定因素的案件请示做法严

---

[1] 季卫东:《最高人民法院的角色及其演化》,载于《清华法学》,2006年第1期,第5页。

重违反不同级别法院各自独立审判的原则,即使实现某些个案的正义,也使得整个司法制度为之付出巨大代价。

2. 法院内部审判权运行方式的科层化

根据顾培东对法院内部审判权运行现状的描述,法院定案方式呈现出"多主体、层级化、复合式"的特点。一个案件要经过法院系统内部多个处于层级关系之中的审判主体的复合评价之后才能形成最终的裁判意见。[1]我国法院的这种裁判决定方式呈现出法院内部审判权与管理权行使主体上混合、权力边界上不清的问题,对管理职能与审判职能的行使不加区分,常常会出现假借行使管理权之名,实则干预审判权运行的行为,并由此产生了法院内部审判权运行方式的科层化问题,造成我国审判权运行一定程度上的失序与紊乱。具体来说,法院内部审判权运行方式的科层化突出表现在以下三个方面:

(1)审判决策主体与管理决策主体的混同

审判主体直接关系到裁判文书的生成,是审判权运行的核心。根据《人民法院组织法》及相关诉讼法的规定来看,我国正式的审判组织包括独任审判员、合议庭和审判委员会三种。审判委员会是法院审判业务的最高决策机构,与此同时,审判委员会以及院长等法院领导还要承担对法院行政事务宏观管理的职责。因而,审判委员会、院长、庭长等除了承担审判职能之外,还承担着管理职能,构成法院内部的管理主体。这样一来,院长、庭长等既可以以法官身份行使审判权,又可基于院领导身份行使审判权。审判决策主体与管理决策主体在行使上的混同使得院长、庭长等领导常常通过假借行使审判管理的名义,干预法官独立行使审判权。这也就导致了原本处于平等结构中的审判权主体,由于受到不断"扩张"的管理权影响,具有了行政化或者说科层化的特点。由于管理主体可以通过对裁判文书的签发和审核嵌入到审判活动中来,如果按照行政事务

---

[1]参见顾培东:《人民法院内部审判运行机制的建构》,载于《法学研究》,2011年第4期,第5页。

的管理方式来管理审判权,就可能引发在行使审判权的主体之间形成审判权上的层级关系,从而产生审判权运行的科层化问题。

(2)院长、庭长审批制度

院长、庭长审批制度是一种典型的行政化的隐性程序,实践中常常以签字、盖章的形式出现,即在审判某些重大或者疑难复杂案件时,法官在形成判决意见后,通常会向庭长、院长请示意见,并由庭长、院长做出最终处理意见。这样就形成了一种院长、庭长依靠承办法官的汇报,并通过指示、签字批复甚至是修改裁判文书等方式幕后裁决案件的非正式制度。

我国法律对法院内部行政管理事务只有较为简略的规定,法院院长是一法院的首脑和最高长官,与之同一层次的还有副院长、政工部门和监察部门的领导等党组成员,第二层次的领导是庭长、副庭长一级的中层领导。而且,从总体上看,具有多重角色的法院院长"首先扮演着管理家与政治家角色,法律家角色则处于相对次要地位,大致形成'管理家→政治家→法律家'这样一种角色体系"[1],以至院长、庭长与所属法官之间处于一种行政化的上下级关系之中,下级法官在具体审判时也会自觉地听命于院长、庭长的指挥,在一定程度上使院长、庭长成为审判活动的幕后主体,形成了"审的人不判、判的人不审"的现象。这种院长、庭长对所属法官审理的案件进行最后"质量把关"的做法其实是按照行政程序在办案。作为一个本应独立自主行使审判权的法官,却在行使审判权的过程中,受到行政化逻辑的管理权的侵蚀,产生管理权对审判权的单向制约关系,造成法院审判权运行的科层化。

(3)审判委员会集体讨论决定制度

法官集体行使职责并不是我国的一个特例,但是审判委员会是我国独创的一种审判组织。当前,审判委员会是中国特色社会主义司法制度的重要组成部分,是法院内部领导审判工作的机构,是人民法院内部的最

---

[1] 左卫民:《中国法院院长角色的实证研究》,载于《中国法学》,2014年第1期,第6页。

高审判组织。[1]与独任审判员和合议庭相比,审判委员会除了管理一些审判工作之外,在案件审理方面,主要会审理一些重大、疑难、复杂案件或者说有重大影响力的案件等,其在决策模式上采取民主集中制,而且审判委员会做出的决定,合议庭或者独任审判员必须执行。

对于审判委员会的存废,一直以来都是一个十分具有争议的问题。一方面有学者认为,审判委员会在讨论决定案件的程序和过程上剥夺了原告、被告等当事人获得公正审判的权利,同时也妨碍了法官独立行使审判权的权力,并且审判委员会严重违背了审判亲历性的要求,形成错案时也不利于追责,因此对审判委员会持严厉的批评态度。[2]另一方面有学者认为,在受到众多外部因素(尤其是涉及重大经济发展和社会稳定问题)影响的情况下,法官将案件提交审判委员会可减轻自己的压力,因而审判委员会有转移矛盾、遏制腐败、提高办案质量、接近案件真相等功能,它可以抵制人情和保护自己,构成了法院和社会之间一个不受任何干预的隔离带,有其存在的合理性和必然性。[3]

实际上,审判委员会确实解决过一些问题,同时也分担了法官的压力,特别是涉及维稳或法律空白的情况。但这种集体决策的做法背后透露的其实是对法官个人化决策的不信任,是一种变相的对法官的监控,法官在这种情形下,遇到复杂重大案件也就逐渐乐意将案件交由审判委员会谈论,毕竟任何风险都由集体承担是一种再明智不过的选择。但是这种不参加庭审,仅凭主审法官汇报材料及查阅案卷,未听取当事人陈述、辩论、质证等就决定案件审理结果,不仅容易忽略案件事实,而且在案件出错后难以追责,同时这种方式并不符合审判的直接原则,违背了审判的

---

[1] 参见《关于改革和完善人民法院审判委员会制度的实施意见》(法发[2010]3号),http://www.court.gov.cn/fabu-xiangqing-618.html,2017年4月3日访问。

[2] 参见陈瑞华:《正义的误区》,载于《北大法律评论》(第1卷第2辑),法律出版社1999年版,第397页。

[3] 参见苏力:《送法下乡:中国基层司法制度研究》,中国政法大学出版社2000年版,第345页。

亲历性。可以说审判委员会判案是审、判分离的典型例证。一方面,审判委员会的组成人员并不参与案件的直接审判,只是在承办法官汇报的基础上参考案卷材料讨论做出决定;另一方面,由于组成审判委员会的成员基本上都是领导和业务庭的主要负责人,他们也没有时间看完全部案卷材料,很容易因为听取的意见过于片面而产生错误的决定。

此外,尽管审判委员会大多也还是在合议庭意见的基础上决定案件,但审判委员会作为凌驾于法院组织内部独任审判员和合议庭的最高审判组织,加之审判委员会在法院当中还承担着行使审判管理权的职责,其对于法官的行政性管理权也对法官的判断产生了约束力。由此,审判委员会与独任审判员和合议庭之间除了功能上的分工和程序上的衔接,又呈现出了行政性的上下层级关系。同时,从审判委员会成员的身份来看,各地法院的审判委员会成员大多都是法院领导或各庭室领导,官僚色彩非常严重。而且审判委员会在会议召开的形式上,也与行政机关召开领导办公会讨论行政事务的形式极为相似,表面上强调民主集中、少数服从多数的审判委员会讨论,实际过程中却可能是领导意见代替集体意见。因此,审判委员会在本质上与其说是一个平权性的审判组织,毋宁说是一个科层性的行政组织。

3. 法官等级制度的科层化

郑杭生在《社会学概论新修》中认为,所谓社会角色是指"与人们某种社会地位、身份相一致的一整套权利、义务的规范与行为模式,它是人们对具有特定身份的人的行为期望,它构成社会群体或组织的基础"。[1]刘祖云老师也认为,社会角色是指"由一定社会地位决定的符合一定社会期望的行为模式。"[2]作为社会角色之一的法官,由于其与其他社会角色不同的专业化技能和职业伦理,因而具有自己所独具的价值目标、思维方式和行为逻辑,形成了一种独立的职业化共同体。在人们对法官的期望

---

[1] 郑杭生:《社会学概论新修》,中国人民大学出版社1999年版,第139页。
[2] 刘祖云:《组织社会学》,中国审计出版社、中国社会出版社2002年版,第189页。

中，法官代表着专业、独立、自治，以法律的思维和逻辑来处理社会争议，实现法院定纷止争的功能。但是任何一个组织的成员，都有可能承担着多重角色或身份，法官也是如此。[1] 比如同一法官既要扮演裁判员的角色又要扮演社会工程师的角色，既要履行裁判纠纷的职能，又要行使行政管理的权力。当多元角色丛中的某一角色要求妨碍另一角色要求时，当角色冲突足够严重，就会影响法官的幸福感，使法官产生角色超载和角色紧张。[2] 因此，在这样一种背景下，法院如何做好对法官的管理就显得尤为重要，关系到最终整个法院系统组织目标的实现。

但是，我国法官的传统角色定位呈现出泛行政化和非自治性的特征，与社会所期望的角色定位发生偏离和扭曲。在现实司法实践中，我国也一直把法官等同于法院的其他工作人员，等同于行政机关的干部，采取科层化的行政管理模式或者说"准公务员"的管理方式进行管理，将法官等级同行政职级相对应，法官的待遇也取决于行政职级，造成司法实践中法官等级制度呈现出科层行政化的特点。

我国法院实行的人事管理制度，在很大程度上是套用行政机关的模式，而且被纳入统一的国家机关人事管理体系之中，对法院领导人员和工作人员的管理制度也是参照公务员制度进行设置。各级党的组织部门和政府人事部门则按照分工，分别负责同级法院的组织、人事工作。尽管从1995年《中华人民共和国法官法》（以下简称《法官法》）生效，到1997年《中华人民共和国法官等级暂行规定》（以下简称《法官等级暂行规定》）被制定并颁布，再到2001年《法官法》的修正，一直都在为法官单独管理而作出努力，但时至今日，法官仍然是作为公务员的一部分，与公务

---

[1] 参见《中华人民共和国法官法》第2条规定："法官是依法行使国家审判权的审判人员，包括最高人民法院、地方各级人民法院和军事法院等专门人民法院的院长、副院长、审判委员会委员、庭长、副庭长、审判员和助理审判员。"第6条规定："院长、副院长、审判委员会委员、庭长、副庭长除履行审判职责外，还应当履行与其职务相适应的职责。"

[2] 参见江国华、韩玉亭：《论法官的角色困境》，载于《法制与社会发展》，2015年第2期，第136页。

员实行同质化管理。

　　按照《法官法》的规定,我国法官等级分为四等十二级,首席大法官、大法官、高级法官和法官。[1] 按照最初的设想,法官等级制度的设立就是通过制度设计的方式,在立法层面将法官从公务员队伍中抽离出来,实行单独管理。因此,我国法官等级制度设立的初衷之一即在于:"对法官进行单独管理并将其从行政事务中解放出来,使法官能够专注于审判实务,淡化原有行政化浓的色彩,实现行政管理与审判的分立。"[2] 但在现实司法实践中,法官等级一般由法官所担任的行政职位的高低决定,法官等级也只是具有象征意义。可见,法官等级制度的实施并没有实现《法官法》以及《法官等级暂行规定》所欲求的将法官从公务员队伍分离并且进行单独管理、减少法官管理科层化的目标。反而使得我国的法官等级制度呈现出科层化的特征,决定法官等级制度高低的不是法官的专业能力好坏,而是他们所担任的行政职务的大小。如此一来,在这样一种科层行政化的法官等级制度下,行政意志就此破坏了法律判断。同时,这也为法院领导的权力寻租、司法腐败打开了方便之门。

　　在这样一种科层化行政的导向下,为了获取更好的工作待遇和前景,法院的业务精英都纷纷聚集在管理岗位或者说谋求更高的行政职位,而不是"本分"地留在审判一线,使得一线法官的数量和质量都难以得到保障,也不利于培养优秀法官。司法最重要的品质是公正、独立,理想的法官应当只受正义的召唤、良心的驱使、法律的约束、荣誉感的激励。但在目前的法院管理体制下,法官等同于行政人员,被要求按照领导的指示办事,遵循"上命下从"的模式,最重要的价值也从公正和独立转变为功利。法官们主观上追求的是"升更大的官"、"光宗耀祖"。"因此,如果他(理性

---

[1] 参见《中华人民共和国法官法》第18条规定:"法官的等级分为十二级。最高人民法院院长为首席大法官,二至十二级法官分为大法官、高级法官和法官。"
[2] 侯学宾:《我国法官等级制度之检讨——以大法官群体为例》,载于《法商研究》,2013年第4期,第99页。

的政治人)确有雄心壮志,他就必须想办法讨好上级……他会把自己的部分智力天赋专门用来精心研究上级本身,而不是研究履行其职责的客观条件。同时他会采取下列两种办法让领导得到满足:其一,他们执行领导的意愿,把领导想要完成的事情都做好;其二,使自己与领导保持愉悦的关系。"[1]因而,在这样一种管理体制下,缺乏独立性的法官也必然缺乏荣誉感和责任心。

而且,从审判与行政的理念角度看,法官和行政官的思维方式是完全不同的,法官的思维是客观的,遵循着他的法律观念;而行政官的方法是经验式的,是权宜之计。[2]审判是一门专门的职业,法官应当具有自己专属的职业属性,并且应当是逻辑和经验的综合体,既应具有理论素养和法律知识,也应具备实践素养、审判技能和经验。将法官和行政人员混同或者将审判活动科层化,就难以培养法官的法律知识和理论素养,难以做到法官本被期望的推动法治、坚守正义。

### 三、法院管理科层化"扩张"的多维度原因

根据上述论述,法院作为组织的一种,尽管其不可避免地会存在行政管理事务,需要具备一定的科层化管理,但法院之所以为法院,其最直接和最主要的功能还是裁决纠纷,即审判职能的实现,而管理职能只是作为一种服务性的职能,其主要是通过获取和配置资源,辅助实现审判职能。因而法院审判制度和管理制度在制度设立之初所欲求的就是按照"审"主"管"辅的一种分工结构设置,以期更好地实现法院的组织目标。但也正如笔者在前文所言,我国法院在具体实践中由于法院管理科层化不断"扩张",打破了制度设立时所欲求的分工,造成上下级法院关系的科层化、法

---

[1] [美]塔洛克:《官僚体制的政治》,柏克、郑景胜译,商务印书馆2012年版,第105—109页。

[2] 参见[英]威廉·韦德:《行政法》,徐炳等译,中国大百科全书出版社1998年版,第51页。

院内部审判权运行方式的科层化以及法官等级制度的科层化。这主要是由以下原因造成的。

### (一) 传统意识形态的影响

我国法院脱胎于战争年代,为实现从重从快惩罚犯罪和执行政策的目标,法院依附于行政机关,法院管理等同于行政管理,法院功能与行政机关的功能也存在着重合与一致,法院结构和行政机关结构惊人的相似。在那时,法院作为国家实现其政治职能的国家机器,与其他行政机关一样,被视为人民政府的组成部分之一,其主要职责是"通过审判和向人民进行遵守法纪宣传教育,来实现其'巩固人民民主专政,维护新民主主义的社会秩序,保卫人民的革命成果和一切合法权益'的基本任务"。[1]也就是说我国法院在设立之初,就被视为全能型政府的重要组成部分之一,不加区分地完全按照行政机关的科层制模式设置。法院的独立性和中立性等司法本质属性都有意或无意被忽视,法院被国家或政府视为实施国家政策的重要工具之一。

在这样一种能动型国家意识形态下,法院在建立之初就具有浓厚的行政色彩。在意识形态的推动和影响下,我国法院管理呈现"政治性、多重性、功能性、受令性、体系性、全能性、依赖性等特点"。[2]张晋藩老师曾这样评价我国的法院:"司法机关隶属于行政机关,被视为当然的专政工具,司法权也并不被认为是独特于行政权之外的国家权力,这是马克思主义关于无产阶级专政理论的实践与运用。"[3]在革命战争时期,这样一种司法、行政合一的司法权理论在维护统治、巩固政权方面能够起到很大作用,但在社会发展时期,仍然忽视司法的独特属性,继续采取这样一种

---

[1] 许德珩:《关于〈中华人民共和国人民法院暂行组织条例〉的说明》,载于《人民日报》,1951年9月5日版,转引自谭世贵、梁三利等:《法院管理模式研究》,法律出版社2010年版,第210页。

[2] 谭世贵、梁三利等:《法院管理模式研究》,法律出版社2010年版,第204页。

[3] 张晋藩:《中国司法制度史》,人民法院出版社2004年版,第569页。

司法、行政合一的理论必然会严重影响司法工作的开展。

这一点可以从我国法院的编制规模的变化中得到展现。由于法院被视为实施国家政策的重要工具以及政府重要职能部门之一,受这一意识形态影响,法院从一开始就被要求承担很多公共治理职能,由此也导致我国法院编制规模激增。1978年至2008年这三十年期间,我国法院的编制规模扩大了5.5倍,由1978年全国各级法院实有干警5.9万余人,到2008年元旦时任最高人民法院院长肖扬在新年献词中公布的法院规模数据:全国法院系统法官及其工作人员有32.7万人。[1]这还只是有编制的人员的数据统计,实际上在法院内工作的人员还有超编的存在,数量其实更加庞大。与之相伴的,随着更多的公共管理职能的赋予和编制规模的扩大,法院也不断延展和"扩张"自己的行政管理职权,法院权力结构也悄然发生变化:原本"审"主"管"辅的权力结构发生主次位置颠倒,上下级法院关系也由审级上的监督异化为事实上的全面支配。

而且在我国的历史传统中,行政就与司法不分,行政兼理司法,再加上革命意识形态的影响,法院科层化的不断"扩张"就成为和当时战争与社会转型时的环境相适应的自然选择。"当中国政府于1948年推出一种要求彻底改造社会并塑造社会主义新人的意识形态时,古老的法律文化传统已经为刑事司法的官僚化和能动主义形式之迅速发展准备好了肥沃的土壤。"[2]于是乎,我国法院在建立之时,其组织结构、管理体制与各类行政机关决定时所采用的模式并无不同,常常可以在法院管理体制中看到以流线型为特征的科层制的影子。

组织理论认为:"某种类型的组织一旦建立,往往会保持其建立时的基本特征。组织形式是刻板式的,很可能保持其最初的特征。因此,某个

---

[1] 参见刘忠:《规模与内部治理——中国法院编制变迁三十年(1978—2008)》,载于《法制与社会发展》,2012年第5期,第48—49页。

[2] [美]米尔伊安·R.达玛什卡:《司法和国家权力的多种面孔——比较视野中的法律程序》,郑戈译,中国政法大学出版社2015年版,第256—256页。

组织表现的结构形态与其建立时期之间,常常存在着紧密的联系。"[1]所以,在能动型国家意识形态和初始法院制度设置时所提供的制度惯性下,人们倾向于希望按照以往的经验继续下去,把法院继续视为国家重要职能部门之一,不断"扩张"法院的行政管理职能,以实现法院被国家所赋予的政治职能。现有制度下的既得利益者们也力求维护现行制度以维护自身的既得利益,阻碍制度的进一步创新。这也是为什么尽管我们在四次法院的五年改革纲要中一直强调法院的管理体制改革,将管理事务从审判事务中抽离出来,以减少法院管理的科层化,却一直收获甚小的一个重要原因。

### (二)政策实施型司法下的自然选择

任何一个制度或组织的设立都是为了实现特定的功能,功能决定了制度或组织的结构设置或安排。米尔伊安·R.达玛什卡就精确地指出,之所以会出现不同的司法组织结构,是因为国家希望司法结构实现的功能不同。对于一个肩负着改造社会任务的能动型国家来说,其倾向于追求某种关于美好社会的理念并指引社会朝着可欲的方向前进,自然而然地它也就希望国家的各个职能部门能够统一地按照一个步调,齐心协力完成改造社会任务。与之相适应地也就产生了政策实施型司法,在这样一种司法模式下,为了达到实施国家政策的目的,命令可以得到迅速执行的科层制结构也就成为了必然选择。反之,如果国家仅仅是倾向于为社会交往提供一个制度框架,何为理想的生活方式应当由公民自由去实现,国家不应当过多地去干预,而仅是充当一个守夜人的角色,那么它对法院的期待也就主要是纠纷解决,其更亲和于一种协作型的、更注重平等的权力组织结构。在这样一种功能导致结构的观点下,米尔伊安·R.达玛什卡从公职人员的性质、公职人员之间的关系以及公职人员做出决策的方

---

[1] [美]W.理查德·斯科特:《制度与组织——思想观念与物质利益》,姚伟、王黎芳译,中国人民大学出版社2010年版,第167页。

式入手,将司法权力的组织形式分为科层式理想型司法组织形式和协作式理想型司法组织形式。科层式理想型的司法组织要求组织成员是职业化的、常任的官员;官员们被组织到一个严格的上下级等级秩序之中;遵循"专门的"或"技术化的"标准而做出决策。协作式理想型的司法组织则要求组织成员是未经培训的、临时的官员;权力被平行分配,官员们被组织到一个单一的权力等级里;根据未经辨析的或一般性的社会规范而做出决策。[1]

根据米尔伊安·R.达玛什卡的这种司法权力组织的理想类型分类,我国法院的组织结构类似于政策实施型司法下的科层制结构。在能动型国家的意识形态下,国家肩负着改造社会、改造人类的伟大使命。极端地说,这样的国家像是一个随时准备吞噬整个社会的庞大利维坦,它力图通过实践其所推荐的理想目标来改造既有的社会制度,且其并不会满足于采取几项措施,它所追求的是一种追求美好社会生活的全面理论。于是乎,所有的问题——不论是私人问题还是社会问题——都被转变为国家问题或者党的问题。从这个意义上来讲,国家的各个部门甚至整个社会,无论立法机关、行政机关、司法机关还是学校、企业等,都必须贯彻和执行党和国家的政策,除了中央政策的制定者之外,其他部门都是"执行"部门。正是从这个意义上而言,整个国家机关都被笼罩在一种科层行政体制下。只有如此才能使"上面"的意志得到顺利执行,才能保证"下面"的活动得到控制与监督。

司法机关作为贯彻国家意志的重要职能部门之一,[2]当然也属于这个范围。作为国家机器的一部分的法院被要求与整个机器协调运转,把党的政策作为审判的指导,甚至是优先于法律的考虑对象。除此之外,这

---

[1] 参见[美]米尔伊安·R.达玛什卡:《司法和国家权力的多种面孔——比较视野中的法律程序》,郑戈译,中国政法大学出版社2015年版,第21—91页。

[2] 法院的功能除了纠纷解决之外,还具有政治权威的正当化、社会化的推进、通过相关法律学说的发展为管理提供技术支持以及阐述并维持意识形态的功能。参见[英]罗杰·科特威尔:《法律社会学导论》,彭小龙译,中国政法大学出版社2015年版,第205页。

种政治性响应在具体的司法审判中也得到了积极的实践。如果法院在国家发展的整体情势下被迫要求承担过多的政治治理职能，那么法院内部审判权运行制度也就不可避免地会受到不断"扩张"的管理权的干扰，呈现出科层化的内在制度逻辑。

因而对于我国这样一种典型的试图按照某种政治理想来改造社会的能动型国家来说，法院也不可避免地会被赋予承担一定的政策实施和公共治理职能。在这样一种政策型司法的理念下，法院的权力结构安排也就必然会被设计成一种命令可以得到迅速执行的科层制结构。也就是说我国法院的制度结构安排在设立之初就为管理权的"扩张"提供了土壤。

### （三）特殊科层制下的异化

按照韦伯和布劳的观点，理想状态下科层组织应当具有"专业化、权力等级、规章制度和非人格化"这四个特点。然而我国的各种社会组织在发展过程中，既保留了一些传统因素，也具有一些现代因素。使得"当代中国科层制的特征具有双重性：一方面是理性科层制的要素部分的具备；另一方面却是传统人治体制的残存。两种体制相互交织就形成了当下中国科层制半理性半人情的特征"。[1] 朱国云老师在《科层制与中国社会管理的组织模式》一文中也指出："中国即使有所谓的科层制（韦伯称之为准科层制）也绝非马克斯·韦伯所说的 bureaucracy。在中国的科层制是一种特定的科层制：一方面，科层组织取代了各种传统组织，高度集权；另一方面，科层组织的各种理性化规范程序又未能充分发育。"[2]

就比如"人情关系"问题，不论是行政机关、事业单位亦或是私人团体，任何组织都会设置一套具体的办事规定或者流程。但不论是入学、审

---

[1] 刘圣中：《现代科层制——中国语境下的理论与实践研究》，上海人民出版社2012年版，第3页。
[2] 朱国云：《科层制与中国社会管理的组织模式》，载于《管理世界》，1999年第5期，第207页。

批项目、找工作还是做生意,大家第一个想到的都是找关系,有没有熟人。尽管已经形成明确的规章流程,但传统人治体制下的人情化因素还依然存在。就法院而言,"关系案"现象也并不少见。案件发生后,当事人四处活动,托人找关系说情,主审法官在被一方或者多方"打招呼"以后,难以承受压力,通常会将案件通过调解的方式解决或者无奈之下将案件上交审判委员会,并未按照最初的规范程序办理。

因而,在法院系统内部,尽管已经形成了职业化的官员、严格的等级秩序、卷宗管理以及类型化的决策标准四个理想型的法院管理科层化的特点,但由于我国法院管理体制还保留着一些传统因素,比如更加注重上级权力和人际关系等,使得管理制度的运转还依靠一种非正式制度规则。[1] 这也就造成法院系统内管理权与审判权分工不明确,规则适用上的弹性以及上级权力的绝对化等特点。在这样一种背景下,法院管理权也就极易"扩张",从而干预和侵蚀审判权的运行,造成审判权运行机制的异化,最终产生法院科层化现象。

## 四、法院管理科层化下管理权与审判权关系的重构

从理论上讲,审判权从产生之日起就应当是以独立形态建构的,每个法官都可以公开地表达自己的观点,在一个不受外界干扰的平权性组织内进行公共辩论,对自己所支持的裁判方式提出自己的理由,并且可以反驳不同意见中所列出的所有理由。为了保障这样一种审判权能够被充分行使,裁判者应当做到除了法律以外就没有别的上司。而管理权在追求效率的要求下,所采用的是一种"上令下效"和"上级负责"的模式,每一级别的行政机关或者行政官员都有自己明确的职权范围,不同级别的行政机关或行政官员之间的不平等是非常显著的,当同一级别的行政机关或

---

[1] 所谓正式制度规则,是指有正式法律规定的法院的组织结构、运行程序;而非正式制度是上述法律并没有明文规定,但是法院内部工作人员通常会自觉不自觉遵守的习惯以及这种习惯所伴随的观念。

行政官员在处理争议时,他们没有权力通过协商或者妥协来自行解决争议,只能把争议交给共同的上一级行政机关或行政官员来处理,完全服从上级的命令或指挥。

我国现今"扩张"下的法院管理体制,把法院视为行政机关,用科层化的管理方式控制审判活动,法官从本质上被视为是行政官员。这显然不利于法官独立审案,实现司法独立和司法公正。因而法院"去行政化"、"去科层化"历来都是我国历届司法改革的重心之一。

但又正如前文所提到的,任何组织的运行和存续都无法离开管理,法院作为组织的一种形式,如果离开管理,其纠纷裁决的审判职能也将难以实现。要想更好地实现为社会提供良好"司法产品"的目的,法院必须具备一定的科层化管理。法院管理所要做的也并不是要避免或者排斥行政管理事务,反而恰恰需要这种管理权来辅助审判权的实现,因而问题的关键在于审判权威和行政科层冲突与整合,将以等级结构为主的管理职能尽可能地同以同等结构为主的审判职能区分开来,以避免出现职能混乱,让管理的归管理,让审判的归审判,以实现审判制度与管理制度设立之初所欲求的"审"主"管"辅的制度结构安排。

### (一)理顺上下级法院关系

正如前面所提到的,尽管我国《宪法》和《人民法院组织法》明确规定了我国上下级法院之间是一种审判监督关系,并非行政机关的领导关系。但在现实中,由于相关法律的不完善和向上级法院请示、汇报等原因,出现审级监督的异化,上级法院常借用非正式规则对下级法院给予指导或者下级法院自觉或不自觉地寻求上级法院的指示。为此,我们应做到以下三点:

1. 完善审级监督

在审判工作上,上级法院只能通过个案的、事后的、被动的和程序性的二审和再审来监督下级法院的审判工作,在审判方面应相互独立,互不干涉。明确确定各级法院的案件受理范围，逐步改变以往主要以诉讼标的额确定案件级别管辖的做法。完善案件移交程序，明确一审案件从下级法院向上级法院转移的条件、范围和程序，避免出现上下级法院之间通过行使管理权的方式，下级法院随意将案件移交给上级法院或者上级法院主动介入下级法院的审理。明确一审、二审、再审的审判职能，推动实现一审重在解决事实认定和法律适用，二审重在解决事实和法律争议、实现二审终审，再审重在依法纠错、维护裁判权威。充分发挥一审、二审和再审的不同职能，确保审级独立。同时，规范二审改判和发回重审制度，明确改判、发回重审的条件，法院办理二审、提审、申请再审及申诉案件，应当在裁判文书中指出一审或原审存在的问题，并阐明裁判理由，并严格执行。

2. 明确上级法院的管理权

在上级法院对下级法院的行政管理事务方面，完善相应的立法规定，明确上级法院对下级法院的管理职权，澄清审级监督同上级法院对下级法院的行政管理权间的关系，尤其是要规范上级法院行政管理权的范围和行使方式，以防止上级法院通过对下级法院的管理权干预下级法院的审判工作，从而危害到下级法院依法独立公正行使审判权。

3. 完善考核机制

完善上级法院对下级法院的考核机制，建立科学合理的案件质量评估体系。废除以往各种违反司法规律的各种考核指标，并禁止对考核指标进行位次排序。强化法定期限内立案和正常审限内结案，建立长期未结案通报机制，坚决停止人为控制收结案的错误做法。

（二）重构法院审判权运行机制

前文已经提到，从理想状态上来讲，审判组织的直接目标是纠纷裁决，法院内的行政系统的直接目标是为审判活动提供管理和服务，最终实现法院整体组织目标——纠纷裁决。然而，在司法实践中，由于在法院管理过程中内部审判权与管理权行使主体上混合、权力边界上不清等问题，并由此产生了法院内部审判权运行的科层化问题，造成我国法院审判权运行一定程度上的失序与紊乱。平权性的同等结构中本应有的观点自由表达、意见充分讨论被科层性的等级结构中的上级指示、命令所取代，法院审判权运行被不断"扩张"化的管理权干预和侵蚀，完全违背了法院管理制度"审"主"管"辅的设置目的，造成法院内部审判权运行的科层化。为此，为重构法院审判权运行机制，我们应当从以下三个方面做出努力：

1. 审判职权的配置和界定

重构法院审判权运行机制，先要划分清楚审判权与管理权的界限，明确审判权的行使范围，这是法院审判权运行机制的核心。它的实质是在现有法律法规、审判规律和经验的基础上，明确确定和划分法院内部各个审判主体相应的职权范围，严格禁止任何审判主体通过假借行使管理权的方式，干预审判权的运行。

首先，选拔政治素质好、专业水平高、办案能力强、司法经验丰富的优秀审判人员担任主审法官，配备其他法官、助理法官和书记员，形成法院办案的基本单元。在独任制审判中，以主审法官为中心，配备必要数量的审判辅助人员；在合议制审判中，要以主审法官为中心，由主审法官担任审判长，合议庭成员都是主审法官的，原则上由承办案件的主审法官担任审判长，以保障审判组织的专业水平和案件审判质量。

其次，在此基础上，相比独任制审判和审判委员会审判，要充分发挥合议庭在审判活动中的主导性作用，重要的审判工作尽量由合议庭审理，突出法官和合议庭的办案主体地位，注重审判的亲历性以及审判过程的公开化，明确合议庭、审判委员会以及院长、庭长等主体间的权力范围。任何情况下，院长、庭长不得通过行使管理权或者其他非正式规则直接变更或要求独任法官及合议庭变更实体裁判意见。最终达到通过这种法院内主体的分工，明确审判职能与管理职能，尤其是要在制度上明确合议庭与审判委员会,合议庭与院长、庭长,院长、庭长与审判委员会的权力边界,尽可能地减少院长、庭长主管因素对法官审理案件的影响,使得法官有信心、有能力坚持自己的正确意见和想法。

2. 废除院长、庭长案件审批制度

《人民法院第四个五年改革纲要(2014—2018)》(以下简称《四五改革纲要》)明确提出要明确院长、庭长的审判监督职责,在监督方式上,不能采取指示、命令或者审批的方式,并且所有的监督行为都要形成相应的文书记录,入卷存档,而且只有在法律法规明确允许的范围内才能行使相应的审判监督权,将其审判监督权严格限制在规定的权限范围之内。但在目前体制下,鉴于法院内各项资源仍然主要掌握在院长、庭长手中,普通法官晋升与否,薪资待遇提升等重要事项在很大程度上都由院长、庭长所决定,因此,在普通法官面前,院长、庭长仍具有毋庸赘述的隐性权威。在这种情况下,普通法官难免在日常工作中尽可能地去迎合上级领导喜好,按照领导的意愿去执行相关任务,而且这种现象一时也很难消除。因此我们目前所能做到的就是尽量在制度上完善相关规定,使院长、庭长在审判制度层面上并无任何优先于普通法官的权限,使得院长、庭长通过行使管理权等非正式规则干预法官审判不再具有制度上的正当性,逐渐废止这种案件审批制度,保障法官自治。

3. 完善审判委员会制度

正如我上文中所提到的,审判委员会制度有利也有弊,其在实施过程中也遇到了不少问题和阻力,关于审判委员会的存废也一直都存在着激烈的争议。然而,由于审判委员会制度早已植根于我国的文化和制度背景中,当真正要废除审判委员会制度时,将会受到种种掣肘,再加上审判委员会制度本身所承载着的问题的复杂性,一旦废除必将牵涉整个司法的改革,阻碍重重,在短时间内是无法完成的。因而进行稳妥的改革应是较为妥当的一种方式。

事实上,改革审判委员会制度也一直都是我国司法改革的重心。从最高人民法院印发的《人民法院第二个五年改革纲要(2004—2008)》明确提出要改革审判委员会成员结构、表决机制以及审判委员会审理案件的程序和方式;到《人民法院第三个五年改革纲要(2009—2013)》提出继续完善审判委员会讨论案件的范围和程序,并规范其职责和管理工作;再到《四五改革纲要》更加细化地要求明确审判委员会的职能定位,除对审判工作中重大事项的宏观指导和总结以往审判的有益经验外,审判委员会讨论案件的范围仅限定于法律明确规定的情形以及涉及国家外交、安全和社会稳定的重大复杂案件。在审判委员会议事规则方面,也要完善相应的议事规则,建立会议材料和会议记录签名确认、议事事项督办、回复和公示制度等。这些纲要都指明了改革完善审判委员会制度的原则及措施,以使其适应司法公正和效率的需要。

在笔者看来,为了更好地重构法院审判权运行机制,当前关于审判委员会的改革应把重点放在明晰其与合议庭之间的关系、缩小其讨论案件范围的基础上,调整审判委员会成员结构,减少行政领导的比例,增加业务能力强的法官的比例,改革其权力结构,同时改变审判委员会案件讨论和表决规则。在这个过程中,根据政治环境和司法体制改革的程度,逐步将审判委员会定位为一个发挥宏观指导职能的机构。

### (三)完善法官等级制度

根据前文所述,法官等级制度的设立初衷是想把法官从公务员队伍中抽离出来,实习单独管理,以淡化原有管理方法浓厚的科层化色彩。但这一设计制度时的美好愿景并没有实现,反而造成人们按照法官所担任的行政职务而非法官的专业素质和工作能力划分法官等级。并且,因为法官行政职务的高低直接决定了法官所能享受的物质待遇高低,同时还满足了法官对社会地位的需求,因而法官们往往更在意自己行政职务,对自己的法官等级并不以为然,这一制度似乎已经变得无足轻重。对此,我们需要从以下两方面进行完善:

### 1. 等级评定与法官行政职务相分离

事实上,在设计法官等级制度之时,法官等级本身并不具有行政色彩,只是因为在法官等级制度的具体实施中,本应以法官专业水平高低决定法官等级的法官等级制度却以法官的行政职务高低为主要标准,甚至是直接以行政职务高低决定法官等级,这才使得该项制度具备了浓厚的行政化色彩,出现被学者所诟病的法官等级制度科层化现象。因此,所谓的法官等级制度科层化现象并不是该项制度本身所造成的,相反,设立法官等级制度的初衷恰恰是想对法官进行单独管理,将其从公务员的管理队列中抽离出来,是为了去科层化的,只是由于在实际实施中,将法官等级高低同法官的行政职务高低相挂钩,而不同的行政职务之间具有明确的行政等级关系,从而致使法官等级也就产生了上下等级之分。因而,若是能将法官的等级评定同法官的行政职务相分离,以法官的专业水平、法律素养以及审判工作实绩作为法官等级评价尺度,则可使得法官等级制度恢复正常运转,同时有利于科学法官管理体制的建立。

### 2. 实行工资待遇同法官等级挂钩

虽然根据《法官法》的规定,我国法官的工资确定标准不同于一般公务员,有其独特特点,[1]但我国法官的薪资待遇在实践中却一直都是参照行政机关公务员的薪资待遇标准,并未形成自己的独立薪资待遇体系,行政职级仍然是核定工资标准的重要依据,法官等级的高低对法官工资待遇并无太大影响,法官等级仍停留在"称号"意义上。为此,我们应当将法官工资待遇同法官等级挂钩,以法官等级为参考依据构建法官的工资待遇体系。这样一来,可以使得法官将目光从追求更高的行政职务转移到追求专业素质和审判业务的审判岗位,这样既有利于培养优秀的法官,又可以保障一线法官的数量和质量,同时这也切合法官队伍职业化和专业化的改革方向。

---

[1] 参见《中华人民共和国法官法》第36条规定:"法官的工资制度和工资标准,根据审判工作的特点,由国家规定。"

## 五、结论

正如笔者一直所强调的,任何组织的运行和存续都无法离开管理,法院作为组织的一种,和其他公共组织一样,要想实现迅速和有效地提供公共产品的目的,就必须得到良好的管理。但是,只要有管理就会有科层,而作为审判组织的法院,其基本属性强调的是独立审判。因此如何把握法院管理的行政科层与法院审判的专业权威的分工和契合,避免法院管理对法院审判的侵蚀,一直都是一个难题。从新中国成立之初开始,在我国的司法理论和实践以及宪法结构和程序中,司法权从来就是牢牢地被控制在党的手中,政策执行是我国法院的功能特征,法院完全等同于行政机关,法院管理完全等同于行政管理。在国家权力体系中,法院具有明显的附属性特征,被视为国家重要职能部门之一,在理论上和实践操作中,法院必须坚定地听从党的领导和指挥,司法政治化色彩浓厚。法院独立的目标始终难以真正实现。

因此,"司法去行政化(科层化)"一直是历次司法改革的重点,也是我国学者广泛研究的一个领域。但许多学者在"司法去行政化(科层化)"的文章中,还只是对法院审判活动的论述,或者将法院管理活动的内容和审判活动的内容交叉在一起论述,并没有对审判职能和行政管理详加区别,只是笼统或单纯地强调"司法去行政化(科层化)",并未注意到法院管理的特殊性,没有将法院管理科层化与法院科层化进行区分。法院作为特殊组织的一种,不仅具有以同等结构为主的平权性审判组织,亦具有以等级结构为主的科层性管理组织,二者组成一个完整的法院组织系统,二者缺一不可。法院要想更好更快地实现裁决纠纷的组织目标,管理的辅助是必不可少的,即法院不能没有管理,或者可以换一句话,法院不能没有科层。

米尔伊安·R.达玛什卡曾经说过:"策划一场程序改革就像策划一场音乐会。法律规则就好比一个个音符,尽管它们当中的每一个都可能具有内在的艺术价值,但这并不能保证一场音乐会的成功。完备的乐器、娴熟的演奏者以及音乐类型对听众的吸引力也是同等重要的必备条件。"[1]多年来,我国法院早已把自己看作为一个官方味十足的"行政机关",承担着司法审判职责,解读着司法公正。在如此背景下,如果不考虑我国法院管理模式所植根于其中的文化和制度背景,不对法院系统内部科层性的管理权与平权性的审判权作出明确区分,而笼统地进行所谓的"司法的去行政化(科层化)"改革,最终的结果可能会是得不偿失的。

---

[1] [美]米尔伊安·R.达玛什卡:《司法和国家权力的多种面孔——比较视野中的法律程序》,郑戈译,中国政法大学出版社 2015 年版,第 18 页。

# 刑法立法技术视角下罪刑法定原则与自由裁量权的自洽难题与调和路径

蔡一军 刘嫣然[*]

**【摘　要】** 罪刑法定原则与法官的自由裁量权是一对灵活与稳定的矛盾，但是二者在功能上看都具有维护公民权利的功能。罪刑法定原则是法条的属性，自由裁量权是法官的权力，二者在运用中也存在主体与对象的差异。但是差别不等于分割，二者应是一个目的的两种手段，不可偏废。二者在使用中因其个性差异，无法自主地融合，若生硬地以权力模式做调度，会伤害二者的能动性。因此，从权力的运用方式出发，二者在客观、主观方面稍作调整，可事半功倍。

**【关键词】** 罪刑法定原则；自由裁量权；人权保障

在刑法中，罪刑法定原则是基础，它不仅要求罪从法出，还要求罪状、量刑的适当性，因而其对整个刑法具有抑制作用，以防止刑罚权的滥用。现在通常所说的从绝对罪刑法定主义到相对罪刑法定主义的变化，主要

---

[*] 蔡一军，上海政法学院刑事司法学院副教授，华东政法大学法学博士后流动站研究人员，法学博士。

刘嫣然，上海政法学院刑事司法学院2016级硕士研究生。

是指从完全取消司法裁量到限制司法裁量；从完全否定类推到容许有限制的类推适用，即在有利于被告的场合容许使用类推；从完全禁止事后法到从旧兼从轻，即在新法为轻的情况下刑法具有溯及力等。[1]但是在刑法中只有刚性是不够的，犯罪事实的多样性要求法官具有灵活性，因此自由裁量权即是用来防止刑法变得呆滞，避免法官变得虚设。具体而言，司法机构主动承担起社会治理的重任，试图以程序理性治理来协调形式理性与实质理性之间的冲突，做到"不同情况不同对待"、"同等情况同等对待"[2]。

虽然罪刑法定原则与自由裁量权具有异位互补的功能，但是因其针对的对象、所属法源不同，导致以单一的法律条款的设置方法不能使二者有效融合。特别是在极端追求法律严密性的情况下，为了达到每一罪、每一行、每一情况都有法律规定而大量叙述罪状，这反而会使自由裁量权失去其存在的价值，切断自由裁量权对罪刑法定原则的补充作用。为了防止这两种互补价值的失衡，本文从罪刑法定原则与自由裁量权本身的差异出发，分析在不影响二者价值内涵的情况下如何进行尺度调和。

## 一、自洽难题：罪刑法定原则的确定性与自由裁量权量度空间的冲突

如前所述，罪刑法定原则是刑法的根基，它侧重于普遍、一般的意义，因而它彰显的是稳定性，故它倾向于法条、法典功能的提升。从调整方式来看，罪刑法定力求和谐，在公民与公民的关系上，它认为犯罪只可由法律规定，一般公民不得以私权、私刑认为其他人有罪，由此保护了公民之间的平等性；在公民与权力机关之间，权力机关只能依据法律的规定认定犯罪、处罚犯罪，由此防止了刑罚权的恣意。

与罪刑法定原则相比，自由裁量权更注重的是特殊、个别的情况，自

---

[1] 周少华：《罪刑法定与刑法机能之关系》，载于《法学研究》，2005年第3期。
[2] 高鸿钧：《比较法律文化视域的英美法》，载于《中外法学》，2012年第3期。

### 刑法立法技术视角下罪刑法定原则与自由裁量权的自洽难题与调和路径

由裁量权的使用主要针对个案与个案的不同,因而它更多蕴含的是差异,更侧重于犯罪事实、犯罪手段、行为人的主观状态、因果关系的特殊性等。从自由裁量权的调整方式来看,它侧重于法官推理的严密性,尤其是在价值取舍、证据的认定方面,表现出不同法官的主观差异;另外,它侧重于法官的独立性,要求法官独立判断的能力,因而它体现了法官的个体差异。除此之外,罪刑法定原则与自由裁量权还在很多具体问题上有差异,这些差异对于其自身而言是优势,但是组合在整个刑法的立法体系内难免会发生冲突。

第一,犯罪构成的叙述详略与自由裁量权的收放冲突。罪刑法定原则要求对罪行、罪状做到有法可依,故需要对犯罪构成的叙述做到准确、适当。对于犯罪构成的叙述并不是越详尽越好,越丰富的描述越容易产生法律条文之间的矛盾、事实与法律之间的矛盾,因此犯罪构成本身的性质就要求法律规定做到详略得当。但是犯罪构成描述的张弛程度与自由裁量权的空间会有不一致的情形,在这种情形下,罪刑法定原则与自由裁量权会互相损害,其原因有以下几点:

(1)犯罪构成的抽象性放大了自由裁量权的范围。犯罪构成本身不同于犯罪事实,因此犯罪构成只需抽象出犯罪的基本"骨架"即可,而其他"血肉"应由法官来填充。这个填充的部分即是自由裁量权行使的过程,法官需要根据全部的事实摘选出与犯罪构成吻合的事实,故犯罪构成太抽象,法官就失去了判断的标准,导致自由裁量权的边界泛化。它不仅确定了犯罪成立的一般条件,而且为司法者提供了一套判断犯罪的基本思维方法和步骤,在认定犯罪的司法实践中发挥着重要的指导作用。[1] 当犯罪构成的描述不被法官理解时,法官为了断案不得不另立标准,此时的自由裁量权会异化为立法权。

(2)刑法修正案或司法解释的精确化束缚了自由裁量权的行使。根

---

[1] 贾济东、赵秉志:《我国犯罪构成理论体系之完善》,载于《法商研究》,2014年第3期。

据前(1)犯罪构成不得过分模糊,而立法不得赘述的观点,为了解决二者之间的冲突,立法者的惯常做法是以司法解释的形式补充立法。这种做法的优点在于刑法修正案或司法解释往往颁布在问题出现之后,这时刑法修正案或司法解释可以掌握自由裁量权的现实需求,以这两种方式对自由裁量权做回应可以做到一一对应,稳扎稳打。如刑法修正案(九)中,我们明显可以看出对个罪的细化,具体有刑法第七十二条、第八十一条、第一百五十一条、第一百五十三条、第二百二十六条、第二百九十三条、第一百二十条、第一百三十三条、第二百八十条、第二百八十四条、第二百八十六条、第二百八十七条、第三百零七条、第三百五十八条、第三百八十三条、第三百九十条,以上条文的修改方式主要有两种:一是对原有的立法进行细化,把某一个行为的不同情节做详细规定;二是以增加不同量刑幅度或者划分不同量刑范围的方式对司法自由裁量权进行说明。

但以立法的方式跟进和解决自由裁量权与罪刑法定的问题,亦会导致权力的张弛走向极端化。当详尽的法律规范起到良好的社会反响时,立法者会倾向于使用严密的规定而忽略了自由裁量权的行使。尤其在刑事立法中,立法者对于何种行为规定为犯罪是需要审慎的,犯罪圈的扩大必然会导致合法权利的限缩,二者犹如太极的黑白两方,此消彼长。所以,刑事立法一般是保守的,只有在例外的情况下才会进行扩大性立法,如处罚既遂是常态,未遂是例外;处罚故意是常态,处罚过失是例外。因此,如果立法者习惯以法律规定的模式解决自由裁量权的空间问题,不仅会侵蚀自由裁量权为个案正义保留的底线,也会让法官在数量庞大的法条束缚下无法行使证据、价值的挑选工作,而是进行法条与现实的匹配。这种意义上,韦伯将形式理性的法治隐喻为"自动售货机"。[1]

第二,确定刑的精密性提倡侵害了自由裁量权的自由发挥。从罪刑法定原则对于"刑"的要求来看,罪刑法定原则要求规则的客观化,而自由

---

[1] [德]韦伯:《法律社会学》,康乐、简惠美译,远流出版事业股份有限公司2003年版,第31页。

### 刑法立法技术视角下罪刑法定原则与自由裁量权的自洽难题与调和路径

裁量权更侧重于刑罚斟酌的分寸。这在于法官与立法者所面对的问题是有区别的,立法者看待问题侧重于如何防止,因此立法者在设置法定刑时需要考虑到处罚的力度、范围和效果,故太宽泛的法定刑会导致打击的力度过大,容易矫枉过正;而范围过窄,则容易放纵犯罪。基于对刑罚的作用考量,立法者会针对不同的犯罪情节设置不同的刑罚,如一般刑法条文中所使用的"情节轻微""特别严重",或者以不同的金额,如《刑法》欺诈发行股票、债券罪中使用的"一千万元以上"的规定,都是将一个大的法定刑范围分割成数个小的法定刑范围。这类做法的实用性在于,它帮助法官迅速将犯罪行为锁定在某个法定刑的区间内,但是其弱点是常常发生跨多个法定刑幅度的行为,或者某个行为不在任何一个法定刑幅度内却符合犯罪构成的基本要求。

在这种现实与规范的矛盾下,罪刑法定原则内部的不同法定情节产生了量刑上的冲突,而自由裁量权则囿于裁量范围的限制,从而不能跨越法律规定的情形去裁量案件。这时的自由裁量权因为不同范围存在不同的选择基础,在个案的特殊情形与法律规定发生矛盾时,自由裁量权不可创制新的法律规定或法律解释去实现正义,以此阻碍了自由裁量权的发挥。总的来说,罪刑法定要求的绝对的确定刑是完全不需要自由裁量权在量刑上发挥作用的,相对的确定刑因其不同法定情节的分割会弱化自由裁量权的选择范围,从这个意义上来讲,法定刑越精密,自由裁量权的灵活性越低。

第三,罪刑法定原则与自由裁量权的思维基础相悖。罪刑法定原则和自由裁量权在所依赖的法律思维上也是不同的。罪刑法定原则的思想基础多侧重于控制,这源于罪刑法定原则产生的原因是抵御公权力对刑罚权的掌控。罪刑法定原则是为了保护公民权利不受公权力侵害而产生,因此它要求某一个行为在被规定为犯罪行为时要有严格的理由,并且这种行为的语言规定不能模棱两可,以防止犯罪化成为一部分人打击另一部分人的工具。故此罪刑法定要求控制权力的增长,这与自由裁量权的精神不同,自由裁量权认为法官因其对法律的认知和信仰,可以发挥自己的能动性,以决定罪与非罪、罚与不罚,因而,自由裁量权要求的是思维的释放。总的来说,罪刑法定原则源于对法官的不信任,所以要求法官严格按照已经颁布的法律行事;而自由裁量权则认为,人比客观的法条更主动更能发现犯罪的真相,所以要求法官积极地运用自己的知识去判断案件。

## 二、人权保障:罪刑法定与自由裁量权的调和基础

虽然自由裁量权和罪刑法定原则在很多方面是冲突的,但二者却有共同的目的,即保障人权。在自由裁量权的角度,法官被赋予一定的权力去解决法律规定与现实的正义不相符合的情形;罪刑法定原则作为刑法的基础性原则,它是刑法作为部门法认同、维护宪法基本人权的后盾,二者在刑法的安定功能上是一致的。

第一,罪刑法定原则在实质与形式上都要求不得侵犯人权。从实质方面来看,罪刑法定原则要求法律规范本身是合理的。在二战结束后,曾展开"恶法非法"的讨论,其中重要的一个原因是恶法虽然遵从程序规范被上升为法律,但是其内涵是不正义的,因此不得强迫公民遵从。罪刑法定原则现今要求法律不仅是由立法者发布的,而且内容是适当的,《刑法》不得将不应当规制的行为规定为犯罪行为加以处罚。另外,从法律的发展来看,罪刑法定原则要求无论是实质解释还是形式解释都不得变换成类推解释。类推解释之危险性在于,它类推的对象与被类推的对象可能不在同一犯罪构成,当两者超出同一犯罪构成时同质推理会变质,并且存在由无罪向有罪推理、轻罪向重罪推理的可能。基于此种原因,罪刑法定原则禁止不利于行为人的类推解释,允许有利于行为人的类推解释,并从法律的发展、制度两个方面起到了保护人权的作用。

从形式方面来看,罪刑法定原则要求法律必须是由立法者经法定程序制定出来的法律;司法裁量者据以定罪量刑的法律只能是《刑法》,而不

## 刑法立法技术视角下罪刑法定原则与自由裁量权的自洽难题与调和路径

能是其他法律;除了法官之外,其他司法工作者的行为也都必须依据法律规定。由此可以得出,罪刑法定原则不仅有关"罪"质的问题,而且要求定罪量刑的上下行为链都符合严谨的法律形式。之所以对于行使刑事立法权、处罚权的权力机关做此种限缩规定,是因为相对于权力而言,个别公民权具有脆弱性。某一个人的公民权利在进入刑事程序之后会被权力所控制,例如人身权利的限制、财产的冻结等,这时个别的公民权利一旦遭遇不公,很难透过层层叠嶂的侦查权、检察权、审判权、立法权去改变,故应当在权力行为设定的源头就进行限制。

第二,自由裁量权从主体出发要求人权保障。自由裁量权是法律实施者的权力,所以相比起罪刑法定原则对制度的制约,自由裁量权更侧重于对司法裁量者的要求。首先,自由裁量权要求法律职业群体具有良好的法律基础。一方面,法官要接受统一的法律职业教育,对法律、正义秉持共同的价值信仰,不仅如此,法官职业还要求宽口径的知识背景,如在美国进行高等学校的法律学位申请时,要求以修完其他专业的学位为前提,以上要求使得法官职业整体具有自由裁量的知识基础。另一方面,在自由裁量权幅度较大的国家,积极提倡法官的学术修养,即推崇法官各抒己见的潮流,这体现在判例法国家的许多法官也是著名的法学家,如波茨纳。其次,法官要有较强的思维能力。自由裁量要求法官有缜密的思维作为决断的前提,如果说专业的基础知识是法官自由裁量的地基,那么环环相扣的推理过程则是构架。这一点,在英美法系中体现最突出的是自由心证,英美法系的法官与大陆法系的法官相比更加注重法庭辩论的过程,在庭审阶段,法官在听取双方的辩驳、证据的使用以及证人的证言后内心积累了纷杂的案件事实。自由心证强调法官针对证据证明力评判上的自由(即证据证明力的评判被完全赋予法官,其心中对被告人有罪达到了"内心确信"就可以做出有罪判决),[1]对于法官而言,如果自身没有明

---

[1] 吴冠军:《认真对待德性:自由心证的法理学再探讨》,载于《探索与争鸣》,2015年第5期,第36—41页。

晰的思路会被擅用辩论手法的律师、当事人影响，极易在判决中偏向某一方。因此在长时间各执一词的法庭辩论中，法官做出判决的行为是过程性的，而不能依赖最后某一刻的反转。在这个过程中，法官的推理会被主客观因素所影响，在英美法系中为了防止法官在自由心证过程中产生偏倚，进而影响到自由裁量权的使用，在制度上设计了陪审团制度。由于陪审团决定是否有罪，法官的自由裁量权受到了限缩，法官只能在量刑幅度内决定自己的裁量权。另外，根据"遵循先例"的原则，英美法系的法官即使可以就量刑做出选择，也不能擅自突破先例，就此处看来，虽然英美法系法官的自由裁量权大于大陆法系的法官，但其仍受重重限制，以维护自由裁量权的稳定性。

次而言之，自由裁量权要求完善的程序保障。前述对于法官的要求是自由裁量权行使主体的要求，不过仅有好的主体并不能保障权力的有效实施。无论多么优秀的法官掌握权力，其终究逃脱不了"人治"的桎梏，只有完善的制度做保障才能确保好的人才不滥用权力。换句话说，程序是自由裁量权正当使用的外观保障，这个保障主要包括以下几个方面：(1)程序公正大于实体公正；(2)审判公开；(3)接受审查。这其中(1)要求法官在行使自由裁量权时不得超越程序规定，是以程序对自由裁量权实体内容的限制；(2)要求法官在行使自由裁量权的过程中是受到监督的，是对法官行为的限制；(3)是对法官不端行为的调查，以上三个要求在程序上限制了法官自由裁量的逾越行为。

最后，在自由裁量权的内容上，自由裁量权下以判例为中心的比例原则、必要性原则、合目的性原则保障了自由裁量权的使用不至于绝对化。比例原则、必要性原则与合目的性原则不是独立的三个原则，必要性原则是基础，要求法官在行使自由裁量权时是确有必要的，特别是在对于公益和个人利益、他人利益和个人利益这些冲突性概念上，法律要求法官进行利益选择和利益偏向是确有必要的，如对于正当防卫、阻却事由的认定。比例性原则是自由裁量权的使用方法，法官在对于两个价值选择无法割

## 刑法立法技术视角下罪刑法定原则与自由裁量权的自洽难题与调和路径

舍的时候,允许其进行分量的选择,特别是在两个选择都十分重要,以至于法官无法进行位阶排序时。在这种情形下涉及的多种行为对同一种法益都产生了作用,如考虑第三人过错的情形。其后是合目的性原则,合目的性原则是整体原则,要求法官在行使自由裁量权时必须合乎法律保护公民法益、公共法益的要求,法官是在中立的价值基础上进行判断。如果说必要性原则、比例原则是对法官行为的具体要求,那么必要性原则是法官行使自由裁量权的基准,是整个自由裁量行为成立的最低要求。

第三,罪刑法定原则是自由裁量的基础和底线。如上所述,自由裁量权是《刑法》赋予法官的权力,而罪刑法定原则是《刑法》的基础性原则,所以自由裁量权的使用应符合罪刑法定原则的规定。这是由法律体系的内部构架决定的,罪刑法定原则是统领整个《刑法》的原则,因而对于《刑法》中的每个条文、每个行为、每个权力都是有效的,法官的自由裁量权具体体现在法官对于法律的使用、刑罚的分量以及法官对法律的权限上,因此《刑法》对自由裁量权的规定是整个《刑法》的一部分,其必然受制于罪刑法定原则。相对罪刑法定原则对司法裁量的认可主要表现在两个方面:一是刑事立法上由绝对确定法定刑变为相对确定法定刑,但绝对不确定法定刑仍然在禁止之列;二是容许司法者对刑法进行解释,但与私法领域盛行的自由解释观念不同,刑法之解释仍然坚持严格主义。[1] 在此,本文仍重申罪刑法定主义是自由裁量权的底线地位:

(1)法官在引用法律时必须严格按照《刑法》规定。这一点表现在两种情形下:第一,法官进行判决的理由必须是正在生效的《刑法》;第二,当发生效力的法律有位阶冲突时,必须按照法律规定适用,不得自行选择,即上位法优于下位法、特殊法优于一般法、后法优于前法的原则。根据这两种规定,即使发生法律冲突的情形,法官也须按照法律规定的规则选择,即自由裁量权的使用法则是由法律规定的。

---

[1] 周少华:《罪刑法定与刑法机能之关系》,载于《法学研究》,2005年第3期。

(2)法官的自由裁量权范围是由《刑法》严格规定的。《刑法》中关于刑罚的表述大多是一个范围,这里亦有三种情况:第一种是对于法官是否处罚的规定,如《刑法》第三十七条"对于犯罪情节轻微不需要判处刑罚的,可以免予刑事处罚";第二种,法官根据法律规定的刑种进行选择,如《刑法》第三百八十三条规定"个人贪污在10万元以上的,处10年以上有期徒刑或无期徒刑,可以并处没收财产;情节特别严重的,处死刑,并处没收财产";第三种是在某个法定刑幅度内选择,这种是最常见的一种,如"三年以上七年以下有期徒刑"。以上三种情形是法官在判决时需要考量的三种情况,但是任何一种情形都必须按照法律规定的情节、手段来引用,因此在刑罚的裁量上法官的自由裁量权是依照罪刑法定原则行使的。

(3)法官的判决文书中对法律的解释需按照罪刑法定原则。在英美法系的国家,法官是有解释法律、创造法律的权力的,但是如前所述,因为"遵循先例"的限制,判例法的解释方向不会有较大的偏差,其始终保持在统一的方向内。在我国,个别法官是没有司法解释权的,法官对法律的理解以两种形态起作用,一是最高法院颁布的参考案例,二是法官在个案中进行的裁量的法律依据分析。参考案例制度并不是一个刚性的制度,下级法院对于最高法院发布的参考案例可以参考也可以不参考,所以即使参考案例中的法律援用不符合罪刑法定的规定,也不会被强制推行。另外,法官对个案的分析因为(1)(2)中的强制性规定也不会脱离《刑法》规定,就此点看来,法官在判决书中对法律的理解产生的积极作用大于消极作用。

### 三、主客观融合:法技术层面的调和努力

从上述内容来看,罪刑法定原则与自由裁量权既有冲突又有一致,但是由于二者都是客观的法律制度,又基于内容上的侧重不同,如果只是单纯依靠其自身的运作很难达到完全的融合,这也是自由裁量权在不同时期有不同幅度的原因。透过前段分析可以看出,二者的一致内容在手段、

### 刑法立法技术视角下罪刑法定原则与自由裁量权的自洽难题与调和路径

主体、内容均不是重合的,故不论其差异还是一致都需要外界的手段去调和。关于二者的调和部分,本文从法律的基础规定、法官的建设以及刑事政策的辅助性手段出发,在主、客观层面推动二者的交融。

首先,法律基础规范的表达是刑法立法技术的语言要求。由于前述已经对自由裁量权和罪刑法定原则的内容进行了分析,从上述可知二者在整个《刑法》内部所发挥的功能是不同的,并且二者都不是某一个具体的规范,而是某个领域或者整个《刑法》的基础原则。本文认为在内容上二者不应做出改变,理由如下:(1)如果仅仅为了功能上的调和而改变原则性的内容,那么最容易改变的是《刑法》的根基,其弊大于利;(2)二者的特征不同,而且其内部的价值均是多元的,从这个角度上来讲,只需寻求同维度的价值协作即可,无需作出实质性变更。(3)二者的侧重不同,罪刑法定原则在法律语言和技术上侧重的是法条,而自由裁量权则是包纳所有的法律语言。吉本斯教授把法律语言学分为广义和狭义的两种。他认为,狭义的法律语言学仅指用于法律和根据法律使用的语言证据。广义的法律语言学则是指整个范围的法律与语言问题,包括:(1)法律的语言,既包括法律文件中使用的书面语言,也包括在不同的法律场所口头使用的语言;(2)法律笔译与口译;(3)为减少因法律的语言造成的不利而做出的努力;(4)由出庭专家提供的语言证据;(5)用于解决法律起草和法律解释问题的语言专业知识。[1] 从上述概念可以看出,自由裁量权仅在法律语言的技术上就比罪刑法定原则运用得复杂。故此,本文认为对于罪刑法定原则和自由裁量权的矛盾只需在立法技术的层面作出完善即可,具体如下:

在法律语言的表达上,对法官的权力的种类做精确性描述,在自由裁量权的内容上可适当进行模糊性描述。如果它们的措辞过于严格,它们可能会对我们的生活施加一些不适当、不必要的限制;如果它们的措辞过

---

[1] 何家弘:《论法律语言的统一和规范——以证据法学为语料》,载于《中国人民大学学报》,2009年第1期。

于宽松，则又可能会让一些令人生厌的行为获得认可或导致一些不必要的后果。[1] 本文认为，法官权力的种类与内容是部分与整体的关系，在权力范围上法律语言要精准，如刑种、刑期幅度、执行的主体等，但是其内容可进行概括性描述，并且可适用授权性和委任性条款，不过授权性和委任性均只可在《刑法》内部，而不可借鉴其他法律，即本文不提倡使用附属刑法。其次本文所述的概括性描述不包括兜底条款，兜底条款虽也可进行内容授权，但兜底性条款的内容极易同其他描述性条款产生冲突。另外兜底条款的初衷是为了维护法律体系的稳定性，尤其是在极个别罕见情况下法官可根据"其他情形"的叙述行使自由裁量权。不过正因为是罕见的情形就更要求法官的谨慎，因此本文提倡将兜底条款减少，将"其他情形"的描述添加进每个具体法定情节，再在其后使用参照、但书、类比法律技术。这种方式限缩了兜底条款的权限，又完整了法条的整体逻辑性，如法条 A 有 a、b、c 三个条款加上兜底条款构成即《刑法》第 A 条 "a：……；b：……；c：……；兜底条款"，变为《刑法》第 A 条 "a：……，但书……；b：……，等；c：……的情形，适用第 X 条第 X 款规定"。

其次，刑法立法技术还要求对于法律精细化解释的范围进行限缩。法律解释是为了弥补法官在适用法律时的滞后性，但是在很多情形下法律解释其实是为了法官实现"有法可依"，即保障法官判决的直接依据的充分。这种法律解释的优势很明显，如解决了法官法律适用不足的问题，但是其弊端在于详细的法律解释会致使法官产生依赖性，造成将原本应由法官使用自由裁量权的量度部分交由立法者完成。在此时，立法者的重担会加重，而且立法者实则在自己不擅长的领域解决问题。哈特在《法律概念》中提出过著名论断：立法有对"事实的相对无知和对目的的相对

---

[1] [美]约翰·吉本斯：《法律语言学导论》，程朝阳、毛凤凡、秦明译，法律出版社 2007 年版，第 45 页。

不确定性"。[1]因为相对于法官而言,立法者只能收到司法实践的反馈,即"实践-法官-立法者"或者"实践-法官-舆论-专家分析-立法者",从实践到法律的发展来看,立法者对于法律实践的感触是间接的,所以会造成司法解释比立法解释好用,但司法解释位阶低于立法解释的冲突。本文认为,与其用应有尽有的立法活动解决问题,不如让立法者的担子卸下来,让司法者自己思索、总结,在司法裁量者内部形成统一的技术手段、价值分析和逻辑判断体系。

再次,刑法立法技术应为法官自由裁量权提供多种选择。在我国,虽然法官未受英美法系的判例法训练,欠缺法庭辩论、判例总结、习惯积累的基础,但是从主观条件上看,法官群体在教育背景、价值观念和职业伦理上具有共同的基础,我国法官都是在接受核心课程的教育之后,被同一套遴选标准选择出来的,因此对于法官进行自由裁量权的规范具有统一基本水准的条件。另外,在自由裁量权的维度上看,本文认为在此处除了法定的幅度以外,在法定幅度之内还应当存在法官群体的意定幅度,这个幅度是法官群体通过长期对法律事实的感知以及对各种犯罪手段的价值评判所积累下来的裁量权限。这种意定幅度与法定幅度的最大不同在于,某一个地区的法官通过对整个地区的特征了解,会做出有利于地区社会稳定的判决,即在法律效果上符合该地区的风俗情感、社会接受程度。这种价值判断的能力不仅依靠个人经验的积累,也需要法官群体的习惯养成。在我国,法官的发展模式虽然不像律师那样是以个人经验传授为主,不过其在助理法官到法官的阶段也是先观摩再工作的,这种法官职业晋升的模式使得经验的传承具备主体接受的可能。因此在此基础上,法官的经验模式完全可以成为一个层次分明的系统,完成"某个法官的经验贡献-整个法院的经验共享-整个地区法院的经验交流-全国优秀经验的推广"的过程。最后,我国现在也具备法官对判例系统研修的制度保障,

---

[1] 姜敏:《刑事司法事实自由裁量权规制研究》,载于《现代法学》,2013年第6期。

这使得法官不仅可以以自己经办的案件为参考，也可以借鉴其他法官的案件。我国正在实施的参考案例制度会将全国范围内处理得当的案件定期发布，法官通过对于指导案例的研习可以审视自己权限的使用，尤其是对于全国多地流窜作案的案例，法官可以通过借鉴其他地区的习惯、经济水平和社会影响判定案情。

最后，刑法立法技术应抛弃兜底条款的宽泛授权。兜底条款设立的初衷是为了法官在自由裁量中留有余地，但是其授权方式并不妥当。兜底条款惯用的方式是在列举几款行为之后，为了避免法条罗列的漏洞而增加"其他"字样的条文，如《刑法》第一百六十六条第四款"其他致使国家利益遭受重大损失的情形"。从法条设置的标准来看，《刑法》是处罚法则，因此其要求有确定的针对行为、情节甚至人群（如法定年龄、性别、身份犯等），而兜底条款的"其他"却可做多种理解。第一种是与前款条文完全一样，却因立法者罗列的缺陷未在法条内做规范的行为，此种多为对行为手段类的规定；第二种，是与前款行为属同一范畴但不是同一类别，如盗窃分入户盗窃、扒窃等；第三种，则是与前述不在同一范畴，但是行为形状类似，如侵占罪、盗窃罪。这三种情形中，第一种授权是因为法条叙述长度导致的，其为合法行为，但是第二种、第三种授权，无不有使法官进行类推的嫌疑。另外，此种方式的规定从法条上无法知晓条文规定的具体行为，只能通过对其做法律解释进行内容扩充。从这个角度看，兜底条款是立法者为了促进法条适应时代发展的一种手段。不过因其原条文中没有行为条件，法律解释者也为了避免描述范围与立法范围不符，便在法律解释中又设兜底条款，如立案标准中的第一百一十五条第一款"重大损失的其他情形"、第一百一十五条第二款"情节较轻的其他情形"，如此则导致为了使法条有灵活性便在兜底法条下设置兜底解释，那么兜底条款中未叙明的权力对象、权力方式、权力范围部分将变成永恒的权力空洞。

因此本文提倡以刑事政策的阶段性变化作为中和手段，其理由如下：

刑法立法技术视角下罪刑法定原则与自由裁量权的自洽难题与调和路径

第一，刑事政策同《刑法》兜底条款相比，其受罪刑法定原则的限制较弱，即其可跟随政治因素、行政因素、国际因素做调整。第二，刑事政策不受《刑法》稳定性的制约，刑事政策归根结底是政策，政策具有时代特征，因而其发展变化较快。而兜底条款的发展变化方式是依靠法律解释，法律解释又必须符合解释原则、解释方法，并且旧的解释到新的解释这一变化必须经由法定程序，因此兜底条款适应社会的程度不如刑事政策。第三，刑事政策无须考虑《刑法》内部的体系性，而兜底条款的解释必须符合《刑法》构架，否则有被废除的危险。同兜底条款相比，刑事政策是与刑事相关的一系列做法，其可能以《刑法》为主，也可能以《刑事诉讼法》为主，更可能以某个治安条款为主，因此其对《刑法》的依附性较小。从这一点上看，为了满足某一时期打击犯罪的必要，刑事政策相比于兜底条款具有天然的优良性。

在刑事政策的具体实施上，本文认为虽然刑事政策不是《刑法》的内部条款，但是其在内容上不得与《刑法》冲突，对于自由裁量权的调整本文认为可随阶段性抑制犯罪的需求而变化。刑法无法也不应该将消灭犯罪作为自己的调控目标，其目标只能是将犯罪数量控制在社会可以容忍和承受的范围之内，犯罪"合理"的限度应以维护社会存在、发展和稳定为标准。[1] 费尔巴哈认为的心理强制说就是一种结合形势政策与刑法的理论。罗克辛在评价费尔巴哈关于刑法与刑事政策的观念时指出："自费尔巴哈时代以来，通过罪刑法定原则来实现的威吓性预防就是刑事政策的基础原则；构成要件的动机机能和保障机能则是同一刑事政策之目标构想的两个方面。"[2] 因此，具体在对于自由裁量权的限制上，本文认为刑事政策不可僭越，它不可做出规定新的犯罪、刑种、刑期的行为，只可规定对于新生犯罪、多发犯罪的针对性政策，如预防、矫正。这种政策是方向

---

[1] 王东阳：《实施宽严相济刑事政策的保障之宏观问题研究》，载于《刑法论丛》，2009年第1期。

[2] 陈兴良：《刑法教义学与刑事政策的关系：从李斯特鸿沟到罗克辛贯通中国语境下的展开》，载于《中外法学》，2013年第5期。

性的，或者说自由裁量权的规定不是政策的主要内容，只是完成政策的辅助手段，如对于轻罪的轻缓性政策，对于初犯、偶犯、主观恶性小、年龄小的罪犯从轻处罚，在这种政策上只是对自由裁量权的实施提出建议，不做强制性规定。

# 法律与治理

# 中美养老社区产业发展与管理比较研究

褚蓥[*]

**【摘　要】** 自上个世纪 80 年代以来,美国的养老社区产业迎来了一波发展的高峰。美国政府对养老社区的种类进行了细分,并规定了专门的管理制度。同时,美国联邦政府和州政府分别向养老社区提供资金支持,以培育养老社区,促进社区内服务机构的发展。近年来,我国的养老社区产业也开始出现加速发展的趋势。但是,我国的养老社区产业还是存在着定位过高、政府配套措施不完善等问题,阻碍了该产业的发展。美国在养老社区产业管理方面的经验可以为我国提供借鉴。

**【关键词】** 养老社区;管理制度;政府资助;非营利组织

从上世纪 80 年代末开始,美国"婴儿潮"一代出生的人口已经逐步步入老年。据相关统计显示,自 1946 年至 1964 年间,约有 7800 万的新生儿出生,因此,这一波的新增老年人口将高达 8 千万人[1]。到 2013 年,美国的

---

[*] 褚蓥,华南师范大学公共管理学院讲师。研究方向:慈善管理。

[1] Marian L. Black and Janet L. Bozeman, "Practical Issues in Planning for Age-Restricted Housing Under the Housing for Older Persons Act(HOPA)", *Probate & Property Magazine*, 2009 (23).

大于55周岁的老年人口将达到顶峰。[1]与中国老人类似,中产者以上的美国老人更喜欢在独立的养老社区(Retirement Communities)居住,并将之视为一种独特的生活方式。美国老人的这一习惯催生了美国养老社区产业的蓬勃发展。据统计,仅华盛顿一地,就有超过40个这样的社区。[2]

面对一个如此巨大的养老社区产业,美国政府形成一套完整的管理制度,包括养老社区分类管理制度、养老社区入住审查制度等。此外,美国政府还向该产业大量投入资金,扶持该产业以及相关产业的发展。

我国具备与美国类似的老龄化的背景。据国务院办公厅发布的《社会养老服务体系建设规划(2011—2015年)》显示,预计到2015年,我国60岁以上的老年人口将达到2.21亿,占总人口的16%;到2040年,这一数据将飙升至4亿人,占总人口的35%。[3]而且,由于常年实行计划生育,导致我国家庭养老的压力不断加大。这一现状又伴随着城市化下城镇养老需求的不断扩大,导致城镇居民对除传统的居家养老、机构养老以外的社区养老的需求的不断扩大,由此便催生了养老社区产业的高速发展。据统计显示,2010年我国离退休人员用于购置住房的资金总额达到8000亿元,而到2020年则将会上升到2.8万亿元。[4]但另一方面,我国的养老社区产业才刚刚起步。目前,我国的养老社区产业存在定位过于高端,营利模式不清晰,回报链条过长,融资困难等问题。[5]多数投身养老社区产业的开发商不能明确定位自身的服务群体,且在应立足于服务收费还是出售房产盈利上没有清晰的界定。

笔者以为,上述情况是由于政府针对养老社区产业的配套管理和政策扶持方面的严重不足所导致的。如果我国能明确划定养老地产的服务

---

[1] Denton Tarver, "the Growth of Active Adult Communities", http://njcooperator.com/, 2006.5.1.
[2] Allan Lengel, "'Active-Adult Communities' are Hot Market", *the Seattle Times*, 2007.12.1.
[3] 《社会养老服务体系建设规划(2011—2015年)》,2011年12月16日。
[4] 罗福周、韩言虎:《我国养老地产发展研究》,载于《商业研究》,2012年第10期。
[5] 姜睿、苏舟:《中国养老地产发展模式与策略研究》,载于《现代经济探讨》,2012年第10期。

对象,建立入住审查制度和培育政策,我国的养老社区产业必将蓬勃发展。因此,我们确有必要对比中美在养老社区产业的发展现状和管理制度方面的异同,总结经验,提出适合我国的养老社区管理制度。

## 一、美国养老社区产业的基本状况

美国的养老社区并不与我国的养老社区直接相对应。其是一个十分复杂的类别体系。按照美国老年地产协会(ASHA)的分类[1],美国的养老社区可分为六类,包括[2]:活跃老人社区(Active Adult Communities)、养老公寓(Senior Apartment)、独立生活社区(Independent Living Community)、协助生活居所(Assisted Living Residences)、专业医疗养老院(Nursing Homes)以及持续护理退休社区(Continuous Care Retirement Communities)。其中,除活跃老人社区以外的其他类型都与我国的养老社区的类型不太相符,其或者属于机构养老的范畴,或者不属于老人居住的独立居所,因此也不具备可比较性。本文仅以第一类,即"活跃老人社区"为研究对象。

所谓活跃老人社区,指的是一种一般仅允许55周岁以上的老人入住的社区。[3] 社区内有很多娱乐设置,包括俱乐部、高尔夫球道、公共娱乐场所等。此外,社区内还会提供很多户外的娱乐设施。

值得注意的是,这类活跃老人社区面向的住户是健康的老人,其一般不提供健康护理设施。因此,这类养老社区是面向中产者以上的健康老人的养老社区,而非传统意义上的老人院。

---

[1] 该分类也得到了美国老年房屋和服务协会(AAHSA)、美国健康护理协会(AHCA)、美国护理居住联盟(ALFA)、美国协助生活中心(NCAL),以及美国老人房屋和护理产业投资中心(NIC)的一致认可。因此,该分类标准为目前美国通行的分类标准。

[2] ASHA,"Classifications for Seniors Housing Property Types", http://www.nic.org/research/classifications.aspx, 2013.12.2.

[3] 按照老年地产协会的分类标准,这类社区不允许出租。但美国开发商协会则认为其可以出租。而且,美国的《公平住房法修正案》中,也并未禁止该类房屋出租,因此,本文采用的是美国开发商协会的标准。

按照美国1988年出台的《公平住房法修正案》(Fair Housing Amendment Act of 1988)的规定,活跃老人社区又可以分为四类更为具体的类型:

(1)年龄限定社区(Age-Restricted Communities)。按照法律的规定,年龄限定社区一般仅允许55周岁以上的老人入住,且该社区还应满足法律规定的其他一系列条件。这类社区严格限制19岁以下的年轻人入住。这主要是因为美国的老年人不太喜欢和年轻人住在一起。

在这类社区中,老人可以享受独立的、积极的生活。并且,与上述活跃老人社区一致,这类社区内一般不提供健康护理设施。

(2)年龄指向社区(Age-Targeted Communities)。这类社区一般面向55周岁以上的老人,但是其并无严格的年龄限定,即该年龄以下的住户也可以入住其中。与年龄限定社区类似,这类社区也没有太多的健康护理设施。

(3)年龄限定租住社区(Age-Restricted Rental Communities),即与上述年龄限定社区的设置一致,但提供的是出租房的社区。

(4)其他年龄指向租住社区(Other 55+ Rental Communities),即对年龄有规定,但并不严格要求的出租社区。

根据2009年美国开发商协会(NAHB)的调查数据来看,住在上述四种社区的老人占全体55岁以上老人的总数的31.1%。其具体情况如下图:

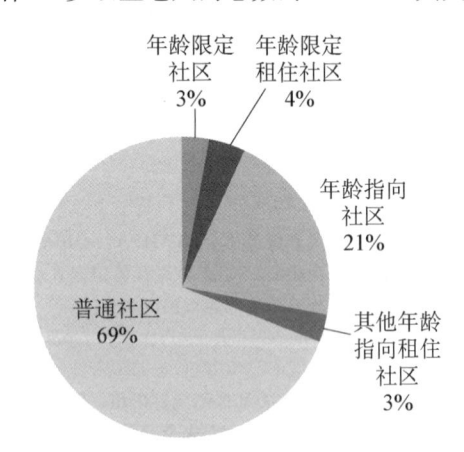

2009年55周岁以上老人居住社区分布情况

资料来源:美国开发商协会统计数据,2009年

由此可见,养老社区并非是面向所有老人,而是面向中产者及以上的老人。美国政府对其功能定位也是将其作为政府提供的养老保障以外的一种有效补充。[1] 而且,据美国房地产开发商协会的调查数据显示,老人居住在此类社区的首要目的是为了追求更高品质的生活,以及家庭或个人原因。[2]

美国养老社区在这几年的发展态势基本趋于稳定,但在稳定中依旧保持了小幅度的上升。2001年,居住在养老社区的老人数占总人数的28.2%,而到2009年已经上升为31.1%。并且,根据美国房地产开发商协会的估计,到2020年,选择在活跃老人社区居住的55周岁以上的老人将达到45%。[3] 其增长情况如下表:

**55周岁以上老人居住社区分布情况(%)**

| 社区类型 | 2001 | 2003 | 2005 | 2007 | 2009 |
| --- | --- | --- | --- | --- | --- |
| 年龄限定社区 | 2.2 | 2.0 | 2.7 | 3.0 | 2.8 |
| 年龄指向社区 | 19.0 | 15.1 | 18.9 | 19.0 | 20.8 |
| 年龄限定租住社区 | 3.2 | 2.9 | 3.7 | 4.0 | 4.0 |
| 其他年龄指向租住社区 | 3.8 | 3.2 | 3.5 | 3.2 | 3.5 |
| 普通社区 | 71.8 | 76.8 | 71.1 | 70.8 | 68.9 |

资料来源:美国开发商协会统计数据,2009年

其市场趋势的持续增长,除了因为美国"婴儿潮"时期的人口持续变老和政府层面的政策调控外,更为重要的是,养老社区的房屋价格保持稳定,而入住社区的家庭的收入状况能够承受养老社区的房价。根据美国房地产开发商协会的调查数据显示,2009年入住年龄限定社区的家庭的

---

[1] Denton Tarver, "the Growth of Active Adult Communities", http://njcooperator.com/,2006.5.1.
[2] NAHB, "Housing Trends Update for the 55+ Market", www.nahb.org, 2011.1.1.
[3] Alyssa Gerace, "Active Adult Communities Emerge as Independent Living Alternative", http://seniorhousingnews.com/,2012.1.10.

年收入平均为8万美元,入住年龄指向社区的家庭年收入平均为6万美元,而养老社区的房屋的平均价格为31万美元。[1] 这也就解释了为何养老社区产业能一直保持增长的趋势,且大有成为养老产业的主流之势的原因所在了。

## 二、美国对养老社区产业的管理与培育

针对养老社区产业,美国采用的是联邦和州政府各司其职加以管理的方式,即联邦负责宏观政策的制定和资金的支持,州负责补充完善联邦规则以及管理社区内的具体事务。

### (一)联邦对养老社区的管理与培育

在联邦层面,政府一直尝试通过立法的方式对养老社区的认定标准设定条件。从1988年开始,美国就开始了相关的立法过程,前后经过了多次改革。1988年,美国出台了《公平住房法修正案》,该法的一项主要规定是:开发商将房屋仅出售给成年人是违法行为。但是,有几种情况除外,其中就包括养老社区,即"每一个房屋单位中至少有一位55岁以上老人居住"的情况。

为了确保该法的实用性,美国住房和城市发展部(HUD)出台了一部关于该法的实施细则,规定所谓"每一个房屋单位中至少有一位55岁以上老人居住"应符合三个条件:第一,社区里的设施和服务是专门为老人的生理或社会需求而设计的;第二,每一个房屋单位中至少有一名55岁以上的老人居住,这类房屋单位的数量应占社区内房屋总数的80%以上;第三,房屋提供者的政策和审查程序能证明其是为55岁以上的老年人提供房屋的。

该实施细则在出台不久就引发了人们公开的批评。人们的批评集中

---

[1] NAHB, "Housing Trends Update for the 55+ Market", www.nahb.org, 2011.1.1.

于第一项标准,即"社区里的设施和服务是专门为老人的生理或社会需求而设计的"。人们认为该规定缺乏具体的参照标准,无法实施。[1]

为了确保该法之可实施性,美国住房和城市发展部于1992年公布了一份立法征求意见稿,其中提出了114项具体标准。但该建议稿依旧受到人们的广泛批评,由此导致该建议稿最终流产。[2]

此后,到1995年,美国住房和城市发展部又重新出台了一部新的法律,名为《老年人住房法》(Housing for Older Persons Act of 1995)。该法去除了上述引起争议的"标准一",并引入了四项全新的标准,包括:(1)房屋是为老年人居住而设计并运营的;(2)已经入住的房屋中,有80%以上的房屋由至少一名55岁以上的老人入住;(3)房屋提供者的政策和审查程序能证明其是为老年人提供房屋的;(4)房屋提供者应遵守美国住房和城市发展部部长签发的规定,验证其房屋中老年人的入住率。

到1999年,美国住房和城市发展部又针对《老年人住房法》做出了进一步的完善,即发布了《老年人住房法实施细则》(Implementation of the Housing for Older Persons Act of 1995)。该《实施细则》对上述四项标准做出了详细的规定,包括:

(1)社区管理者应制定对社区内居民的年龄情况进行排查的程序。其一般应每两年对社区内居民的情况进行一次更新。在排查中,社区管理者应搜集证据,以证明社区内老年人居住的情况达到了法定标准。

(2)社区管理公布的政策和程序应证明其是为老年人提供房屋的,包括社区内设计的设施是为老人设计的,对外张贴的广告或出租协议是指定老人居住的,在公共场合张贴的告示以及与住户的协议条款规定了

---

[1] Elena R. Minicucci, "Housing for Older Persons Exemption in the Fair Housing Amendments Act of 1988: Can Mr. Wilson Really Stop Dennis the Menace form Moving in Next Door?", *Nova Law Review*, 1995(19).

[2] Andrea D. Panjwani, "Housing for Older Persons Act of 1995", *Journal of Affordable Housing*, 1996(5).

仅限老人居住等。

（3）80%标准的详细标准,包括房屋临时无住户的,则在此之前的住户应至少有一名55岁以上的老人等。

由此,美国便在联邦法律层面明晰了养老社区的标准,即设定了养老社区类别的准入门槛。

而且,在该政策的前后修订的过程中,美国政府还明晰了另一个问题,即社区配套服务未必要由社区本身来提供,也可以由第三方来提供。[1]事实上,现在美国养老社区的实际运营状况也证明了,由第三方提供这类服务不仅不会影响老人的实际生活,还会因此带动一个为养老社区服务的产业的发展。比如,犹太老人老年社区机构（JCHE）雇用了20个全职或兼职的职员,为1500个老年居民提供服务。[2]而且,根据美国健康和公共事业部（HUS）的调查显示,28%的65岁以上社区居民需要获得日常生活的服务,12%的居民需要使用器械类的护理设施。[3]此外,根据美国房地产开发商协会的数据显示,2009年,在年龄限定社区中,有74.5%的社区提供了娱乐设施,有34.7%的社区提供社区服务,有35%的社区提供社区安保服务。[4]所以,美国养老社区产业的发展不仅带动了房地产行业的发展,还带动了服务业的发展。

除了政策规范以外,联邦政府还在资金方面提供支持。由于养老社区居民大都属于中产者以上的阶层,因此,美国政府不直接提供资金支持,而是以提供抵押贷款保险的方式,来给予房屋金额的支付性支持。

美国联邦政府提供的保险支持分为两种,第一种是贷款保险计划

---

[1] Jonathan I. Edelstein, "Family Values: Prevention of Discrimination and the Housing for Older Persons Act of 1995", *University of MIAMI Law Review*, 1998(52).

[2] 王承慧:《美国社区养老模式的探索与启示》,载于《现代城市研究》,2012年第8期。

[3] Department of Health & Human Services, "A Profile of Older Americans", 2012, http://www.aoa.gov/AoAroot/Aging_Statistics/Profile/index.aspx, 2013.12.4.

[4] NAHB, "Housing Trends Update for the 55+ Market", www.nahb.org, 2011.1.1.

(FHA Insured Loan)[1];第二种是反向抵押贷款(HECMs)保险[2]。这两种保险都由联邦住房管理局(FHA)提供。

关于贷款保险计划,该计划并不直接给申请者提供资金支持,而是提供借款的保险。这个计划的主要内容是由联邦住房管理局选定贷款人,当有人向该贷款人申请贷款时,联邦会出面提供保险。由此,申请人可以获得较低利率的贷款,而贷款人也可以获得有保障的贷款业务。不过,在贷款业务终结时,申请人应支付一小笔保险费。由于这类保险在申请时通常需要所购买的房屋进行抵押,因此也被称为抵押贷款保险(mortgage insurance)。该计划的一大作用就是帮助中低收入者可以以较低的利率购买房屋,以带动房地产业和就业市场的发展。[3]

所谓反向抵押贷款,也就是我国经常所说的"以房养老",即以现有房屋抵押,换取等于房屋的现值之一部分的现金。

在美国,申请该类贷款的前提是,申请者必须 62 周岁以上,已经付清抵押贷款或已经支付了一大部分的费用,且将该房屋作为自己的主要住房。因此,该计划与上述计划的不同之处在于其仅允许老人申请。该计划有两大作用:第一,帮助老人获取房屋中的一部分净值;第二,帮助老人购房,即由老人支付反向抵押贷款与房屋售价之间的差价。[4]

该反向抵押贷款是由联邦住房管理局指定的贷款人提供的,联邦住

---

[1] Patric H. Hendershott, William C. LaFayette and Donald R. Haurind, "Debt Usage and Mortgage Choice: The FHA-Conventional Decision", *Journal of Urban Economics*, 1997(41).

[2] HUD, "Home Equity Conversion Mortgages for Seniors", http://portal.hud.gov/, 2013.12.6.

[3] Glenn B. Canner, Stuart A. Gabriel and Timothy H. Hannan, "Discrimination, Competition, and Loan Performance in FHA Mortgage Lending", *The Review of Economics and Statistics*, 1998(80).

[4] Edward J. Szymanoski Jr, "Risk and the Home Equity Conversion Mortgage", *Real Estate Economics*, 1994(22).

房管理局提供贷款保险。当然,申请人需要为保险提供一笔费用,不过该费用是从房屋净值中直接扣除的,而非由申请人直接支付。

据美国开发商协会的统计数据显示,2009年,只有59.3%的新购房者是用现金付款的,其余居民都使用了抵押贷款或反向抵押贷款。其中,使用反向抵押贷款的人数占比为0.8%,而使用一般抵押贷款的人数占比为39.9%。[1]而且,从发展的趋势来看,使用两类抵押贷款的人数比例均呈上升趋势。

55岁以上老人抵押贷款情况(%)

| 社区类型 | 2001 | 2003 | 2005 | 2007 | 2009 |
| --- | --- | --- | --- | --- | --- |
| 反向抵押贷款 | 0.1 | 0.2 | 0.2 | 0.5 | 0.8 |
| 其他类型贷款 | 32.5 | 34.6 | 37.1 | 37.5 | 39.9 |
| 无贷款 | 67.4 | 65.2 | 62.7 | 62.0 | 59.3 |

资料来源:美国开发商协会统计数据,2009年

### (二)州对养老社区的管理与培育

在州层面,州政府大都设立了专门的养老社区管理机关。比如,佛罗里达州的管理机关是佛罗里达州人际关系委员会(Florida Commission On Human Relations)。该委员会是由佛罗里达州议会设立的,负责调查房屋居住、雇佣等方面的歧视问题。其中,养老社区的居住问题,就属于该部门的管辖范畴。

针对养老社区,州政府主要做两项工作:(1)对联邦政府的规则进行补充完善;(2)资助养老社区的居民,提供配套服务。

在联邦规则完善方面,比如,佛罗里达州针对联邦的《老年人住房法》制定了详细实施细则。该细则规定,养老社区除了要符合联邦的规定外,还应符合州的规定,包括:(1)社区规定的禁止16岁以下未成年入

---

[1] NAHB, "Housing Trends Update for the 55+ Market", www.nahb.org, 2011.1.1.

住的规则和审查程序应被认为是适用于18岁以下未成年的;(2)在行政和司法程序上允许社区对居民的年龄进行调查,并允许获得居民的保证书;(3)规定在几种特殊的情况下,可以视同为由55岁以上老人居住;等等。

此外,该州的法律还对养老社区的认定程序作出了规定,即养老社区要想获得相应资格,避免被认为是对未成年人歧视的,就需要向人际关系委员会提交注册申请,说明该社区符合该州的规定。经该委员会批准后,其才能成为养老社区。该注册的信息是公开的。另外,该注册并非长期有效,而是需要每两年重新注册一次。而且,法律还授予该委员会调查以及处罚的权力。[1]

在资助居民方面,有很多州都会直接或间接地给老年居民提供资金资助。比如,马萨诸塞州政府就设计了一个被称为是"养老服务直通站"(Aging Services Access Points,ASAP)的项目。马萨诸塞州政府在《马萨诸塞州一般法》第19A章中规定了该项目。该项目将该州划为27个地区,在每个区设立直通站,即一种私立非营利机构。这类直通站的理事会中有51%以上的理事都是由当地的老年委员会[2]任命的60岁以上的老人。

这类直通站的主要服务对象是本地60岁以上的老人,且不局限于低收入的老人。因此,老年社区内的老人也属于其服务的对象。直通站提供的服务类型包括:(1)老人服务的信息和咨询,包括房屋选择、家庭护理服务、法律援助、公共利益、健康保险、日托服务等;(2)老人保护服务,包括防止老人受到护理者的虐待、忽视或经济压榨;(3)营养咨询服务;

---

[1] Florida Statutes. §760.29(4)(2012).
[2] 老年委员会(Council on Aging):一种本地化的志愿者组织,专门负责向老年人提供信息和服务。老年委员会属于地方政府的一个组成部分,且与其他的老年机构和地方政府一起工作,以解决社区中老年的社会、娱乐、健康、安全和教育等问题。很多老年委员会还会负责管理当地的老年活动中心。MassResource.org, http://www.massresources.org/senior-agencies.html, 2013.12.8.

(4)家务服务;(5)送餐服务;等等。[1]对老人来说,上述这些服务很多都是免费的,而且,其中有一些还只会向特定的老人提供。

这类直通站主要由马萨诸塞州以州健康护理经费的方式提供资助,另一部分费用来自于老人提供的服务费。

### 三、我国养老社区的现状及对比

养老社区,在我国也被称为养老地产。目前,已经有很多机构进入了我国养老社区行业,包括万科、保利等房地产公司,泰康人寿、合众人寿等保险类公司,燕达实业等实业公司,挚信资本等房地产私募基金,以及大型的非营利机构等。同时,还有学者将我国的养老社区分为几大类,包括:政府福利类、政府收益类和企业盈利类等。[2]

目前来看,我国养老社区行业发展速度较快。比如,最早的"北京太阳城"项目,建成的面积达到42万平方米,而"上海亲和源"老年社区则拥有10万平方米的建筑面积。[3]同时,政府对该产业的重视程度较高。自2009年开始实施的《关于试行养老保障委托管理业务有关事项的通知》中明确规定,保险公司可以参与养老地产相关的保险产业的投资与经营,但不得开展商品房开发。另外,2013年9月13日,由国务院印发的《关于加快发展养老服务业的若干意见》中提出,"开展老年人住房反向抵押养老保险试点"。上述规定促使我国的养老社区的培育与发展进入到了一个全新的阶段。

但是,相比美国,我国的养老社区在运营和政府管理方面依旧存在如下几大问题:

第一,养老社区缺乏法定的分类标准。相比美国的复杂的分类,我国

---

[1] MassResource.org,http://www.massresources.org/senior-agencies.html,2013.12.8.

[2] 姜睿、苏舟:《中国养老地产发展模式与策略研究》,载于《现代经济探讨》,2012年第10期。

[3] 刘立峰:《养老社区发展中的问题及对策》,载于《宏观经济研究》,2012年第1期。

对养老社区并无明确的法定分类。这导致我国的养老社区产业发展处在一个相当混乱的草莽阶段,即只要能够拿到土地和资金,就可以开发养老地产。而其开发的养老地产是否真的属于养老社区,却并不清楚。政府也无从作针对性的管理,排除不符合标准的养老社区,并向符合标准的养老社区提供专项的资助。这一切的现状,都是源于我国缺少专门的分类标准。

第二,养老社区缺乏明确的居民入住审查标准和程序。由于我国缺少明确的审查标准和程序,导致我国的养老社区入住的经常不是老人,而是年轻人。这削弱了我国养老社区的养老属性。

第三,养老社区定位过于高端,无法满足普通公众的养老需求。与美国相比,我国的养老社区大都定位高端,甚至连我国的中产者也无力支付高额的购房款。这限制了我国养老社区产业的功能定位,使得养老社区无法满足多数人的养老需求。

第四,养老社区缺少政府的政策和资金支持。目前,我国并无像美国一样的针对养老社区的资金支持和优惠政策。在实践中,各地政府会在土地供给方面提供一些优惠。在资金扶持方面,各地一般都将之纳入政府购买服务项目中予以考虑,如《湘潭市城区政府购买居家养老服务试行办法》,但并无专项的扶持政策。这导致我国的养老社区的入住率偏低,很多养老社区的重要功能在于"炒房",而非"养老"。

第五,政府针对提供配套服务的第三方非营利机构培育不够,导致养老社区的服务属性不足。目前,养老社区内的服务人员主要靠开发商提供。而诸如咨询师、营养师、社区社交中心等第三方服务的社区入驻则是极为罕见。这导致我国的养老社区仅仅具备居住属性,而不具备服务属性。

基于上述情况,笔者认为,我国应尽快出台相关的管理办法,并完成如下五项工作:(1)重新调整我国养老社区产业的定位,发挥养老社区产业为绝大多数中产者以上老人提供养老服务的功能;(2)完成对养老社区的分类,以使不同类型的老人能找到符合自身需求的社区;(3)明确养老社区的入住标准,避免养老社区与普通社区功能的重叠;(4)提供明确的政策和资金支持,以帮助养老社区快速发展;(5)加大对社区内非营利组织培育的力度,推动我国社区内服务属性的提升。

## 四、结语

相比美国,我国的养老社区产业的发展尚处于初步阶段,在很多方面都不够完善。而随着我国老龄化社会的加速到来,我国对养老社区的需求会不断加大。因此,在这方面,政府尚有更多工作需要做。

笔者以为,我们完全可以借鉴与我国有类似老龄化背景的美国的成功经验,在适当的时候出台一部分行业规范性制度,并给予该行业及配套的服务行业一部分的资金支持,以推动该产业的加速发展。如此,我国中产者的养老将不再成为"难题"。

# 校园足球发展的规则之维

刘振宇[*]

**【摘　要】** 规则,是校园足球发展的基础。关于校园足球的规则,构成了校园足球的规则体系,使之从一种简单的社会现象,变成了足以和职业足球、社会足球区分开来的社会子系统。以这些既定规则为基础,校园足球和其他与之相关的社会系统进行着结构耦合,进行着自我系统的维系和创生。与此同时,校园足球的规则体系还彰显了游戏之善这一人类社会的本质属性,使得比之职业足球和社会足球,它更有利于培育合格的中华人民共和国公民的规则意识,促进个体德性的完善。

**【关键词】** 校园足球;规则;制度性;德性

## 一、校园足球的发展基石

校园足球,从字面来看,是"校园"和"足球"的结合。对这一语词,至少存在两种理解方式:1.在校园里踢足球(利用校园的场地进行足球运动);2.在校生踢足球(校园学生进行足球运动)。前者与社会足球甚至职业足球会形成一定的交叉关系,即在场地空闲的情况下,学校可以将足球

---

[*] 刘振宇,上海师范大学哲学与法政学院讲师,上海师范大学法治与人权研究所所长助理。

场地对外开放;而后者,则因为主体的特殊性,确保了"描述性概念"的排他性,进而,构成了对"校园足球"的日常理解。

但是,无论哪一种理解方式,都无法解释如下的情况:尽管在数据上是变量而非常量,但校园的场地是一直存在的,校园的学生也一直是存在的,可是,即便在老甲Ａ时代乃至于首入世界杯的全民足球潮时代,一群数量不少的人(学生)在(学校各式场地)踢足球也不过是一个零散在全国各地的现象事实而已,并非现阶段获得教育界和体育界热忱关注并积极推进的"校园足球"。从这个意义上来说,"场地"和"人员"都并非校园足球的充分条件,尽管可能是必要条件。

现阶段的"校园足球"之所以不再仅是一种日常的校园踢球现象,是因为它在场地和人员之外,还具备了第三个要素——规则。此处的规则,采广义理解,意指对主体行为进行规范性指引的行为标准,不仅包括法律规则、道德规则,而且包括其他制度性规则。规则的初始,是两个文件的结合:先是2007年5月《中共中央、国务院关于加强青少年体育增强青少年体质的意见》,虽然其中并未涉及"足球"二字,但却突出了"校园"的重要性;又有《中国青少年足球'十二五'发展草案》曾一针见血地指出中国足球根本的弊病所在[1],明确地将"校园足球"作为中国足球发展的重要组成部分。这一系列规则的架构,由三个文件搭建:首先是2013年2月《体育总局、教育部关于加强全国青少年校园足球工作的意见》,公开且系统地将"十二五"发展草案展现出来;其次是"2014年7月教育部提出了新修订的校园足球改革方案,力争校园足球取得重大突破"[2],确立了定点学校和量化指标,实现了"校园足球由体育部门主导向由教育部门

---

[1] 刘桦楠、季浏:《上海市校园足球"一条龙"培养体系的集聚、辐射效应》,载于《武汉体育学院学报》,2012年第7期,第84页。

[2] 毛振明、刘天彪:《再论"新校园足球"的顶层设计——从德国青少年足球运动员的培养看中国的校园足球》,载于《武汉体育学院学报》,2015年第6期,第5页。

主导的管理机制的转变"[1]；最后是2014年10月"国务院发出'国务院关于加快发展体育产业促进体育消费的若干意见'将发展中国足球、大力开展校园足球提高到国家发展的战略高度层面"[2]。而现阶段，又有三个文件完善了这一框架，"2015年3月国务院办公厅印发的《中国足球改革发展总体方案》，将'改革推进校园足球发展'作为一项专门任务和内容予以明确……使其成为现今我国建设体育强国、实现体育强国梦和中国梦的一项重要任务"[3]；2015年7月《教育部等6部门关于加快发展青少年校园足球的实施意见》，落实深化教育领域综合改革的总体要求和《中国足球改革发展总体方案》的全方位构想；2016年6月教育部办公厅再度印发《全国青少年校园足球教学指南（试行）》和《学生足球运动技能等级评定标准（试行）》，进一步细化校园足球开展的技术标准，使得其具有科学性的特征。正是这样一系列规则形成的规则体系，才使得2009年之后的校园足球和之前的校园足球形成了本质上的差别，进而成为了一种具有规范意义的"校园足球"，而非"现象事实"的校园足球。

规则，成为充分条件，并非偶然，而是现代社会的必然选择，即校园足球领域现代化不可或缺的基础性因素。场地、人员，尽管是一直存在的，但其毕竟是一个变量，而非一个常量，尤其是，当它处于自生自发的状态之时，它甚至未必是一个增量。但是，与之不同，规则一旦产生，尤其是当它形成了一系列具有相互支撑关系的规则体系而非孤立的单一规则之后，它便具有了卢曼意义上的"自创生性"[4]。这就意味着，它尽管依然和社会其他系统产生关联，但不再依照社会其他系统的方式来运作，而具

---

[1] 张辉：《我国校园足球未来发展的注意问题——以我国首批校园足球布局城市学校足球发展情况为借鉴》，载于《北京体育大学学报》，2016年第5期，第24页。

[2] 张廷安：《我国校园足球未来发展中应当确立的科学发展观》，载于《北京体育大学学报》，2015年第1期，第107页。

[3] 胡庆山等：《校园足球热的审思——兼论中国青少年足球后备人才的培养》，载于《北京体育大学学报》，2016年第1期，第126页。

[4] 参见陆宇峰：《"自创生"系统论法学：一种理解现代法律的新思路》，载于《政法论坛》，2014年第4期，第155页。

有了自我演进的可能性。校园足球的相关规则,作为规则体系内部的一个子系统,自然也不例外。《中国足球改革发展总体方案》(以下简称"总体方案")的出台,是在《体育总局、教育部关于加强全国青少年校园足球工作的意见》(以下简称"工作意见")、《国务院关于加快发展体育产业促进体育消费的若干意见》(以下简称"促进消费意见")等文本业已获得社会广泛认同的情况下颁布的,而《教育部等6部门关于加快发展青少年校园足球的实施意见》(以下简称"实施意见")、《全国青少年校园足球教学指南(试行)》(以下简称"教学指南")和《学生足球运动技能等级评定标准(试行)》(以下简称"等级评定标准")则是对其的精细化、科学化。当然,工作意见、实施意见、教学指南和等级评定标准的目标指向更为明确,但这绝不意味着其他两个文件不重要,因为,如果没有总体方案和促进消费意见,"校园足球"就不足以成为一个独立的领域。而由所有这些文件形成的规则体系,不仅明确了为何发展校园足球,而且明确了如何发展校园足球和怎么发展校园足球。它们使得"校园足球"不再仅仅是字面上"校园"和"足球"的简单结合,而是成为了具有规范内容的意义体系。从这一刻起,校园足球不再是属于个人偏好的习惯,而是值得追求的社会惯习。因此,正是规则,才足以成为校园足球发展的基石。

## 二、校园足球的规则共治

规则因素的加入,不仅使得"校园足球"这一概念的内容更加明确,"同时可以展示出我们应用语词于其上的现象类型和其他现象间的关系。"[1]根据总体方案,校园足球起码与其他三个现象形成关联:职业足球、社会足球和校园学习。其中,校园足球和职业足球、社会足球都隶属于足球(体育)领域,因此这三个系统之间的结构耦合[2]依照体育系统的

---

[1] [英]哈特:《法律的概念》,许家馨、李冠宜译,法律出版社2006年版,第14页。
[2] 参见[德]卢曼:《社会的法律》,郑伊倩译,人民出版社2009年版,第232—235页,第251—253页。

判定标准进行,但针对校园足球的"改革推进"和针对职业足球的"改革完善"、针对社会足球的"改革普及"具有不同的含义,因此,校园足球和其他二者的结构耦合就是在两个不同的层面上进行的。与此同时,校园足球和校园学习又都隶属于教育领域,其都是为了培养全面发展人才,足球学校实质上也是校园学习自身的一部分,因此这两个系统之间的结构耦合依照着教育系统的判定标准进行。这三个系统的输入信息,借助校园足球规则体系的判定,成为校园足球的一部分;而校园足球的输出信息,也借助这三个系统自身规则的判定,变成他者。于是,职业足球、社会足球和校园学习,虽然是校园足球的外部环境而非内在于校园足球系统,但却通过系统本身认知上的开放性,对系统内部形成了影响,进而构成了校园足球的规则共治,推进着校园足球系统的自创生。

### (一)校园足球和职业足球的制度衔接

校园足球和职业足球的制度衔接,是一个流变的过程;而每一次变化,都是双方结构耦合的结果。

最初,工作意见并没有将校园足球作为一个独立自主的子系统来对待。校园足球的初始定位,或者是职业足球的附属系统,进而只具有"共建足球后备人才培训基地"的可能性,或者,是职业足球这一系统的外部环境,退役足球运动员可以从事校园足球工作。[1] 无论哪一种解读,对于职业足球来说,校园足球都不具有独立的自主性。也就是说,此刻的校园足球只具有接受职业足球系统"输入信息"的可能性,而不具有向职业足球系统"输出信息"的可能性,它尚没有在规则体系上和职业足球完全脱离开来。

总体方案的出台,在赋予校园足球系统独立性的同时,重新奠定了

---

[1] 参见《体育总局、教育部关于加强全国青少年校园足球工作的意见》,信息来源国家体育总局网站:http://www.sport.gov.cn/n315/n331/n403/n14812/c785073/content.html,最后访问日期:2017年2月4日。

校园足球和职业足球衔接的基调,将既有单一指向的信息流转化为双向沟通的信息流:一方面,"畅通优秀苗子从校园足球……到职业足球的成长通道",另一方面,"加强专业教育,为退役运动员转岗为体育教师创造条件"。[1] 前者意味着,校园足球系统的"输出信息"有进入职业足球系统的理论可能性(现实可能性需要来自职业足球系统——体育系统——的代码判定);后者意味着,职业足球系统的"输出信息",同样需要经由校园足球系统——教育系统——代码的判定,在专业教育的前提下,才能够进入到校园足球系统中来。

实施意见延续了总体方案确立的双向沟通原则。不过,其中依然有一个非常明显的变化:退役运动员转岗只是多渠道配备师资的途径之一,其和足球教练员、裁判员、有足球特长的其他学科教师和志愿人员成为校园足球师资是并列关系。[2] 一方面,在工作意见中,并无类似表述。另一方面,尽管可以认为这一表述是对总体方案中"改进足球专业人才培养发展方式"的落实,但总体方案的这一部分实际上和实施意见的"多方式培养培训师资"才是真正的对应关系。因此,这是一个全新的表述,其具有与以往不同的特定含义。它意味着,校园足球系统依然对职业足球的退役运动员保持着认知上的开放性,但是退役运动员的转岗已经从先前的"唯一"选择变成了"次优"选择。这是校园足球系统依照教育代码进行判定的必然结果,一个合格的运动员和一个合格的教员是截然不同的标准,借助教育系统的"多方式培养"才是长远之计,而"多渠道配备"则是时下应对校园足球教育人员不足的必要措施。

在"输出"方面,实施意见并没有结构性的调整,因为这一标准的判

---

[1] 参见《国务院办公厅关于印发中国足球改革发展总体方案的通知》,信息来源国家体育总局网站:http://www.sport.gov.cn/n315/n331/n401/c785784/content.html,最后访问日期:2017年2月4日。

[2] 参见《教育部等6部门关于加快发展青少年校园足球的实施意见》,信息来源中华人民共和国教育部网站:http://www.moe.edu.cn/srcsite/A17/moe_938/s3273/201508/t20150811_199309.html,最后访问日期:2017年2月4日。

定,来自于职业足球系统,而非校园足球系统。但是,这并不意味着在校园足球系统中,没有相关的规则进行衔接。这一衔接的规则,便是教学指南。这一指南的特色在于,虽然其名为"青少年校园足球",但指南的对象却仅限于中小学。[1] 这和工作意见、实施意见对于"青少年"范围的限定无法保持一致,后两个文件明确包括"各级各类学校",并不限于"中小学"。何况,这一限缩,并非来自于校园足球规则系统内部的自创生,而是来自于作为外部环境的职业足球的影响:U19是国家青年队参加洲际比赛的年龄限定,此年龄阶段和中国高中毕业的理论年龄基本契合。这里,并不能排除真的存在足球天才的小概率事件,但作为一个规则系统,其所考虑的只能是中心情形,而非边缘情形,何况,"天才"不可能在小时候从未展露过。北京理工大学足球队的成功,恰恰为中小学校园足球输送职业队员提供了可资借鉴的经验,而非佐证大学校园足球可以为职业足球提供有利支援的范例。

### (二)校园足球和社会足球的制度衔接

与职业足球和校园足球的制度衔接相比,社会足球和校园足球的制度衔接尚未获得应有的重视:促进消费意见将校园足球和社会足球并列放置,[2] 改革方案也将校园足球和社会足球作为两个条块来进行表述,这就使得表面上看来,二者之间并没有发生结构耦合。但实际情况却非如此。毕竟,二者之间的信息传递,比之和职业足球系统的信息传递,要更加频繁:嵌入到校园足球系统的主体,同时也是嵌入社会足球系统的主体,他们不过是具有特定身份的社会主体而已。根据《中国足球中长

---

[1] 参见《全国青少年校园足球教学指南(试行)》,信息来源中华人民共和国教育部网站:http://www.moe.gov.cn/srcsite/A17/s7059/201607/t20160718_272137.html,最后访问日期:2017年2月4日。

[2] 参见《国务院关于加快发展体育产业促进体育消费的若干意见》,信息来源中国政府网:http://www.gov.cn/zhengce/content/2014-10/20/content_9152.htm,最后访问日期:2017年2月4日。

期发展规划(2016—2050年)》规定的近期目标,社会足球人数5000万人中,过半是校园足球人数。[1] 只不过,是社会子系统给予这些个体社会地位、身份和角色,个体只是社会的观察者,而非存在于社会系统之中。[2] 进而,个体身份的重叠性所展现的,并非校园足球和社会足球两个系统之间结构耦合的途径,而是结构耦合的结果。它只是确认了结构耦合存在的必然性,但并非支持这一结构性耦合存在的证据。结构耦合只能以系统自创生规则为基础,而改革方案、工作意见和实施意见,至少展现了两处制度衔接的端倪。

第一处衔接,是场地共建共享机制。实施意见明确指出:"同步推进学校足球场地向社会开放和社会体育场地设施向学校开放,形成……学校与社会、学区与社区共建共享场地设施的有效机制。"[3] 而这一机制在数据上的呈现,便是依照"十三五"足球场地设施重点建设工程,"全国修缮、改造和新建6万块足球场地,使每万人拥有0.5—0.7块足球场地,其中校园足球场地4万块,社会足球场地2万块"。[4] 数据只是数字,关键是如何将这些场地转化为可供校园足球和社会足球共同利用的场地,而这一转化,需要规则的登场。尤其是校园足球场地向社会开放,更是如此。因为除了组织校园足球联赛之外,校园足球很少有机会使用社会足球场地,但在现阶段,社会足球场地不足的情况下,社会足球的场地需求相当程度上是要依靠校园足球场地来解决的。对于校园足球场地,校园足球活动拥有优先使用权。在明确这一优先权的情况下,如何有效平衡

---

[1] 参见《中国足球中长期发展规划(2016—2050年)》,信息来源国家体育总局网站:http://www.sport.gov.cn/n316/n336/c718723/content.html,最后访问日期:2017年2月4日。
[2] 参见宾凯:《法律如何可能:通过"二阶观察"的系统建构——进入卢曼法律社会学的核心》,载于《北大法律评论》,第7卷第2辑,第372页。
[3] 《教育部等6部门关于加快发展青少年校园足球的实施意见》,信息来源中华人民共和国教育部网站:http://www.moe.edu.cn/srcsite/A17/moe_938/s3273/201508/t20150811_199309.html,最后访问日期:2017年2月4日。
[4] 参见《中国足球中长期发展规划(2016—2050年)》,信息来源国家体育总局网站:http://www.sport.gov.cn/n316/n336/c718723/content.html,最后访问日期:2017年2月4日。

有限资源的使用,需要同时考量三个要素:一是校园足球训练、比赛的日程安排,二是场地维护、修缮的时空周期,三是场地共享的经济成本。第一个要素和第二个要素来自于校园足球系统内部的规则,而第三个要素则来自于经济系统的规则。因此,在这一衔接之中,校园足球系统处于相对强势的位置。

第二处衔接,是比赛辅助人员(教练员、裁判员)协同机制。尽管《中国足球中长期发展规划(2016—2050年)》区分了"校园足球教师"和"社会足球指导员"两种职业称谓,并且将之和"足球教练员"并列,[1]但称谓的改变只是遵从了各自系统的内在自创生规则——教育系统称之为"教师",社区系统称之为"指导员",体育系统称之为"教练"——并没有改变其内在的功能属性,即对足球能力的教育和指导。因此,从实质上来说,他们都是足球"师资队伍"的一部分,不同的称谓仅仅象征着属于不同的领域,而非意味着其在性质上有所差异。当然,根据《中华人民共和国教师法》,校园足球专职教师需要具有教师资格,这和社会足球指导员形成了鲜明对比。这就使得校园足球教师转型成为社会足球指导员比较容易,反之则比较困难。不过,实施意见通过"制订校园足球兼职教师管理办法"使得"有足球特长的……志愿人员担任兼职足球教师"[2]补充师资队伍的规定,已经为双向协同奠定了基础。

### (三)校园足球和校园学习的制度衔接

校园足球和职业足球、社会足球最大的不同之处,便是它不仅属于体育系统,同时属于教育系统,因此,教育系统的二元代码同样对之有效。

---

[1] 参见《中国足球中长期发展规划(2016—2050年)》,信息来源国家体育总局网站:http://www.sport.gov.cn/n316/n336/c718723/content.html,最后访问日期:2017年2月4日。

[2]《教育部等6部门关于加快发展青少年校园足球的实施意见》,信息来源中华人民共和国教育部网站:http://www.moe.edu.cn/srcsite/A17/moe_938/s3273/201508/t20150811_199309.html,最后访问日期:2017年2月4日。

这一效力,体现在校园足球和校园学习的制度衔接之中。

一方面,校园足球是校园学习的有机组成部分。《国家中长期教育改革和发展规划纲要(2010—2020年)》将体育作为全面发展教育的必备要素之一,尤其在义务教育阶段,明确规定要保证学生每天锻炼一小时。[1]素质教育,不仅仅是文化素质教育,同时也是身体素质教育,而身体素质教育又是文化素质教育的基石,毕竟,生命健康权是最基本的人权之一。与之相应,实施意见将2020年的目标设定为"普及程度大幅提升……有利于大批品学兼优的青少年足球人才脱颖而出的培养体系"[2],不仅将"品学"作为衡量青少年足球人才的必要条件之一,突出了普通学习的重要性,而且,将重心放在"普及"和"有利于",而非"脱颖而出"之上,更是进一步明确了校园足球注重体育锻炼、提高学生身体素质,并非压缩普通学习的时间,也并不试图让全部参与校园足球的学生沿着从校园足球到职业足球这条路发展下去,而是在不影响普通学习的基础上,扩大足球运动的影响力。正是对校园普通学习这一因素的坚持,即同时坚持教育系统和体育系统的双重二元代码判定且以教育系统二元代码判断为主的情形,确保了校园足球系统的自创生。

另一方面,校园学习为校园足球培养师资人才。"加强体育教育专业建设,鼓励学生主修、辅修足球专项,培养更多的合格足球教师。"[3]首先,这是教育系统内部的专业学习,它不再是普及"如何进行足球运动",而是按照教育系统的代码来判定"如何教导进行足球运动"。尽管这里只是提及了"合格的足球教师",但鉴于这一表述并非功能性的表达,因此,

---

[1] 参见《国家中长期教育改革和发展规划纲要(2010—2020年)》,信息来源中华人民共和国教育部网站:http://www.moe.cn/publicfiles/business/htmlfiles/moe/moe_838/201008/93704.html,最后访问日期:2017年2月4日。

[2]《教育部等6部门关于加快发展青少年校园足球的实施意见》,信息来源中华人民共和国教育部网站:http://www.moe.cn/srcsite/A17/moe_938/s3273/201508/t20150811_199309.html,最后访问日期:2017年2月4日。

[3] 同上。

实际上这也是为职业足球教练和社区足球指导员提供了后续梯队。其次,允许辅修。足球专项虽然是一个专门的专业,但是,教授足球运动,和进行足球运动是两种不同的事情。选择足球专项的人,未必适合进行足球运动,也未必适合教授足球运动,而适合进行足球运动或者教授足球运动的学生,鉴于校园足球从性质上还要求品学兼优,因而可能在最初专业选择时并没有选择足球专业。但是,此时这一系统耦合有一个问题未能解决,即主修和辅修的差别何在,如何确保辅修可以达到主修的水准。这就只能借助于教育系统的代码进行判定,而非借助体育系统的代码进行判定。最后,这一规则实际上隐含着一个前提,那便是,这一衔接是在大学阶段完成的,而非中小学阶段。这是教育系统代码判定的必然结果。在将中小学校园足球从培养师资中剥离出去的同时,高校校园足球系统和职业足球系统就在教育系统的代码中形成了一种潜在的路径——与退役运动员的可能路径一起,进而构成了校园足球和职业足球系统的双向流动,并弥补了高校足球不足以输出"足球人才"的空白,它的功能是输出"培养足球"的人才。

**(四)校园足球共治主体地位的制度化**

在以功能作为系统运作指向的规则体系中,个体并非必要因素,因为,对于校园足球系统来说,其主要参与个体——学生——并不仅和这一个系统发生联系,甚至于,他们和这个系统只是偶然地发生联系。是否进入校园足球系统,是个体自由意志的选择。是否有人选择进入这一系统、有多少人选择进入这一系统,并不影响这一系统本身的运行。中小学和大学的划分在这里又一次拥有了意义:在中小学阶段,鉴于未成年学生道德主体的不完备性,家长作为监护人,也偶然地选择嵌入到这一系统中来;而在大学阶段,独立的成年个体——大学生——自身就可以进行相应的选择。因此,学生家长同样并非校园足球系统的必要因素。但是,与这两种个体选择不同,学校、政府、足协,乃至于企业,作为规则拟制的主体,它们自身并没有自由选择的意志,必须经由规则的确定,才能够嵌入到系统中来。

《中国足球中长期发展规划(2016—2050年)》明确指出建立"由政府牵头,相关行政部门、足协等社会团体共同参与的足球发展工作机制"[1],发展方案则依照体育系统和教育系统进一步细分了政府的体育分支和教育分支的不同功能。[2] "牵头",是一个非规范性的表达。何为"牵头",只能借助规则体系自身的描述来予以确定。而规则自身,又对政府的两个分支进行了差异对待。这一差异对待所体现的,恰恰是校园足球的特性:体育行政部门负责政策研究和宏观指导,促进协同合作;教育行政部门则负责行使管理职能。[3] 由此,体育行政部门的功能,是确保校园足球和职业足球、社会足球制度衔接的稳定性,而教育行政部门的功能,是确保校园足球系统内部的自创生。但是,构建制度体系中,足协同样承担着"统一组织、管理和指导全国足球运动发展"[4]的责任,这就意味着,如果不在制度上明确界定体育行政部门的宏观指导和足协指导之间的差别,厘清教育行政部门行政管理和足协管理的差别,校园足球系统的多个拟制主体之间就存在功能上的交叉,进而产生冗余信息,浪费社会资源。区分足协和教育行政部门管理功能的差异相对容易,后者的管理职能主要体现在教学管理(课程框架设置)和人财物管理两个方面,而前者则倾向于负责比赛组织管理和教练、裁判等辅助人员的协同共享方面。比较复杂的是体育行政部门和足协的功能分离。尽管2017年1月5日,国家体育总局足球运动管理中心正式注销,足协已经变成了纯粹的社会团体,但是,这一团体享有多大的自治空间、如何实施自治、这一团体和体

---

[1] 参见《中国足球中长期发展规划(2016—2050年)》,信息来源国家体育总局网站:http://www.sport.gov.cn/n316/n336/c718723/content.html,最后访问日期:2017年2月4日。

[2] 参见《国务院办公厅关于印发中国足球改革发展总体方案的通知》,信息来源国家体育总局网站:http://www.sport.gov.cn/n315/n331/n401/c785784/content.html,最后访问日期:2017年2月4日。

[3] 参见《中国足球中长期发展规划(2016—2050年)》,信息来源国家体育总局网站:http://www.sport.gov.cn/n316/n336/c718723/content.html,最后访问日期:2017年2月4日。

[4] 参见同上。

育行政部门的关联,都需要重新进行制度化。仅就校园足球来说,这或许意味着,体育行政部门的功能进一步弱化,只进行政策性的指引和技术标准的确定,而具体的推进,都交给足协自主裁量。这也和教育行政部门主导校园足球的大方向相一致,毕竟,在这一领域,足协自主裁量的范围只限于比赛组织。教学指南和等级评定标准以教育部为权力主体予以发布,恰好印证了这一点。

学校,是校园足球共治的中心,因此,学校理论上是共治主体的中心。但现实情况却是,"教育领域……管理体制上高度集权和政府包揽过多"[1],学校不过是教育行政部门的"下设机构"。如何发挥学校的自治功能,将直接决定校园足球是社会共治还是行政管理。否则,足协从体育行政部门中分离出来带来的"去行政化"效应,就将被教育系统内部的行政化再度吸收。因此,与场地、器械、师资的量化指标相比,"1-2-4-8"[2]学校结构的量化并非优选。校园足球的结构布局必须因地制宜,让各个学校量体裁衣,完善各个学校内部的具体实施方案,只需择优树立模范实验学校即可。与此同时,中小学面临的教师匮乏问题,[3]需要经由教师引进和外聘教师代课资格的认证制度来予以解决。这一权力,也应由教育行政部门下放到各个学校,明确学校引入的责任制度和教育行政部门的备案审查制度,进一步调动学校的能动性。

除此之外,企业维系着"形成多种经济成分共同兴办足球产业的格局"[4]的功能,进一步为校园足球提供财物方面的保障。只不过,这一制

---

[1] 杨东平:《治理教育行政化弊端的思考》,载于《教育发展研究》,2010年第19期,第50页。

[2] 参见刘桦楠、季浏:《上海市校园足球"一条龙"培养体系的集聚、辐射效应》,载于《武汉体育学院学报》,2012年第7期,第90页。

[3] 参见胡庆山等:《校园足球热的审思——兼论中国青少年足球后备人才的培养》,载于《北京体育大学学报》,2016年第1期,第129页。

[4] 参见《国务院办公厅关于印发中国足球改革发展总体方案的通知》,信息来源国家体育总局网站:http://www.sport.gov.cn/n315/n331/n401/c785784/content.html,最后访问日期:2017年2月4日。

度化的运行代码来自经济系统,和校园足球只具有偶然性的交往,比如,赛事冠名、器材赞助、商业保险等等,都已经有了比较完备的机制,并不会因为"校园足球"这四个字有所改变。尤其是许多物品已经列为"政府采购"之后,更是如此。

### 三、校园足球的德性培育

我国现存的足球培养体系更趋向职业足球,这不仅使得校园足球只能接受职业足球淘汰的球员,降低了校园足球富有特色的文化水准,而且也使得校园足球因为缺少初中阶段的培养,无法向职业足球输送球员。[1] 但是,尽管校园足球系统确实有着向职业足球系统输出信息的可能性,"校园足球的发展……还应回归其本义,即通过校园足球这一文化教育活动来育人"。[2] 校园足球系统是一个自创生系统,作为个体的人并非其内部要素之一。但是,这并不意味着,人和系统不会产生直接的沟通,而是二者互为环境,人的意识系统和社会系统之间存在着结构耦合。[3] 因此,校园足球的规则系统,其不仅维系着校园足球系统的自创生,同时,还承担着另外一层潜在的功能:借助结构耦合,和人的意识系统形成沟通,进而达到育人的目的。

#### (一)校园足球的特殊性

校园足球的"育人",有着不同于职业足球和社会足球的特殊性,即对个体德性的培育。这一特殊性,在现代足球运动兴起的伊始,便已经显露端倪;而随着现代社会系统的进一步分化,它不仅在现实中真实存在,而

---

[1] 参见谭森:《基于中英比较视角的校园足球人才培养方略探析》,载于《沈阳体育学院学报》,2016年第5期,第112—113页。

[2] 胡庆山等:《校园足球热的审思——兼论中国青少年足球后备人才的培养》,载于《北京体育大学学报》,2016年第1期,第130页。

[3] 参见宾凯:《法律如何可能:通过"二阶观察"的系统建构——进入卢曼法律社会学的核心》,载于《北大法律评论》,第7卷第2辑,第367—368页。

且在理论上证成自身。

现代足球在校园中孕育生成。"中世纪既有的原始游戏,随着工业革命带来的城市化失去了影响力。足球仅在古老的公立学校的场地上得以保存。"[1]如同英美法系的判例法一样,现代足球的规则也嵌入在传统的惯习之中,而每一个新的规则又借助"合法/非法"的代码转化成了惯习的一部分。"在1846年,由一些希罗普公学和伊顿公学的老校友们制订的,其中的一条禁止球员用镶金属的靴子踢向对手。"[2]这一对于"安全"价值的追求,将人从动物性的欲望束缚中解脱出来,树立了"文明"和"野蛮"的界限。尽管彼时现代足球和橄榄球尚未分化,但二者接下来的发展之路都致力于让"所有人玩一个更安全的游戏"[3],以便使得这一属于乡土少年的运动变为青年绅士的运动。最开始的时候,各个学校有着属于自己学校的规则,随着校际交流的展开,"19世纪40、50年代,牛津大学和剑桥大学的学生们开始聚在一起,讨论一个普遍的规则"[4],而在1863年10月26日,"剑桥规则"问世。这是校园足球从一个学校内部系统外溢到整个教育系统的过程,凸显了"公立学校在现代足球革命中扮演的重要角色"[5]。

1857年,以社会足球为基础的谢菲尔德足球俱乐部成立。尽管职业足球的场上规则受到了校园足球的影响,但职业足球运作的规则系统却和校园足球朝着不同的方向发展。这一分野,在确立了以职业足球为核心的主导地位的同时,也遮蔽了校园足球的特性。职业足球,属于体育系统,是针对身体的规训。选择和这一系统发生结构耦合的个体在进入系

---

[1] Richard Sanders, "How Football was Born", in *History Today*, Oct. 2013, Vol. 63 Issue 10, p. 40.

[2] 路云亭:《从原始荷尔蒙主义到现代法学体系:足球的世俗理性》,载于《体育科研》,2016年第4期,第32页。

[3] 参见 Roger Goodell, "A Safer Gamefor All Who Play", in *Vital Speeches of the Day*, Jan. 2013, Vol. 79 Issue 1, pp. 6–11.

[4] Richard Sanders, "How Football was Born", in *History Today*, Oct. 2013, Vol. 63 Issue 10, p. 40.

[5] 同上,p. 41。

统之前便有了以"足球为业"的志向,他们的意识对即将到来的"单元性(由空间分配方法所造成)、有机性(通过对活动的编码)、创生性(通过时间的积累)、组合性(通过力量的组合)"[1]生活模式有了一定的认知。毕竟,正是这一规律的生活使他们提高了技术,并最终经由战术这一"规训实践的最高形式"[2],呈现在观众面前。而校园足球,如果同样选择将系统的重心放在身体素质的培养和足球技战术的提高之上,它就无法具有和职业足球系统相异的功能指向,进而,也就无法维持系统真正的独立性。因此,尽管根据实施意见,校园足球被作为推进素质教育、引领学校体育改革创新的重要突破口,但其根本任务却必须是"立德树人"。[3]这就意味着,育人,不仅仅是培养人的身体,同时还培养人的德性。作为判定整个教育系统的代码,育人"的关键在于了解灵魂之眼在关注什么[德性],并将其引向正确的方向,身体的转向是灵魂朝向的一个必要条件"[4],但绝非充分条件,否则,"这种人体是被操纵、被塑造、被规训的。它服从,配合,变得灵巧、强壮"。[5]毕竟,"'德性'是因为行动和成就,而'身体[所追求的美好]'则是因为自然禀赋"[6],二者截然不同。

## (二)展现基本善的校园足球

校园足球对德性的培育,使得这一运动在强健体魄的同时,还能够作

---

[1] [法]米歇尔·福柯:《规训与惩罚》,刘北成、杨远婴译,生活·读书·新知三联书店2007年版,第188页。

[2] 同上。

[3]《教育部等6部门关于加快发展青少年校园足球的实施意见》,信息来源中华人民共和国教育部网站:http://www.moe.edu.cn/srcsite/A17/moe_938/s3273/201508/t20150811_199309.html,最后访问日期:2017年2月4日。

[4] 翟楠:《从灵魂到身体——柏拉图的"洞穴隐喻"及现代教育的价值倒转》,载于《西北师大学报(社会科学版)》,2011年第1期,第74页。

[5] [法]米歇尔·福柯:《规训与惩罚》,刘北成、杨远婴译,生活·读书·新知三联书店2007年版,第154页。

[6] 龚建华:《身体德性:体育的奠基性基础》,载于《吉林体育学院学报》,2016年第3期,第27页。

为"治愈迷茫波动的思想和不切实际的话题的解药"[1]。之所以如此,其根本原因在于,和职业足球、社会足球相比,校园足球能够展现更多的人类基本善。

1. 人类的基本善

更多的人类基本善,并非仅指促进某一基本善在量级上的增长——尽管19世纪的校园足球确实被作为对抗基督教文化堕落、增进某一类具体基本善的工具[2],还意味着能够容纳更多的类型。在时间的节点上,可以发现足球现代化追寻着人类社会的现代化进行,而社会现代化带来的一个直接后果便是"诸神之争":"只要生命的根据在其自身,须通过本身方得了解,生命便只知诸神之间永恒的斗争……对生命采取的各种终极而一般性的可能立场,是不可能兼容的,因此其间的争斗,永远不可能有结论。"[3]在现代社会,已经没有了传统静态社会中那样唯一种类的绝对之善,而是多种善的共存。

在此,需要明确的是,"善的事物本质上有别于使人快乐的事物"[4]。在体育运动的领域也不例外。快乐是一种欲望,而且是一种来自于动物性(生理基因、神经冲动)而非社会性(人与人交往关系)的欲望,这使得它和内在于人类社会的基本善相去甚远,人不仅需要获得欲望上的满足感,而且还追求更为深刻的善;在人类追求善的过程中,快乐只是副产品,没有快乐,这一过程同样是有意义的。[5] 这样一种和快乐无关的善必然是一种形式上的善,其指的是"能在不确定的情况下,以多种不确定的方式

---

[1] Richard Sanders, "How Football was Born", in *History Today*, Oct. 2013, Vol. 63 Issue 10, p.41.

[2] 参见同上。

[3] [德]马克斯·韦伯:《学术与政治》,钱永祥等译,广西师范大学出版社2004年版,第185页。

[4] Leo Strauss, *Natural Right and History*, University of Chicago Press, 1965, p.126.

[5] 参见 John Finnis, *Natural Law and Natural Rights*, Oxford University Press, 2011, pp.95-97.

被实现"[1]的善。否则,一旦它涉及到对"善"的实质内容的评价,便有被"快乐"赋值的风险存在,这恰恰是功利主义的路径。因此,说某一事物是"善"的,仅仅意味着能够更加容易地理解追求这一事物的特定人类行为和在追求过程中的献身精神,[2]即在这一过程中,人类行为具有了正能量。但这并不意味着这一事物对于任何一个人都是值得追求的或者同等重要的,[3]因为每个人对于多种基本善都有着自己的判断,甚至,在某些情况下,可以将某一种判定为"恶"。但是,无论如何,每一种善都"只是指向每一种统一的,但却具有多种面向的人类目的"[4]。每一种基本善的存在形式都不是来自于人为的预设,它并不需要依赖于某一具体的文化土壤,它本身就是全人类实践标准。[5]因此,对人类基本善的"恰当的表述方式是:'……本身是善,你认为呢?'"[6]

通常认为,人类社会形式上的基本善起码包括如下七种类型:生命、知识、游戏、审美体验、友谊、实践理性和宗教。[7]尽管这一分类未必周延,但任何基本善的增减,都必须按照如下的标准来进行:不同的基本善相互之间不能转化,一种善也不能成为追求另一种善的工具,因此,诸多形式的善并不存在等级差异,它们在价值上是平等的。当然,在现实中,每个人对于这些善的排列或许会有所不同,但这取决于个人的性情、教养、能力和紧迫性,而非客观存在的价值层级关系。[8]

---

[1] John Finnis, *Natural Law and Natural Rights*, Oxford University Press, 2011, p. 61.

[2] 参见同上,p. 62。

[3] 参见同上。

[4] 同上,p. 92。

[5] 参见同上,p. 69。

[6] 同上,p. 86。

[7] 参见同上,pp. 86-90。

[8] 参见同上,pp. 93-94。

2. 基本善的序列

虽然在历史上,校园足球规则的普遍化,是为了塑造符合基督教规则的人,[1]这体现了宗教的价值,但21世纪后的足球运动(包括校园足球)早已超越了宗教自身。这并非意味着足球不包括"宗教"的因素,毕竟,在心爱的球队获得冠军的时候,还是会呈现出宗教式的狂热。这只是意味着,任何教派都不会禁止作为世界第一运动的足球存在,即足球运动和宗教系统脱敏。在这个意义上,可以认为,在足球所展现的基本善中,宗教处于靠近末端的位置。

而从现代足球规则诞生传承至今的基本善,则是生命、知识、审美体验和友谊。首先,是生命。现代足球和古代足球的最大转变,便是对于人身安全的重视,而这恰恰是生命价值以下的健康形式。[2]它使得不恶意伤害他人,成为了足球规则的指向之一,也为后来保险机制的介入提供了可能。更何况,作为运动,足球本身就是生命活力的展现。其次,是知识。尽管这一知识的标准提法是"思辨性知识"[3],而非一般意义上的"认知上的知识",即并非简单的足球技术上的知识,但当战术成为足球场上规则的最高形态之时,这种思辨性知识就和足球产生了关联,从"M-W"到"4-4-2"到"4-2-3-1"的阵型转变,绝非简单的数字变化。再次,是审美体验。开始的时候,足球和其他体育运动一样,所追求的不过是个体的强健之美,而现在,足球拥有了属于足球系统自身的内在审美体验,这一审美从大开大合的长传冲吊到短传渗透的"Tiki-Taka",都呈现出各式各

---

[1] 参见 Richard Sanders, "How Football was Born", in *History Today*, Oct. 2013, Vol. 63 Issue 10, p.41。

[2] 参见 John Finnis, *Natural Law and Natural Rights*, Oxford University Press, 2011, p.86。

[3] 参见同上, p.59。

样的美感。最后,是友谊,即社交。[1] 作为场上队员最多的运动之一(另一个是同源的橄榄球),足球运动是最讲求团队合作的运动(没有之一)。如果没有最低限度的和谐和协作,就不可能将球送入对方的球门。即便是被称为"神迹"的"1vs N"的进球,也需要队友帮助无球跑动、扯开空间。

校园足球,作为足球系统的一部分,当然展现了以上四种(或五种)基本善。在这一点上,它和职业足球、社会足球,并没有什么差别。但对于余下的两种基本善——实践理性和游戏,校园足球则体现出了特殊性。

在作为以竞技指标作为引导进行身体规训的职业足球中,实践理性处于第一位,因为这一系统的运作在每个阶段都会"设定固定的目标,并且以此为目的选择主体的行为、塑造自身的品性"[2]。为了实现这一目标,知识、审美体验、生命、友谊都被排列在实践理性之后。不过,这里并没有"游戏"之善的独立位置,尽管职业足球在某种意义上(尤其是球迷的角度)依然是一种游戏,但是,此时竞技的目标来自实践理性的指引,并非以"致力于展现自身"[3]为目的,游戏之善被实践理性之善吸收。而在社会足球的序列中,生命之善(体质的康健)居于首位,其他所有的善都处于生命之善之下,足球不过是锻炼身体的一种表现形式。此时,实践理性之善和友谊之善的排序处在一个混沌之中,何者居前取决于特定语境:这是一场商业赛,还是一场友谊赛。而游戏之善,则同样未予彰显。与之相对,在校园足球系统中,尽管实践理性之善和生命之善依然处在相对重要的位置——优先于知识和审美体验,但是,这二者却位于友谊和游戏之后。这是校园(教育系统)而非足球(体育系统)赋予校园足球的特性。校园足球,作为体育课和教育等级评定组成的一部

---

[1] 参见 John Finnis, *Natural Law and Natural Rights*, Oxford University Press, 2011, p. 88。

[2] 同上。

[3] 同上, p. 87。

分,[1]嵌入这一系统的首先是学生,而非球员。于是,和竞技指标相关的规则指引(实践理性、知识),并非这一规则系统的核心关注,而借助校园足球形成更为良好的社交氛围,让更多的青少年感受足球运动的快乐,喜欢上足球这个运动,才是这一系统规则的重心所在。

于是,和职业足球、社会足球相比,校园足球不仅在宗教之善上有着先天优势(虽然这一优势如今已经可以忽略不计),同时,还比它们更多地展现了一种善。这便是游戏之善。校园足球规则系统的建立,并没有改变它"全部情形或绝大多数情形下是一种纯粹的游戏活动"[2]的事实,因为,这一制度化的原点——剑桥规则——业已明确地列明:足球,是一项游戏(The game of football, as originally played at the Wall at Eton)[3]。不忘初心。作为现代足球运动的开启者,校园足球最具特色的基本善,便是"游戏"。其他类型基本善的排列顺序,不过是比大小的行为,而"游戏"才是这一序列的王牌。这在更深层次上,和古典奥林匹克的体育精神暗合。彼时的嘉奖,只有古希腊随处可见、别无它用的橄榄枝桂冠,而"用一种毫无实用价值的东西作为获胜运动员的奖品,[其实是]引导运动员将竞技作为一种纯粹的个人德性追求"[4]。校园足球也是一样,除了那所谓的"荣誉"(受到旁人的称赞或者一堂体育课的学分),嵌入到校园足球系统中的学生并没有其他的收获,无论是进入职业足球系统还是获得考试的加分,都是概率极其微小的边缘情形,而非中心情形。唯

---

[1] 参见《教育部办公厅关于印发〈全国青少年校园足球教学指南(试行)〉和〈学生足球运动技能等级评定标准(试行)〉的通知》,信息来源中华人民共和国教育部网站:http://www.moe.gov.cn/srcsite/A17/s7059/201607/t20160718_272137.html,最后访问日期:2017年2月4日。

[2] John Finnis, *Natural Law and Natural Rights*, Oxford University Press, 2011, p. 87.

[3] Richard Sanders, "How Football was Born", in *History Today*, Oct. 2013, Vol. 63 Issue 10, p. 41.

[4] 张波、姚颂平:《纯粹的体育:一种培育德性的身体活动——评〈原生态的奥林匹克运动〉》,载于《上海体育学院学报》,2013年第3期,第12页。

有这一游戏本身，才是希冀所在。对这一特定基本善的彰显，不仅使得校园足球能够更为全面地展现和培育了人类社会的基本善，而且，也使得校园足球和其他类型的足球区分开来，重新回到体育的历史之中。正是游戏之善的存在和彰显，令校园足球系统达成了规范和历史的统一。

### （三）作为校园足球基本善来源的规则意识

校园足球所展现的基本善，以游戏为起点，也以游戏作为核心。但是，所有的基本善都是为人类社会所共享，而非属于某一个特定的个体。游戏之善是校园足球系统自创生时展现出的一种意义体系，不过，规则体系是"无人之境"，尚且没有和嵌入到该系统的个体发生结构性耦合。毕竟，除了"友谊第一、比赛第二"这一相对更加倾向于友谊之善的原则多少破除了足球比赛的竞争性之外，尚且没有既存的外部规则能够降低实践理性之善，而促进游戏之善的发生。因此，游戏之善和主体意识之间的结构耦合就不能依托于可能出现的、偶然的外部规则，而唯有依托于足球运动自身的内在规则——即足球场上的规则。

1. 游戏和规则

作为基本善的游戏，是优先于规则存在的。一方面，基本善是与人类社会同在的，只要存在人类社会，就有这样一种形式上的、不以快乐为其判断标准或目的的基本善存在，它是一种内在于人的"类本质"中的价值，是自然法对人类本性进行的内在规定。这一点，不仅在理论上可以证成——"从赫拉克利特开始，游戏成为西方哲学家思考的核心概念，人与游戏的关系成为这一考察的重点"[1]，而且在人类学领域也得到了验证。[2] 另一方面，关于游戏的规则，即如何展示游戏之善的具体方式，是人的主体

---

[1] 刘欣然、张学衡：《基于游戏理论的体育哲学考察》，载于《上海体育学院学报》，2010年第4期，第39页。

[2] 参见 John Finnis, *Natural Law and Natural Rights*, Oxford University Press, 2011, p. 87.

性的展现,这是由人确立的规则,在寻求游戏之善的目的上设计出来的属于人类的各式各样的具体游戏规则。于是,在人类社会存在之后方才存在具体规则,因此,在逻辑上,作为基本善的游戏优先于游戏的规则。同时,鉴于游戏的规则是以实现游戏之善为目的而设立的,所以,在规范意义上,作为指导原则的游戏在位阶上优先于游戏的规则。

但是,当游戏从属于人类自然本性的基本善经由人的日常体验和理性运作转化为某一具体游戏的游戏规则之后,作为指导原则的游戏之善便开始退隐幕后,而具体游戏的内在规则走到了前台。此时,游戏便彻底进入到了规则的领域。首先,是规则构成了这一游戏本身。在游戏规则诞生之后,一旦谈及某一游戏,即便没有真正进行这一游戏,人们也可以通过介绍游戏规则来"想象"这一游戏。以足球为例,人们对其第一反应当然是字面理解的"用足进行的球类游戏",但这并不是足球的全部,而只是"踢球"的现象。足球从"踢球娱乐"转化为"足球游戏",来自于相关规则的确立,比如,"得分",比如,边线和底线。其次,每一个具体的游戏展现方式都借助自身的规则和其他游戏进行区分。这一点从足球和橄榄球的历史进程中得到了最直观的体现。1863年,是否将对双手持球进行限制,是选择剑桥规则还是选择旧有的传统,导致足球和橄榄球朝着不同的方向发展。最后,每一具体的游戏行使都是依照自身规则进行着系统的自创生,只有在规则体系中位阶高于这一具体游戏的原则或规则(比如,奥林匹克精神、国家立法机关制定的体育法律)才可以通过结构耦合的方式影响这一游戏规则,而位于同一位阶的其他游戏规则将不再对其产生影响。仅以足球规则为例,在越位规则产生之后,它的屡次变迁,都是在"进球"这一足球规则核心评价标准的指引下寻求进攻和防守的平衡,而和其他运动没有关联。

因此,对于某一具体的游戏表现方式,比如校园足球,所谓的"游戏"和"规则"不过是一体两面而已。游戏即规则,规则即游戏。只是,这一规则必须接受游戏之善的指引。

## 2. 规则意识的萌发

游戏和规则融合在一起,系统之内,没有为人预留位置——"游戏规则先于游戏人"[1]。但在这一"游戏"从基本善转化为规则系统的叙事之中,人的主体性却在"转化"的节点嵌入到系统之中,因为,没有作为个体的人的介入,属于人类的基本善就无法变成具体的游戏规则,毕竟,属于集合体的人类是抽象的,并没有哪一个主体可以运用抽象人类的经验和理性来制定游戏规则,而唯有落实到某一个或某一些人类个体之上,凭借其自由意志的判断,才能够使之成功。

游戏规则,是个体在追求游戏基本善的过程中诞生的。作为人类的基本善之一,所有拥有独立自由意志的道德个体都将追求游戏之善。尽管并非所有的个体都将游戏之善排列在多种基本善的第一位,但这并不影响社会中自生自发地出现了各种各样游戏的现象,毕竟这属于人之为人的生命活力的自然勃发。问题的关键在于,当个体的意识介入其中之后,某一流于表面的游戏现象是如何演化出内在的游戏规则的。这一游戏现象,首先只是某一特定个体根据自己自由意志"创造"出来的一个游戏,它的"游戏规则",只是属于这个人的"规则",而并非真正的游戏规则,因为规则必须具有普遍适用性。尽管这一"普遍"并不意味着"全部",但它意味着超越"独一无二",要适用于多个人。因此,一个人简单地用脚踢球,并非足球游戏。与此同时,这一"普遍"不是现象意义上的普遍,而是规范意义上的普遍,这就意味着,即便在这个世界上,有许多人在不同的地方都用脚踢球,甚至他们聚集在同一个地方用脚踢球,也并非足球游戏。因此,从一个现象性的游戏转变成一个规则性的游戏,其初始状态必然满足如下两个条件:一是一群进行同一游戏现象追求游戏基本善的人聚在一起,二是这些人在如何进行这一游戏现象中达成了共识(共同的玩法)。前一个条件比较容易满足,毕竟,人天生具有社会性;后一个条件则

---

[1] 宋文英:《游戏规则与体育的社会文明构建意义——〈体育与科学〉学术工作坊"游戏规则与社会法、社会契约"主题沙龙综述》,载于《体育与科学》,2016年第3期,第7页。

相对比较难以达成,毕竟每个人对于何种行为才能追求纯然的游戏之善可能存在着差异,比如足球和橄榄球的划分便是基于此。好在,此处的共识,是结果,而非目的。于是,并不需要关心这一共识是如何达成的。它既可以是来自一群自愿聚合在一起的平等主体借助友好协商达成的,也可以是由一个具有感染力的主体说服其他主体而达成的,甚至可以是借助暴力达成的被迫一致。总之,多人共享一致玩法的状态奠定了游戏规则的充分不必要状态。

而这一充分不必要的状态,必须经由另一项个体主体性的介入,才足以变成真正的普遍性规则。这一介入,便是"承认"。承认"使规范性交换成为可能,〔因为它意味着〕(i)相互理解,(ii)对任何参加者的规范性观念都存在批评的可能性,(iii)任何观念的优先特殊地位都是自由的"。[1]在第一种和第二种共识的达成中,承认业已存在,可以认为此时的一致玩法已经形成了一种游戏规则。而第三种共识的达成,并不具有这一承认的过程,这就使得它依然处在初始状态之中。但它依然存在着规范转化的可能性,因为,承认并不仅仅在"达成共识"的过程中发挥作用,在共识之后,承认依然蕴含着规范意义。毕竟,在达成共识中"引以为豪的自由常常是一种受其他道德原则影响的自由,而这种原则的权威性与其说是我们自己确立的,还不如说是我们承认的"[2],这就使得事后承认而非事前承认同样建构了规范性。更何况,"个体要求其认同在主体之间得到承认,从一开始就作为一种道德紧张关系扎根在社会生活之中"[3],于是,无论哪一种共识,归根结底都要依靠这一规则被"更多的人"承认进而确保其普遍性来予以留存。

而承认的意义,远不止于使简单的游戏现象转化为具体的游戏规则

---

[1] [美]弗兰克·米歇尔曼:《自治的踪迹》,应奇译,吉林出版集团2010年版,第36页。
[2] 应奇、刘训练编:《共和的黄昏:自由主义、社群主义和共和主义》,吉林出版集团2007年版,第408页。
[3] [德]阿克塞尔·霍耐特:《为承认而斗争》,胡继华译,上海人民出版社2005年版,第9页。

这样一种单向性的功能。这一承认,不是规则系统内部的承认,而是作为道德主体的个体嵌入到作为人类基本善的游戏之善和作为具体行为规则的游戏规则之中的承认。因此,游戏规则经由承认的确认,就形成了一种具有双向性的结构耦合。规则在承认的规则的指引下,进入到道德主体的意识系统之中。和承认赋予了游戏现象规范性三组规范性的信息一样,承认也赋予了人的意识系统三组类似的信息:一,这是一个作为道德主体的个体所"承认"的规则,因此,只要选择参与这一游戏,此人就要接受这一规则存在的事实;二是,只要选择参与这一游戏,就必须依照这一游戏的既定规则来进行游戏,因为除了这一游戏规则借助规则系统结构耦合进行的自我更新之外,个体的意识在游戏规则面前无能为力,任何改变都将使之变成"另一个"游戏,个体必然将认识到这一点;三是即便意识到无力更改这一游戏的规则,但是,当个体无法感受到游戏规则给他带来了游戏之善时,他就会选择离开这一游戏。这三组信息,恰恰是规则意识的萌芽,因为它们分别对应认知规则的意识、遵守规则的意识和对规则的反思意识。在这之中,遵守规则的意识是其中的中心意识,毕竟,参与游戏不是别的,就是遵守游戏规则来进行游戏,这不仅是一方游戏者的选择,此方游戏者也知道,其他方的游戏者同样会做出这一选择。与此同时,这一遵守是自觉的遵守,因为参与其中的人可以有选择地离开这一游戏,并没有任何强迫要求一个道德主体参与到特定的游戏之中。

3. 合格的公民

《中共中央关于全面推进依法治国若干重大问题的决定》指出"依法治国,是坚持和发展中国特色社会主义的本质要求和重要保障,是实现国家治理体系和治理能力现代化的必然要求"[1],进一步明确了法律治理和中国社会现代转型的联系。而作为规则之治的核心,法律治理必然遵循着规则治理的一般逻辑,它的存在同样需要通过获得作为道德主体的

---

[1]《中共中央关于全面推进依法治国若干重大问题的决定》,载于《中国法学》,2014年第6期,第5页。

个体通过个人意识系统承认法律规范的意义系统以获得权威性。而这一承认的基础,便是规则意识。"社会规则意识可以有广义和狭义的理解……狭义的社会规则意识是指各类社会主体在法治状态下通过对法律规范内在价值的认同,进而把法律有效地内化为其自觉的价值尺度和行为准则,形成一种自觉的程序规则意识和自觉服从与遵守法律的自主自律意识。"[1]鉴于现代化不仅仅是制度的现代化,同时也是人的现代化,因此,在法治现代化的进程之中,规则意识便居于核心地位。

  游戏的作用,在此彰显。和可能具有其他外在价值目标(比如经济增益)的体育竞技相比,体育游戏的目的纯粹得多。以足球为例,在直观的经济利益诱导下,假球、黑哨屡禁不止。表面上看,这是足球运动规则体系的漏洞——既可以认为是足球运动内在规则本身不够完善而给假球和黑哨预留了空间,也可以认为是足球运动外在法律规则本身不够完善而失去了对假球和黑哨的惩戒能力——但实际上并非如此。这种现象的出现是经济系统或政治系统代码主宰足球系统的结果,本质上是一种背离初心的异化,[2]并非足球运动内在规则存在着灰色地带。而体育游戏则保持着游戏规则内在规则的自创生,并不受制于其他系统的代码,反而借助自身对于游戏之善的维护,将其他要素(比如经济利益)置之度外。在进行游戏之时,不同规则系统间的结构耦合被排除在外,因为其他系统的规则都和纯然的游戏之善没有关联,唯有具体游戏规则才是展示参与游戏的主体自身活力的规则。诚如胡伊青加理解的那样,"游戏是无目的性,其真正主体是游戏本身,并不是为了游戏者而存在,游戏只局限在自身的行为范畴之中"。[3] 在进行游戏的过程中,游戏者只能借助理解和把握游戏规则来享受游戏,并在提升参与程度的同时,进一步强化自身对

---

  [1] 蒋传光:《培育社会规则意识》,载于《法制日报》,2015 年 5 月 22 日,第 7 版。
  [2] 参见刘欣然、李亮:《运动的人:胡伊青加游戏理论中的体育运动》,载于《天津体育学院学报》,2011 年第 5 期,第 411 页。
  [3] 同上。

规则的遵守。

游戏,能够巩固和提升道德主体的规则意识,但这还不是全部。因为校园足球,不仅仅是一种体育游戏,它同时还是处在校园教育系统中的游戏。鉴于《中华人民共和国宪法》第19条规定的义务教育的普及性,中国所有的公民都将有接触这一游戏的现实可能性。而伴随着校园足球这一纯粹游戏成长起来的道德主体,将在体验游戏之善的过程中,逐渐培养自身的规则意识,并在他或她离开校园进入社会之时,将这一规则意识自动带入到社会生活中。毕竟,这是至少经过九年时间培养起来的惯习,而非简单的偏好。当然,这并非意指,唯有校园可以进行合格公民的培育,也并非意指,唯有校园足球才可以进行合格公民的培育。它只是意味着,在校园的环境之下,足球更加展现出其游戏之善的属性,并且和更广泛的主体意识进行着结构耦合。校园足球的规则,在这一刻,被吸纳到了更为宏观的规则体系(中国特色社会主义规则体系)当中,进而为塑造一个合格的中华人民共和国公民开拓新的路径。

## 四、结论

对校园足球的理解,不能局限在主体之上,无论这一主体是真正的道德主体(包括但不限于老师、学生、家长),还是制度拟制的其他主体(包括但不限于学校、教育行政机构、足协),而应当同时重视校园足球相关规则的地位。校园足球的规则构成了一个新的社会子系统,它处在教育系统和体育系统结构耦合之处,但更加接近教育系统,因为它不仅承担着塑造学生体质的功能,更加能够指引学生追求人类社会的基本善——游戏之善。前者属于体育系统,后者属于教育系统。在体育系统中,职业足球处于中心,校园足球和社会足球一样,围绕其进行。在体育系统代码的控制下,校园足球被分成了两个不同的功能系统,其中,中小学校园足球为职业足球提供了可能的运动员支持,而高校校园足球则为职业足球提供了可能的教练资源。而在教育系统代码的控制下,校园足球构成了校园生活的一部分,它使得足球运动摆脱了竞技的压力,重新回到现代足球刚刚从校园足球中诞生之时的样子,成为一种展现游戏之善的纯粹的具体游戏。而通过这一纯粹的游戏活动,学生将感受到来自游戏规则的内在限制,并在对游戏规则的承认中,逐渐培育自身的规则意识。这就使得,校园足球不仅仅是足球系统的重要组成部分,同时还可以为法治中国建设提供必要的助力。

# 互联网系统法治化的路径分析
## ——以"结构耦合"为切入点

赵世奇[*]

**【摘　要】** 互联网是社会的重要组成部分,它是对思维自我构成的模拟而形成的相对独立的社会子系统。互联网法治化本质是法律系统与互联网系统之间的结构耦合形式,它以对互联网所生产的风险的治理为自身发展的路径,而以建立共治共享的互联网治理体系为目的。

**【关键词】** 互联网法治化;自我构成;结构耦合;治理风险;共治共享;互联网治理体系

互联网已经渗透到社会诸多领域,其本身也成为社会的重要组成部分。互联网给人类生活带来了极大的便利,同时也带来了许多问题。人们期望可以运用现代法律制度来解决这些问题,互联网与现代法的关系由此进入人们的视野,并且如何将互联网纳入现代法治的规制成为法学界关注的主要问题之一。[1] 互联网领域的法治化治理不仅涉及到国家治理体系和治理能力的现代化,而且涉及到法治治理的全球

---

[*] 赵世奇,吉林大学法学院 2014 级法学理论专业博士研究生。

[1] 从 cnki 的统计来看,以互联网系统法治化为主题的文章数量一直呈上升趋势,尤其是从 2015 年以来增速明显。

化。[1]然而从当前的整体法律状况来说,我国的法律制度并没有提供有效的手段来治理这些问题,或者说法律的滞后性本身就是一个长期存在的问题。[2]

这个问题从现象层面而言属于法律实践的范畴,而从理论层面来看,则是属于认识论的问题,具体来说,就是忽略了互联网系统法治化的前提与路径。前者是指互联网作为一个相对独立的虚拟系统,它的运作有着独特的内在理路;后者是指互联网必须与社会其他部分产生关联才能实现自我的运作。因此,我们需要一种类似于几何空间式的知识模型才能够区分社会的不同领域的内在理路与相互之间的关联。卢曼的社会系统论符合这一要求,它既关注社会系统之内的诸多子系统的自我运作,也涉及不同子系统之间的相互关联。卢曼在建构其理论之时,使用了"结构耦合"[3]一词来描述不同子系统之间的相互联系和影响;这一概念对我们认识互联网系统与法律系统之间的关系而言是一个比较好的切入点。因为这一概念超越了传统的一元决定论或多元决定论这样单线式的描述,有助于我们观察不同社会子系统之间的关联的复杂性。然而,仅仅有这一切入点尚有不足,在描述互联网系统法治化的路径之前,必须给出一个针对互联网系统内部操作的清晰描述,而这就涉及到认知哲学与知识论的相关理论,具体来说就是思维是如何形成的这一问题。

## 一、思维的自我构成:互联网系统运作的前提

互联网是一个虚拟的、相对封闭的系统,它的构造原理来源于人的思

---

[1] 参见支振锋:《互联网全球治理的法治之道》,载于《法制与社会发展》,2017年第1期。
[2] 参见周汉华:《互联网对传统法制的挑战》,载于《环球法律评论》,2001年春季号,第60页;吴志攀:《互联网+的兴起与法律的滞后性》,载于《国家行政学院学报》,2015年第3期。从这些论文的发表时间也可以看出,法律应对互联网的滞后性乃是法学界长期关注的问题。
[3] 卢曼认为,"如果一个系统持续不断地以它的外部环境的某些确定特征为前提,并且在结构上依赖于它们,那么耦合机制(或可译为连接机制,coupling mechanisms)就被称为结构耦合。"Niklas Luhmann, *Law as a Social System*, translated by Klaus A. Ziegert, Oxford University Press, 2004, p.381.

维结构。人的思维以人的大脑为载体,形成了一个能够与外部世界相区分的场域。互联网系统也是如此,因此我们就需要使用"区分"这一概念。区分理论是社会系统论的知识论基础,卢曼使用区分来避免在知识论层面上出现逻辑问题(比如无限还原和循环论证)。互联网的本质是一种虚拟实践,是人对自身思维结构的模拟和数字化,[1]因此,"虚拟/现实"这一区分使得互联网系统完成了自我与外部世界之间的区隔。人的大脑都拥有模拟运算与数字运算的功能,这种计算功能是在长期实践的基础上,总结经验并抽象而成。人脑在计算着外部世界之时,也在计算着这个计算过程;它通过对"计算"进行"计算"来保证自己的相对独立性,也就是卢曼所说的运作上的封闭性。人脑拥有了这种封闭性特征,才能构成一种自动化的思维系统。在这个系统内部,计算不断地生产着新的计算,来维系系统的运作和演化,这就是思维系统的自我构成。

思维自己构成自己不仅涉及到现代认知科学和逻辑运算,而且是现代哲学的核心问题之一,[2]这个问题是研究思维与虚拟世界的关系的起点。思维自己构成自己,来源于黑格尔的逻辑学体系。列宁在此基础上做出更加清晰的论断,列宁将这一规律描述为"思维自己构成自己=真正认识的、不断认识的、从不知到知的运动的道路"[3]。思维的自我构成是对认识过程的认识,于是对这两种认识进行区分,就是自我意识与对象意识的分化。[4]

人对世界的认识分为两个层面,第一个是对外在于自我的世界的认

---

[1] 关于人脑与计算机的相同点与差异,可参见冯·诺依曼:《计算机与人脑》,甘子玉译,北京大学出版社2010年版。虚拟实践是哲学领域的一个重要问题,相关研究可参见陈志良:《虚拟:人类中介系统的革命》,载于《中国人民大学学报》,2000年第4期;陈志良、桑业明:《论虚拟思维方式》,载于《东岳论丛》,2004年第1期。

[2] 陈志良、张世远:《论思维自己构成自己》,载于《贵州社会科学》,2007年2月,第8—9页。

[3] [苏]列宁:《哲学笔记》,人民出版社1957年版,第62页。

[4] 参见陈志良:《论对象意识与自我意识》,载于《江淮论坛》,1990年第1期;陈志良、张世远:《论思维自己构成自己》,载于《贵州社会科学》,2007年2月。

识,这反映在人的意识当中所形成的是一种对象化的意识。人类在历史的长河中认识了世界,学会了劳动这种实践形式。人在劳动中产生了对外在于自我的世界的认识,内化为主体——客体模式的对象意识。人在对象意识的基础上,产生了对外界知识的生产过程的认识。这样,意识就产生了对对象意识的意识,也就是对自我进行反思,具有自反性的特征,因此这第二个阶段的意识就是自我意识。

虽然自我意识是在反思对象意识的过程中产生的,但是对象意识并不决定着自我意识。因为自我意识与对象意识处于不同的思维阶段,发挥着不同的功能,所依赖的思维结构也不一样。对象意识为自我意识提供所需的具体信息,自我意识将这些信息纳入到自己的思维领域当中进行抽象,从而探究出思维的一般结构。因此,它是对思维过程的思维,属于意识系统的范畴。

意识系统作为社会系统的子系统,以其他社会子系统为外部环境,由此构造出系统的封闭性,即意识系统属于每个人,个体之间的心理系统是无法实现沟通的。具体而言,就是每个人不可能知道其他人的心中所想。比如,我们日常通过语言和行为来推测人的内心世界,但是推测是一种间接的方法,无法直观地观察到人的心理活动;而且,人的心理活动是一种瞬时的动态,因此人们更加无法观察到其他人的所思所想。[1] 虽然意识系统的诸多运作无法被直接观察,但是它的运作过程可以通过外部环境当中的其他子系统的运作得以描述,我们无法知道他者的想法,但是可以探究他是如何想的。这也就是自我意识进行自我构成的过程。人们根据对自我意识的自反性的认识,以及结合数学、物理科学等自然科学发明了计算机。

计算机的本质是对人的思维过程的模拟,计算机的集成电路就是对

---

[1] 卢曼将人的心理活动界定为心理系统的运作,然而卢曼的目的不是认识该系统的诸运作,而是将它与其他社会子系统进行分化,摆脱论证过程当中可能出现的无限还原和循环论证的困境。

人脑的神经元的模拟,而计算机的编码程序则是对人的神经元细胞的计算功能的模仿。人的大脑通过对对象意识的反思和抽象,提取出思维的认知形式;而计算机以外部硬件为载体,实现了以编码为核心的编程和计算。这种计算具有彻底的形式化特征,这就给不同的计算机之间的互相沟通提供了可能性,不同的计算机终端通过协议实现了数据的传输与共享,这一过程也就构造出了互联网这一虚拟世界。

虚拟的本义是"人造的",与自然形成的相区分。陈志良教授认为虚拟有广义与狭义之分,"广义的虚拟是指规则文明或符号文明,是人类对各种规则的合成、选择与演化。狭义的虚拟是指当代的数字化的表达方式和构成方式,是我们时代的数字化的生存方式、实践方式和创造方式"。[1] 我们由此认为,狭义的虚拟是建立在广义的虚拟的基础上,是对广义的虚拟的模拟。互联网作为一个虚拟空间,将现实空间的诸多符号转移进来,从而形成一个类似现实的世界。

理解虚拟世界的关键是人类的建造与合成的行动。人们利用编码(0/1)计算出不同信息所需要的数值,按照一定的程式编写代码,将这些不同的数值进行合成,利用信号转换的功能(编译器)将信息由数字转换为图像。因此,我们可以观察到,虚拟世界就是以编码为基础,由不同的程式组成的结构。这些程式不断地在系统中进行自我运行,生产出新的信息"冗余",我们可以由此得出,虚拟世界呈现出一种稳定的、封闭的动态结构的特征,也就是可以将虚拟世界视为一个自我指涉(self-reference)的系统。

这样,虚拟世界与现实世界之间的关系就可以表述为系统/环境的关系。法律系统作为现实世界的社会子系统,也是虚拟世界的外部环境的一部分。虚拟世界以自身的编码与程式进行自我指涉,当系统指涉对冗余进行指涉时,它就是在以自身的程式和编码生产出新的以自身程式与编码

---

[1] 张世英、陈志良:《超越现实性哲学的对话》,载于《中国人民大学学报》,2001年第3期,第4页。

为基础的运行模式。因此,自我指涉也就是自我制造(autopoiesis)。[1]虚拟世界的自我制造是在相对意义上满足了系统的独立和自足。既然系统的独立和自足是相对的,那么其对立面就涉及到社会系统的另一个特征——开放性:虚拟世界的封闭性导致系统的独立存在,而虚拟世界与现实世界的信息交流,则导致系统显示出相对的开放性。

因此,虚拟世界"把思维从头脑中、从思维空间中解放出来的中介方式",使得思维行为化,[2]或者说使得类似于思维的虚拟思维成为可以与现实世界进行沟通的工具。虚拟世界完成了系统内部的沟通与运行,这样就为与法律系统之间的信息交流创造了前提条件。

## 二、互联网与法律之间的"结构耦合"

互联网与法律系统之间的关联,涉及到两个系统之间的信息的沟通过程。卢曼将这种沟通过程称为"结构耦合"。结构耦合涉及到社会系统与外部环境之间的关联,社会系统自身的运行显示出一定的封闭性,由此系统对外部环境的开放才有可能。

由此可知,结构耦合是以系统与环境的区分为前提。这种区分的合理性在于区分了局内人和局外人的视角,因为"社会在这个意义上是沟通系统,它依赖于意识系统的结构耦合。仅当涉及到意识系统时,社会才能受到它的环境的影响"。[3] 意识系统即是上文的心理系统,心理系统在观察其他社会子系统,这样的话,社会子系统在和心理系统的耦合之中,完成了自我描述。每一个系统在进行自我描述的时候,也是在以属于自己的独特的方式进行自我生产和再生产。

---

[1] 有关自我制造的概念的内容,可以参见[德]克内尔、纳塞希:《卢曼社会系统论导引》,鲁贵显译,巨流图书公司1998年版,第73页。

[2] 陈志良:《虚拟:人类中介系统的革命》,载于《中国人民大学学报》,2000年第4期,第60页。

[3] Niklas Luhmann, *Law as a Social System*, translated by Klaus A. Ziegert, Oxford University Press, 2004, p.384.

互联网这一虚拟世界,也是一个进行自我描述的社会子系统。它的存在依赖于诸多物质条件,但是这些物质条件并不决定虚拟世界的诸运作,这些条件只能影响虚拟世界的发展。就像人的思维世界需要依赖于外在的物质世界,或者说物质世界决定了思维世界对物质世界的认识,但是思维世界自身的建构是独立的,自己构成自己。它的外部环境涉及到经济、政治、法律、军事等社会系统的不同层面,不同的社会子系统通过互联网实现自身的诸运作,因此,互联网的法治化不是将互联网纳入法律的轨道,而是法律系统与虚拟世界这一社会子系统进行结构层面上的沟通。

互联网世界与法律系统之间的沟通,不是一种功能当中输入与输出的切换,[1]不是一种简单的信息交流过程,而是一种结构上的相互耦合的过程。"就系统自身而言,结构耦合只能引起刺激、惊讶与干扰,结构耦合和刺激这两个术语是相互兼容的。"[2]亦即结构耦合主要以刺激的形式出现,卢曼以契约为例,"就契约而言,除了那些已被高度形式化的例外类型之外,基本上都是存在于交易本身当中,在此交易获得执行之后,不需要再去期望出现什么法律问题。因为很明显的,社会风俗已经作出了它该有的贡献"。[3] 因此,卢曼将社会中的法律系统视为像人体的免疫系统一样,法律系统这个社会的免疫系统只有在社会出现"病变"的时候,才会发挥它自己的功能。

这样,我们观察互联网的视角就变得非常重要。如果我们将互联网世界作为其他不同的社会子系统之间的耦合地带,那么我们将不关注互联网本身的秩序。如果我们将其视为一种社会子系统,那么我们就要描述互联网世界如何受到法律系统以及其他子系统的影响。法律系统是整

---

[1] 参见 Niklas Luhmann, *Law as a Social System*, translated by Klaus A. Ziegert, Oxford University Press, 2004, p.382.

[2] 同上,p.383。

[3] [德]尼克拉斯·鲁曼:《社会中的法》,李君韬译,五南图书出版股份有限公司2009年版,第496页。

个社会系统的免疫系统,它依赖于自身的诸多操作形式,即以法院为中心的司法子系统来实现对包括互联网世界在内的其他社会子系统以及整个社会系统的影响。互联网世界作为社会子系统,也会以自身的诸多操作形式接受包括法律系统在内的其他社会子系统的刺激。

互联网世界是建立在模拟与数字这两种运算方式的基础上的。模拟运算体现为一种共时性的运行,共时性作为标记的瞬时,是没有时间性的。因此我们可以说它是在瞬时的空间角度上进行的。在互联网世界中,大量的现实世界或心理系统(意识系统)的符号介入到这个世界。而数字运算则表现出历时性的特点,互联网世界将大量的符号进行另一种符号化,这时的符号化就表现为一种时间性的过程。这个过程是互联网以自身的运行进行的,或者说是将外界环境传递给互联网的符号以互联网自身的编码(0/1)进行转化。

当法律系统将自己的运行完成之后,会产生许多"冗余"。这些冗余通过刺激或干扰的方式,使得互联网世界产生对这些刺激的反应,同时互联网世界将它们记录下来,作为自身进行编程与编码的信息来源。这些刺激或干扰大概可以分为两种形式。一是当法律系统作为社会系统的免疫系统的时候,互联网世界接收其他社会子系统的信息的刺激或干扰,法律系统在此时开始发挥其免疫功能。二是法律系统的内部运行与互联网世界的内部运行在时间上显示出不同步的特点,导致互联网系统必须对法律系统的刺激做出反应,并由此展开自身的编程与编码。在此我们只讨论第一种刺激的形式,即当互联网世界反映出其他子系统的刺激时,法律系统必须产生自身的刺激,来应对互联网世界与其他子系统的结构耦合,从而与互联网系统产生耦合。

## 三、治理风险:互联网系统法治化的路径

互联网与法律系统之间的信息交流既然是通过刺激的形成实现的,那么这就表明只有在互联网系统出现"病变"的时候,法律系统才会

对互联网系统采取反应。这种病变被现代社会理论描述为"风险",由此现代社会也被称为"风险社会"。因此,作为社会子系统的互联网在出现风险的时候,法律作为社会免疫系统与互联网系统的诸多操作形式发生结构耦合,亦即互联网系统法治化的路径是通过对风险的治理来实现的。

"风险"和"风险社会"在其发明者乌尔里希·贝克发那里,是用来描述现代社会的自反性特征的。社会的自反性特征不同于上述思维的自反性,思维的自反性是思维对思维过程的反思,而社会的自反性则在于社会系统在自我再生的过程中,生产出许多有利于人类的成果,但是这些成果本身也包含着对人类不利的一面,而这些不利是人类难以预料的,比如现代工业为人类的生活提供了诸多便利的产品,但是这些产品本身有可能对人类造成诸多困扰,也就是存在着危及人类生活的风险。

风险产生的背后是现代社会的自我建构,现代社会与传统社会在结构上的区别就是,其自身试图对一切已知和未知的领域进行可量化的计算。现代社会中的人试图以形式理性来预计行动的目的。[1] 在启蒙话语的主导下,人们认为自己可以通过理性,"为自然立法"和"为自己立法",实现确定性。然而在现代社会生产的风险转化为灾难之后,人们认识到理性的局限性,不可能凭借知识获得社会的一切信息。由此,不确定性反而成为社会演化的路标,人们发现自己一直处在社会演进的过程之中,没有已知的方向和目的,过程是人类能够认识的唯一实体。然而,现代社会的形式理性化并没有停止,人类没有找到替代方案,依然采取形式理性化的路径来行动;由此社会系统也只能通过形式理性化的路径实现自我的再生产。因此,人类明知现代社会的演化具有不确定性,而这一演化过程仍旧采取形式理性化的路径,即应然领域的确定性与实然领域的不确定性之间的张力,导致现代社会在自我的再生产过程当中不断地生

---

[1] 参见苏国勋:《理性化及其限制——韦伯思想引论》,上海人民出版社1988年版,第四章"政治社会学思想"。

产着风险。

卢曼对风险这一概念进行了更为深入的研究,他将这个概念建立在区分的基础上,认为风险不是对未发生的危害具有可能性,而是"将这类的危害看成是人类行动的直接后果"。[1] 风险是与安全对应的,风险不仅仅是现代社会演化的不确定性造成的;它还是不确定性本身;而安全这个无法被定义的"套套逻辑"式的概念,成为了风险的附庸,[2]因为在现实生活中,作为不确定性的风险与人的决定有着密切的关系,即"每一个决定者——包括做出赞成安全并且反对风险的决定者——都在制造风险"[3],无论人们如何希望实现安全,未来是不确定的,人们需要针对不确定性做出不确定的决策。卢曼由此抛弃了这一对区分,而建立了风险/危险之区分。这一区分是建立在二阶观察基础上,二阶观察作为一种知识论上的还原,必然存在着如何归因的问题。于是卢曼将可以归结为决定所导致的危害界定为风险,而将外部环境导致的危害称之为危险。在这里卢曼采用了与贝克不同的风险概念,他认为外部环境对传统社会和现代社会都造成过大规模损害,然而在传统社会里可以将这些损害解释为命运或神意,而现代社会由于诸多子系统功能上的相互区分,使得未来更加具有不确定性,同时对未来做出的决定也更加具有不确定性。

卢曼的风险理论与贝克相比,更加深入地揭示了"风险"这一概念是如何运作的。贝克的理论更多地是对启蒙话语的反思,在人类经历了初级工业社会之后,现代社会产业体系生产出了可以导致自身毁灭的可能性。而卢曼更加深刻地揭示了风险的知识论基础:传统社会是一种阶层化的社会,神学建构了关于命运的理论,掩盖了风险;只有当社会实现了

---

[1] [德]克内尔,纳塞希:《卢曼社会系统论导引》,鲁贵显译,巨流图书公司1998年版,第221页。

[2] 同上,第225页,注释27。

[3] 同上,第226页。

功能上的分化之时,未来的不确定性才会被观察到,风险才会出现。

法律系统作为社会系统的子系统,是为了实现期望的稳定性而存在的。[1] 法律系统当中的诸多操作在时间上面向未来,这就需要在不确定性当中进行决定,而有决定就有风险。[2] 然而风险就是不确定性,具有发生意义上的随机性。社会系统不能消灭风险,它只能通过法律系统实现对风险的治理。互联网系统的产生与发展,使得社会系统在运作上更加复杂,这种复杂性的增长导致做出决定时的不确定性的增长。因此,在互联网与法律系统的互动当中,风险的增长与期望的稳定性之间的张力就产生了,法律系统的决定一方面消除了风险,一方面又在增加着风险。而互联网系统法治化的路径就必须在这一张力之间寻找。

在增加风险与消除风险的张力之间,由于观察视角从一阶观察转移到了二阶观察,悖论由此出现:"'由于我们做了决定而处于风险之中'这件事似乎愈来愈具有危险的特征,因为人们到最后无法决定是要赞成或反对'做决定'这件事。"[3] 为了将悖论当中的不同层面展开,将风险界定在可以归因的范围之内。刑法上的一般状态与意外事件的区分就是对可归因的风险与不可归因的危险的运用。除此之外,互联网系统法治化的路径寻找必须看到互联网系统与法律系统以外的其他社会子系统之间的结构耦合,即看到诸多子系统之间的不同层面、不同侧面的互相关联。而这些关联可以通过不同的法律制度进行观察,从而找到治理风险的路径。

首先,以电信诈骗案件为例,实施诈骗行为的犯罪人可以收集大量有关个人的信息,利用比较简单的电信技术模拟出电话号码,从而骗取受害

---

[1] 参见卢曼:《社会的法律》,第五章"法律的功能"。

[2] 法学领域对风险社会的观察,主要体现在刑法学中的"风险刑法"研究。这一领域的成果很多,比较有代表性的是陈兴良:《"风险刑法"与刑法风险:双重视角的考察》,载于《法商研究》,2011年第4期;劳东燕:《风险社会中的刑法:社会转型与刑法理论的变迁》,北京大学出版社2015年版。

[3] [德]克内尔、纳塞希:《卢曼社会系统论导引》,鲁贵显译,巨流图书公司1998年版,第235页。

人的财产。[1]诈骗行为与互联网手段产生关联,使得行为实施的成本降低。如果犯罪过程表现出跨地域的特征,会使得抓捕嫌疑人的行动在时间上和程序上要比普通诈骗案件更加困难。另外,刑法上的价值衡量遮盖了电信诈骗给社会带来的风险。[2]尽管我们无法明确地将社会中的信任进行量化,但是如果在互联网世界当中被损害,那么产生的可能损害确实落在个人,而产生的风险则落在了作为社会子系统的经济领域。经济系统的编码是支付,支付将可以支付与不可支付的冗余区分。这一区分与其他社会子系统不同,经济系统是在它的内部环境——市场当中完成区分。商品通过货币完成支付,货币就是经济系统中的程式。一旦货币不再是生产——需求过程中的中介物,而被道德化或宗教化,那么其他社会子系统中就会出现异常的区分,风险由此出现。[3]因此,法律系统要发挥其社会免疫的功能,确实需要寻找能够治理风险的方法。

其次,互联网世界与政治系统之间的耦合也可能产生某种风险。政治系统的编码是权力,权力将可以决策和不可决策的信息进行分化,因此政治系统只关注用权力解决的问题。从历史和现实的政治过程当中,我们会发现许多政治问题暂时无法进入法律系统或经济系统,[4]但是可以站在互联网系统的视角。比如维基解密和斯诺登事件当中,人们看到了

---

[1] 有关电信诈骗中,诈骗犯收集受害人信息的行为可以参见九问:《电信诈骗:抓到骗子就完了?究竟谁卖了信息》,http://money.163.com/16/0828/14/BVIG7VD9002581PP.html,访问日期:2016年10月15日。

[2] 作者在此不使用社会危害性,是因为这一概念无法衡量。使用社会的风险是因为风险是社会科学领域的概念,其功能仅限于对社会行动及其后果的分析。下述经济系统也是在这个意义上使用的。

[3] [德]克内尔、纳塞希:《卢曼社会系统论导引》,鲁贵显译,巨流图书公司1998年版,第235页。

[4] 比如情报的收集,"刺探情报搞暗杀,总不能光明正大。但政治家、军事家、外交家,谁都离不开间谍,谁都骂间谍,跟人骂狗一样。当然,他们都是只骂别人的间谍,不骂自己的间谍"。参见李零:《唯一的规则——〈孙子〉的斗争哲学》,生活·读书·新知三联书店2010年版,第295页。

政治系统内部的许多与权力相关的、在道德评价上处于劣势的问题。[1]有人在这些事件发生后,试图将事件引入司法程序。[2] 然而,这种观点恰恰是没有注意到不同系统内部的编码是完全不同的,也没有注意到法律系统与政治系统必须经过结构上的耦合才能实现信息交换。也有人批评斯诺登是麻烦制造者,[3]然而持这种观点的人也没有注意到,恰恰是美国政府对互联网的操控,反而使得互联网世界产生了变异的运行,其中产生的冗余进入政治系统后,反映出政治系统在互联网提供的冗余的条件下想要越界,同时产生了变异的运行。具体而言,美国政府的监控行为在前,这种行为本身就制造了风险,[4]而这种行为引起斯诺登事件,或者说这种行为的曝光使得它所产生的风险本身又制造了新的风险。因此,任何妄图控制互联网的策略,都必然会将这一社会子系统引向风险的边缘。法律系统作为社会的免疫系统,虽然后知后觉,但是毕竟可以通过在宪法和行政法的层面上进行自我再生产,规制政府权力,减少制造风险的可能性。

此外,随着互联网技术的发展,互联网系统的复杂性增长加速,其本身带来的危险,可以导致极大的、不可归因的损害。比如近年来的勒索病毒,其危害超越了国家的界限,渗透到了不同的社会领域,造成了极大的

---

[1] 为了能够将不同社会子系统描述清楚,卢曼发明了区分的概念。作者在本文中也将如此,不讨论其他系统的运行是否符合道德。

[2] 李零教授在其《电视断想:斯诺登、奥威尔和西班牙内战》一文中写到,"闾丘露薇说,这一事件被炒作放大,其实它'反而证明美国司法健全,言论自由'。斯诺登该去哪儿?她有她的分析。拉美人权差,不能去;欧洲比较理想,去不了。你不是要当英雄吗?最好的选择还是回美国。因为在美国,'他可以请律师,他作为一个受到如此关注的公众人物,在整个司法过程中应该会得到很多的关注,关注越多,公平性越高'。"载于《读书》,2013年第9期,第89页。

[3] 同上注。

[4] 李零教授认为,美国借助反恐和安全的名义,利用互联网实施监控行为和战争,即使是为了安全,也是为了美国人的安全。参见李零:《电视断想:斯诺登、奥威尔和西班牙内战》,载于《读书》,2013年第9期。作者同意这一观点,因为美国监控其他国家和自己国家的公民,很多时候依靠的是权力(以及背后的军事实力)。在此权力不再受限,是可以被滥用的。美国发动的战争恰恰证明政治系统的运行已经处于异化的状态。

损害。这种危险可以归因,因为不是外部环境造成的,而是黑客组织的决定导致的;但是归责的成本极高,在一定程度上超出了法律系统的运作范围。由此可知,这种危险带有风险的特性,一旦互联网技术继续发展,使得解决这种危险的可能性出现,那么法律系统也会随之增加自身的复杂性,这危险也会转化为可以进行结构耦合的风险而进入法律系统。

## 四、互联网系统法治化的目的:建立共治共享的互联网治理体系

互联网系统的复杂性增长伴随着风险与危险的增长,法律系统与互联网系统的耦合在治理这些风险的同时,也在促使新的风险出现。正如卢曼所说的,人们必须确认"不存在绝对的安全","我们不能期待,透过像技术设备的改善就可以达到免除风险这种意义下的安全"。[1]这不是说我们放弃寻求治理危险的路径,而是要看到风险的存在和增长的现实,寻求技术和制度的治理之道。这就是说人们无法建立一个绝对安全的互联网环境,但是可以建立一个"建立共治共享的互联网治理体系"。

互联网是社会系统的组成部分,互联网系统通过自我的建构与其他社会子系统产生结构耦合,共建共享的互联网治理体系就是这些社会子系统相互关联的一种可能性。同样,其他社会子系统的治理也会期待一种共治共享的可能性,因此这种治理环境应当也属于十九大报告中提出的"共治共享的社会治理格局"的组成部分。

"共治共享的社会治理格局"是在当前中国社会演化到一定阶段之后所提出的一种可能性,它是在观察到社会各个领域相互联系、相互影响之

---

[1] [德]克内尔,纳塞希:《卢曼社会系统论导引》,鲁贵显译,巨流图书公司1998年版,第224页。

后做出的判断。[1]作为其中一部分的互联网治理的环境,也必须与法律系统相互关联、相互影响才能实现。针对法律与互联网的关系,习近平主席在2015年第二届世界互联网大会开幕式的演讲中提到,"网络空间不是法外之地。网络空间是虚拟的,但运用网络空间的主体是现实的,大家都应该遵守法律,明确各方权利义务。要坚持依法治网、依法办网、依法上网,让互联网在法治轨道上健康运行"[2];并且在致第四届世界互联网大会的贺信中,习近平主席提到,"全球互联网治理体系变革进入关键时期,构建网络空间命运共同体日益成为国际社会的广泛共识。"[3]这说明我国政府不仅认识到互联网与法律之间的关联,而且认识到建立互联网治理体系关系到互联网空间领域的主权、安全、自由、秩序等涉及到不同社会子系统的重要问题。这就给我们进一步清楚认识互联网在社会当中与其他子系统之间的耦合的具体内容提供了可能性。

## 五、结语

综上所述,互联网系统法治化是社会系统当中,互联网与法律这两个以其自我建构而形成的子系统产生结构耦合的结果。互联网技术的发展使得现代社会系统具有更高的复杂性,更高的复杂性意味着更高的风险,而法律系统的参与使得复杂性继续增长,也使得风险增加。这就意味着,所谓的克服风险并不是安全的到达,却有可能是不可抵抗的危险的出现。因此从知识论上来说,风险只能对应危险。

---

[1] 十九大报告提出,建立共治共享的社会治理格局要求"党委领导、政府负责、社会协同、公众参与、法治保障","提高社会治理社会化、法治化、智能化、专业化水平"。习近平:《决胜全面建成小康社会 夺取新时代中国特色社会主义伟大胜利——在中国共产党第十九次全国代表大会上的报告》,参见中国政府网:http://www.gov.cn/zhuanti/2017-10/27/content_5234876.htm,访问日期:2017年12月1日。

[2] 习近平于2015年在第二届世界互联网大会开幕式上的讲话,参见新华网:http://news.xinhuanet.com/politics/2015-12/16/c_1117481089.htm,访问日期:2017年12月1日。

[3] 习近平致第四届世界互联网大会的贺信,参见新华网:http://news.xinhuanet.com/politics/leaders/2017-12/03/c_1122050306.htm,访问日期:2017年12月1日。

然而风险与危险这一区分提供了一种治理风险的法治化路径,因为法律系统的运作最终涉及到归因问题,将可归因的要素归结为风险,从而使得法律系统可以对互联网系统产生影响。然而风险与危险只是知识论上的区分,在现实状况下,具有潜在危害的不确定性有可能在不同的时间阶段、不同的技术条件下分别形成危险和风险。而这种转化也是法律系统施加影响的可能性之一。因此,互联网系统法治化是一种体系化的治理方式,并且只能在系统的认识下实现。

书评

# 为"法律中心主义"辩护

## ——罗伯特·C.埃里克森《无需法律的秩序》批判对象之再分析

刘 涛[*]

**【摘　要】**《无须法律的秩序》一书中,作者的批判对象是一个十分重要但极易引人误解的问题。埃里克森所真正批判的是一种极端的"法律中心主义",即法律万能论的观点。埃里克森对法律万能论的批判体现在对秩序理性建构主义的批判、对法律全面规制主义的批判和对司法垄断纠纷解决的批判三个方面。在法律与非法律规范之间的关系上,应明确坚持法律中心主义的观点。法律中心主义是法治理论与实践的内在要求,它借助治理理论获得了新的寓意,在中国具有更加深刻的现实意义。法律主治不容质疑。

**【关键词】**法律中心;辩护;法律万能;批判;法律主治;证成

在《无需法律的秩序》一书中,埃里克森深入牧区进行周密细致甚至有些琐碎的调查考证以及不厌其烦的学术分析和理论阐释,都旨在为非正式规范的正当性证成,并以此来实现法经济学研究方法上的创新。对

---

[*] 刘涛,曲阜师范大学法学院副教授。

于这本书的学术意义特别是作者在法学研究方法方面的创新和贡献,中文译者朱苏力教授在译者序言中已经作出了很好的诠释,在此已毋庸赘述。笔者在这里想弄明白的仅仅是:埃里克森所批判的究竟是什么,真的是书中所说的"法律中心主义"吗?我们对于法律中心主义是应该摒弃还是应该坚持?如果这样的问题悬而未决,即便我们能够充分理解作者的中心问题、论证思路和研究方法,但在结论的归纳和提炼上却极易陷入误区。而且这样的误读所带来的影响绝不会仅仅停留于理论层面。

### 一、埃里克森批判对象之辨析

所谓不破不立,那么埃里克森在论证他所牵肠挂肚的非正式规范的正当性及其重要意义的过程中,所反对和批判的对象又是什么呢?按照字面上的表述,是所谓的"法律中心主义"。进一步追问什么是"法律中心主义",我们面前的两个文本(苏力的译者序和埃里克森的汉译著作)呈现出了不同的表述。下面就按照文本生成的反向顺序予以分析。

在译者序《研究真实世界中的法律》中,苏力对埃里克森所反对的法律中心主义也进行了归纳,指出:"在埃里克森看来,这是一种'法律中心论',即把法律,特别是把国家以合法的立法程序制定颁布的成文法律规则,视为社会秩序和发展的前提。"[1]随后又进一步说明:"在这个意义上,埃里克森借助博弈论的研究成果,颠覆了国家或正式法律是社会秩序之唯一或主要渊源,民间法或民间规范只是正式法律之补充或从属这样一个命题,他确立了民间法或民间规范是社会秩序之根本这样一个普遍性命题。"[2]概括一下苏力的意思,即认为"法律中心主义"是主张国家立法是社会秩序的根本渊源的一种错误观点。重视法治的本土资源,也是

---

[1] [美]罗伯特·C.埃里克森:《无需法律的秩序》,苏力译,中国政法大学出版社2004年版,译者序《研究现实世界中的法律》,第3页。

[2] 同上,第9页。

苏力的一贯理路,如他认为:"一个民族的生活创造它的法制,而法学家创造的仅仅是关于法制的理论。"[1]这倒是很好地回应了埃里克森的观点:"规范,而不是法律规则,才是权利的根本来源。"[2]从这个根本的角度讲,苏力对埃里克森中心思想的把握是没有问题的,但这样紧扣个人旨趣的阐释是极易引人误解的,我们还是回到原点,看一看埃里克森自己的表达。

埃里克森首先是从奥利弗·威廉姆森那里借用了这一术语,即法律中心论是认为国家是规则和执行活动的主要渊源的一种错误信念。[3]当然,埃里克森也可能意识到了威廉姆森的这种苏力式的根本性的表述所具有的笼统抽象的缺陷,于是通过批判他认为一些比较典型的法律中心论者的观点来进一步说明自己的靶子。我们可以归纳一下他所提及的几个学者被批判的原因:霍布斯主张"没有主权者就不会有秩序,而只有混乱";科斯"暗暗假定,政府对规则制定的职能有一种垄断";卡拉布雷西和梅勒米德"类似的将'国家'当作了社会秩序的唯一渊源,否认'国家'以外的一些控制者可以产生并执行某些权利";韦伯认为"现代国家成功的寻求垄断了武力的合法使用作为某个区域内的支配性统治的一个工具……。只有在国家允许的情况下,使用武力的权力才被划给其他机构或者个人";庞德认为"自助与社会秩序这个概念正好是冲突的。……因此,法律一般是禁止自助的"。在进行这些批判时,埃里克森还穿插了这样一些论断性的语言:"夸大国家在制定和执行秩序规则中的作用的并不只是经济学家","或许是法律中心论者过度看重了法律的作用,他们看来都不恰当地易于假定行动者都知道而且信守法律规则"。[4]从中我们可以抽出一些有规律性的词语:"没有就不会有"、"垄断"、"唯一"、"否认可以"、"冲突"、"禁止"、"夸大"、"过度看重"。接下来,埃里克森的表述更为清

---

[1] 苏力:《法治及其本土资源》,中国政法大学出版社1996年版,第289页。
[2] [美]罗伯特·C.埃里克森:《无需法律的秩序》,苏力译,中国政法大学出版社2004年版,第63页。
[3] 同上,第167页。
[4] 同上,第167—170页。

晰:"极端法律边缘论同极端法律中心论一样,都站不住脚,尽管法律作为一种社会工程的工具也许经常被高估了,但它并不总是毫无力量的"[1],"政府试图垄断这一驱赶房客的程序,这一点并不值得大惊小怪,因为政府常常想把各种形式的社会控制竞争对手都挤出去"[2]。从这些方面,我们可以看出,埃里克森所着力批判的并不是法律中心主义,而是一种极端的法律中心论,即法律独揽天下,垄断社会控制资源,压制并排斥其他规范的存在,成为唯一的、独占的、排他的社会调控工具。如果这样仅从文字上予以推理还有些薄弱,那么小波斯纳对于埃里克森学术背景和研究传统的交待还可以对此予以支撑。他认为埃里克森是一个"研究传统"中最为晚近并且最有影响的代表人物,这一传统批判了那种过分专注于国家,简化国家和公民之间的关系,分析简单问题,排斥重要及有趣问题的法律学术研究。[3] 列宁说过,真理往前迈出一小步就会成为谬误。法律中心主义并没有问题,而极端法律中心主义才是一个错误。埃里克森借用了威廉姆森的法律中心论的表述且在不加严格限定的情况下予以使用,很容易造成一个重大的误解。

## 二、"法律万能论"之批判

准确地说,埃里克森所批判的是一种被不当地冠之以"法律中心主义"的法律万能论的观点。法律万能论也就是一种极端的"法律中心主义",它与法律中心论的相同之处在于都坚持法律在社会控制规范中的主导地位;所不同的只是它将法律的社会控制功能推崇到了一种可以独步天下并无以复加的地步。法律万能论主要表现在三个方面:秩序形成的理性建构主义、社会控制的法律全面规制主义、纠纷解决的司法垄断主

---

[1] [美]罗伯特·C.埃里克森:《无需法律的秩序》,苏力译,中国政法大学出版社2004年版,第180页。

[2] 同上,第340页。

[3] 同上,第6页。

义。如果从这几个方面进行分析,我们可以更加清晰地把握埃里克森在学术批判方面所作出的贡献。

## (一)对秩序理性建构主义的批判

吉登斯认为,是现代性的制度"把我们抛离了所有类型的社会秩序的轨道,从而形成了其生活形态"[1]。在谈到对"历史性"的理解时,他指出:"利用过去以帮助构筑现在,但是它并不依赖于对过去的尊重。相反,历史性意味着,运用过去的知识作为与过去决裂的手段,或者,仅仅保留那些在原则上被证明是合理的东西。历史性事实上主要是要引导我们走向未来。"[2]在这种急于挥别历史的现代性观念的驱使和策动之下,自启蒙运动以来,习惯和惯例等民间规范在社会秩序的构造中具有基础性甚至主导性作用的状况一去不返了,以人类理性强制性地构造普适性秩序的观念成为主流思潮。如韦伯所言:"随着资本主义经济的发展和法理型统治的扩张,自然法理论在现代西方社会中的作用越来越弱。认为制定的形式理性逐渐成为自身的正当性来源和规范性基础,实在法不再需要诉诸一种'更高级的法'来证明自己的正当性。"[3]但是这种人为设计的形式理性却难以阻挡和解答人们对法律和权利真正来源的追问。"除非人们觉得,那是他们的法律,否则,他们就不会尊重法律。"[4]如苏力所言,既然不断向上这条路从理论上看也是不保险的,那么向下的追问就不失为一个选择。埃里克森正是通过这样一种向下的道路来对建构理性的过度张扬进行批判。他发现,社会规范是在社会群体利益博弈的互动过程中内在地生发出来的,而法律从根本上说不过是对这种内在生成

---

[1] [英]安东尼·吉登斯:《现代性的后果》,田禾译,译林出版社2000年版,第4页。
[2] 同上,第44页。
[3] 郑戈:《法律与现代人的命运——马克思·韦伯法律思想研究导论》,法律出版社2006年版,第124页。
[4] [美]哈罗德·J.伯尔曼:《法律与宗教》,梁治平译,生活·读书·新知三联书店1991年版,第60页。

的规范与秩序的国家承认。由此他提出:"是规范,而不是法律规则,才是权利的根本来源,"[1]并警告说,"法律制定者如果对那些促进非正式合作的社会条件缺乏眼力,他们就可能造就一个法律更多但秩序更少的世界。"[2]苏力在这一点上对埃里克森的评论是很准确的:"在这个意义上,如果用一种强势的方式表达,埃里克森澄清了哈耶克和科斯所用的'法律'这个词的寓意,减少了(但不必然排出)人们近代以来已经习惯的、把法律同国家联系起来的那种寓意,强调了法律是社会生活的产物。"[3]

**(二)对法律全面规制主义的批判**

如庞德所言,自16世纪始,法律成为了社会控制的一种首要力量。但也正是从那时起,随着人们对于法律的社会控制功能的极力推崇,法律被赋予了一种可以独自调整和整合所有社会关系的万能地位。人们试图借助法律来实现对社会运转的全面规制。法律被描述为"人们对每个人所施加的压力,施加这种压力是为了迫使他尽自己本份来维护文明社会,并阻止他从事反社会的行为,即不符合社会秩序假定的行为"。[4]法律之于社会的功能被理解为一种社会工程,而"工程是一个过程,一种活动,立法者、法官、法学家和行政人员就是工程师,他们通过自己的行为和活动来建立法律秩序"。[5]在法律的侵越、压制和排挤之下,所有其他的社会控制手段几乎难有立足之地,而"只能行使从属于法律以及法律所确定的范围内的戒规性权力"。[6]我国在确立法治方略之后,也曾陷入过把

---

[1] [美]罗伯特·C.埃里克森:《无需法律的秩序》,苏力译,中国政法大学出版社2004年版,第63页。
[2] 同上,第354页。
[3] 同上,译者序《研究现实世界中的法律》,第7页。
[4] [美]庞德:《通过法律的社会控制》,沈宗灵译,商务印书馆1984年版,第18页。
[5] 王威:《法律社会学——学科辨析与理论源流》,群众人民出版社2004年版,第387页。
[6] [美]庞德:《通过法律的社会控制》,沈宗灵译,商务印书馆1984年版,第24页。

事事都纳入"法治轨道"的狂热,把"依法治国"逐级向下推演到"依法治乡"、"依法治村",甚至是"依法治山"、"依法治水"。法律的内在局限性决定了它不可能实现对社会关系的全面规制。如科特威尔所言:"事实上,19世纪,在法治原则的全盛时期,这一原则也只能在有限的生活领域中得到实现。"[1]"而由于各种广泛的缘由,法律的干预可能都是无用功。"[2]更为要紧的是,如果法律强行侵入了本不应当由它来调整和规制的领域,只能是事与愿违,造就与人们的期望相反的结果。因此,"要避免那种试图超出其领域施加影响而引发的挫折,法律工具论者的明智做法是加深对社会控制系统中非法构成部分的理解"[3]。埃里克森认为他在夏斯塔县的发现是一个新证据(并且这样的证据如今日益增加),可以证明"社会生活有很大部分都位于法律影响之外,不受法律的影响"。紧接着,他提出批评说:"尽管这样的证据如今堆积如山,但是,却还是很少有人看到法律的限度。……这种观念是错误的,完全错误,乃至于它受到本书书名所隐含的抨击,也算是罪有应得。"[4]但埃里克森的寓意还不仅在此,他并不打算让他的发现停留于夏斯塔县的牧人区,而是借助一系列复杂的分析和论证力图告诉我们:"在现代,高度分散的人们仍有可能并且会通过其他方式在某一个或几个维度上形成在某些方面重叠的交织紧密的群体,从而形成一些有约束力的维系社会秩序的规范。而且这些规范可以成为现代社会秩序的一个重要组成部分,或者说现代社会法治状态的组成部分。"[5]

---

[1] [英]罗杰·科特威尔:《法律社会学导论》,潘大松等译,华夏出版社1989年版,第186页。
[2] [美]罗伯特·C.埃里克森:《无需法律的秩序》,苏力译,中国政法大学出版社2004年版,第348页。
[3] 同上。
[4] 同上,第5页。
[5] [美]罗伯特·C.埃里克森:《无需法律的秩序》,苏力译,中国政法大学出版社2004年版,译者序《研究现实世界中的法律》,第16页。

### （三）对纠纷解决司法垄断模式的批判

以法律全面调整和控制各种社会关系的观念和实践必然会带来一个直接的要求或后果，那就是把司法和诉讼作为近乎排他性的正统的纠纷解决机制，压制和排斥任何自治性、民间性或地域性的组织的纠纷化解功能。如范愉教授所言："西方中心的普遍主义思潮坚持单一的现代化标准，对诉讼的偏好和参与程度，被作为评价一个社会现代化程度、特别是法律意识现代化程度的标尺。因此，调解的重要作用被作为社会法治化乃至现代化程度低的非西方国家所共有的特征。"[1]日本在其法治现代化过程中，为缓解西化的法律体系和诉讼制度与本土社会现实的矛盾，而创立调停制度之时，就曾经遭到本国激进思想家和大多数法学家的激烈批判。[2]但如同日本法学家棚濑孝雄所指出的："历史上存在过的任何社会中，恐怕审判既不是实现权利唯一的场所，也不一定是实现权利最有效的方法。"[3]随着人们对于法治内在局限性的进一步体认和反思，替代性纠纷解决机制的理论和实践在二十世纪后半叶获得了迅速发展，日本更是进入了这一方面的先进国家行列。埃里克森实际上是从法经济学的一个进路论证了代替性纠纷解决方式和多元化纠纷解决机制的合理性。他不但以"邻人如何解决纠纷"作为该书的副标题，更是在序言中就开宗明义："本书试图例证，人们常常以合作的方式化解他们的纠纷，而根本不关心适用于这些纠纷的法律。"[4]在比较了法律和规范在减少自重损失的相对能力之后，他提出："由于这些理由，一国关系紧密之群体，如果它能够生发出相对可靠并便宜的非正式社会控制体系，就肯定会有一些选

---

〔1〕 范愉：《非诉讼纠纷解决机制研究》，中国人民大学出版社2000年版，第328—329页。
〔2〕 参见同上，第50—55页。
〔3〕 ［日］棚濑孝雄：《纠纷的解决与审判制度》，王亚新译，中国政法大学出版社1994年版，第207页。
〔4〕 ［美］罗伯特·C.埃里克森：《无需法律的秩序》，苏力译，中国政法大学出版社2004年版，原书序第1页。

择控制者的规范,不鼓励其成员把他们之间的纠纷提交法律体系处理。"[1]最后,在运用"福利最大化规范之假说"进行了系统分析后,他进一步得出结论,"夏斯塔县的证据显示,人们知道,相对而言,法律体系是一个昂贵的纠纷解决体系,并因此常常有意对法律不闻不问","确实,人们经常情愿有意不理睬法律的缘由之一是,他们经常有实现秩序的一些更为便捷的手段"。[2]

### 三、"法律中心主义"之证成

埃里克森的书中存在着一个明显的含混之处,那就是他在着力法律的渊源时,未能明确指出"生成"之后的法律与社会规范之间的关系,这的确是该著的一大缺憾。在这一点上,小波斯纳的批评是非常中肯的:"这一研究传统的影响却因一个重大的失败而受到限制,即这一派批评家没能针对他们所批评的方法论给出一个有用的分析框架作为替代。……由于受到批评家的含混风气的影响,学者们现在也以一种大而无当且反复无常的方式运用'社会规范'的概念。学者们现在需要的是一种能够系统分析法律与非法律合作机制的方法论。"[3]我认为,法律与非正式规范的关系可以这样表述:在渊源上,法律应当产生于非正式规范(人们在日常生种博弈形成的规范),"或者说有效率的、好的规范其实就是符合这些规范的,或者说是对这些规范官方表达"[4];但产生之后,法律应当在社会生活中占据主导地位,在所有社会控制手段中处于中心位置,也就是说,在法律与其他规范的关系上,应当坚持"法律中心主义"。如此主张,主要

---

[1] [美]罗伯特·C.埃里克森:《无需法律的秩序》,苏力译,中国政法大学出版社 2004 年版,第 309 页。

[2] 同上,第 348 页。

[3] [美]埃里克·A.波斯纳:《法律与社会规范》,沈明译,中国政法大学出版社 2004 年版,第 6 页。

[4] [美]罗伯特·C.埃里克森:《无需法律的秩序》,苏力译,中国政法大学出版社 2004 年版,译者序《研究现实世界中的法律》,第 7 页。

基于以下理由。

### (一)"法律中心主义"是法治理论与实践的内在要求

社会的发展使法治的先天局限性日益显现。人们认识到,规则与价值,工具与目的,形式与实质,这些内在矛盾使得法治像任何一种制度及其原理一样,不可能是完善的。但同时,人们也逐渐更加深刻地认识到,法治是人类目前所能发现和选择的虽不是最好但却可以防止更坏并且也没有其他更好的方式可以代替它的生活方式和制度安排。对法治的任何反思和批判都从来没有达到足以使之瓦解的强度。埃里克森虽然没有明确指出法律与非法律规范的关系,但却明确地告诉我们:他的书名有特指,针对的是"罪有应得"受到"隐含"的抨击的认为"政府独享对不轨行为的控制"的"完全错误"的观念。[1] 译者也帮其进一步辩解:"必须强调,埃里克森并不是世俗意义上的无政府主义者,也不是那种浪漫主义者,他并不认为在现代社会,没有制定法、只有这种规范就可以实现良好的治理了;事实上,他也批评了法律边缘论者(第八章)。"[2]

而只要法治还是人类基本的生活方式和制度安排,"法律中心主义"就是一个必然的要求。在张文显教授所总结的可实践的"法治"的十大制度要素与机制中,第一项就是"社会应主要经由法律来治理"。他认为这是由法律与其他社会规范相比较所具有的一系列社会稳定和发展所必需的优势所决定的。法律是借助国家强制力保证实施的,这从根本上为社会秩序的建立和发展提供了保障;法律特有的富有活力的调整机制,具有广泛持久的社会动员作用;法律还具有强大的组织功能。[3] 不经过或不主要经过法律的治理,确实可以存在秩序,但未必就是法律秩序,更不可

---

[1] 参见[美]罗伯特·C. 埃里克森:《无需法律的秩序》,苏力译,中国政法大学出版社 2004年版,第5页。

[2] 同上,译者序第16页。

[3] 参见张文显:《法哲学范畴研究》,中国政法大学出版社2001年版,第161—162页。

为"法律中心主义"辩护

能是法治秩序。社会秩序仅仅表示"在社会中存在着某种程度的关系的稳定性、进程的连续性、行为的规则性以及财产和心理的安全性"。[1]而法律秩序则表现为"社会生活的基本方面已经法律化和制度化,……,有条不紊、充满生机的社会秩序是在法律秩序的基础上建立起来的"。[2]而法治秩序则更为严格,"不是任何一种法律秩序都称得上法治秩序,法治是有其特定价值基础和价值目标的法律秩序"。[3]也就是说,法治只能是一种良好的秩序状态,与社会秩序和一般的法律秩序相比,它是有理想的,它所反对的只是理性的狂妄和僭越。而要实现法治这一理想,首先则必须实现法律的主治。小波斯纳也指出:"有许多社会规范促进了社会福利,但也有许多社会规范损害了社会福利,规范的价值主要是一个历史偶然事件。"[4]因此,他认为,法律规范对于非法律规范的渐进置换的部分原因在于立法者和法院寻求消除源自社会规范的病症,而不是因为社会规范反映了不为他们所分享的价值和利益。并且,这种置换是庆祝的,而不应该像现在流行的那样为之悲叹。[5]

## (二)"法律中心主义"借助治理理论获得了新的寓意

在《无需法律的秩序》这本书中,作者表述中的许多地方,"法律"和"国家"或"政府"完全是可以互换的,即作者是把法律作为一种由政府实施的来自于国家科层制的社会控制形式来理解和运用的。如前文所述,主报告人在阐述法律与非法律规范的关系时,也采用过这种置换。值得注意的是,埃里克森对于法律或者说政府流露出了天然的警惕倾向,如他在论及"纠纷特点对选择控制者的影响"时指出,"自利群体操纵法律一般

---

[1] 张文显主编:《法理学》,高等教育出版社2003年版,第390页。
[2] 张文显:《法哲学范畴研究》,中国政法大学出版社2001年版,第155页。
[3] 同上。
[4] [美]埃里克·A.波斯纳:《法律与社会规范》,沈明译,中国政法大学出版社2004年版,第11页。
[5] 参见同上。

287

要比操纵规范更容易","政府的规则制定特别不可能是福利最大化的,因为在许多活动领域中,身居要位的寻租者可以获得有助于自己的立法,政治上的弱者则要为之付出更大的代价"。[1] 在以房屋租赁为例"检验规范的内容"时,他又指出:"政府试图垄断这一驱赶房客的程序,这一点并不值得大惊小怪,因为政府常常想把各种形式的社会控制竞争对手都挤出去。"[2]这说明,就像他所批判的"法律中心主义"是极端的"法律中心主义"一样,他所警惕和戒备的政府也是一种全能型的政府。因此,他借助于在夏斯塔县以及其他地方所发现的人们持续地同时维持着社会控制的非正式体系和法律体系并以一种很精细的方式将之混合起来的事实来说明:"这是一个提示,在实践中,规模效率的考量因素并不强迫大众一定要在守夜人国家与全权国家的两极之间作出选择。"[3]

从这里可以看出,埃里克森虽然选择了公共选择理论作为他的分析工具之一,却没有注意到和公共选择理论同为西方新公共管理运动之基础并能更好地说明他所主张的国家与社会关系的治理理论。按照治理理论,政府的管理方式正在由"统治"向"善治"转变。治理理论以公民参与为基础,以公民的自我组织和自我管理为特征。政府不再是唯一的公共管理主体,而只是由众多治理主体所参与形成的公共事务治理网络中的一个结点。在这种网络中政府将是公共事务治理的最终诉求,而不再是直接诉求。随着社会自治力量的发展壮大,由众多治理主体参与的公共事务治理网络将会不断壮大,政府直接调整控制的治理领域将会不断缩小。治理理论"把很多法律规则理解为利用社会规范的自主规制力量的努力"[4],将会营造出更多"无需法律的秩序"。但同时治理理论也毫不

---

[1] [美]罗伯特·C.埃里克森:《无需法律的秩序》,苏力译,中国政法大学出版社2004年版,第317页。

[2] 同上。

[3] 同上,第313页。

[4] [美]埃里克·A.波斯纳:《法律与社会规范》,沈明译,中国政法大学出版社2004年版,第10页。

怀疑法律的主导地位,只不过这种主导不再是传统意义上的直接控制,而是具有了一种全新的意味。正如登哈特所说:"我们仍然需要领导,我们甚至要比以前更加需要领导。然而我们需要的是一种新的领导。""如果全社会的大多数人都不准备在他们自己所处的层次上采取像领导者的那样的行动来使一切有序进展的话,那么这个系统就不会发挥其应有的作用。"[1]贝克、吉登斯、拉什则共同指出:"这种领导不再是传统的命令和强制,而是一种对于社会自治的引导、协调和服务,即政府的作用在于'搭台唱戏、安排对话并给予指导'。"[2]若想在共治的多元主体和日益分化的公民个体需求之间,确保公共利益的实现,就需社会自治组织之内和它们之间充分的沟通交流和对话协商,而这又需要在政府的引导和组织下才能实现。政府需要帮助一个团体、组织或者小区首先承认自己的愿景,并学会如何朝着这个愿景前进,以保证组织不仅要正确地做事,还要做正确的事。

(三)"法律中心主义"在中国具有更深刻的现实意义

作为后发国家,我们确实具有一些相对的优势,例如可以在充分借鉴他国法治建设经验教训的基础上,以更有针对性的措施缩短法治现代化的进程;但这也同时给我们施加了一个历时性问题共时性解决的沉重压力,难以照搬或模仿西方法治的生成之路。这就好比一个长期营养不良的人在考虑如何吃胖的时候还得警惕可能由此产生的"富贵病"。当我们在法治建设的道路上孜孜以求的时候,西方世界却煞有其事地开始了法治的批判甚至是解构;当我们试图借助司法审判确立法律的至上权威时,法治国家又轰轰烈烈地展开了其多元化纠纷化解机制的研究与实践。反

---

[1] [美]珍妮特·V.登哈特、罗伯特·B.登哈特:《新公共服务:服务,而不是掌舵》,丁煌译,中国人民大学出版社 2004 年版,第 135—136 页。

[2] [德]乌尔里希·贝克、[英]安东尼·吉登斯、[英]斯科特·拉什:《自反性现代化》,赵文书译,商务印书馆 2001 年版,第 50 页。

思与批判固然可以令人清醒和冷静[1],但却不应动摇我们追随法治的理想和信心。"哈贝马斯和鲍曼等思想家,把现代与后现代的不同旨趣、取向纳入到共同的历史过程中考察,认为现代性更多地表现为对新秩序的建构,在追求确定性的行动、秩序和结构。后现代对其警醒和批判是必要的,但对其完全颠覆、抛弃是不可能的,也是危险的。诸多病理性问题,需要通过修正和完善现代性事物,加以解决。"[2]在中国,强调"法律中心主义",具有更加深刻的现实意义。

首先,只有确立了法律的主导地位,良好的社会秩序才能形成。毋庸讳言,走向现代化是一个深刻的变革过程,这一变革将会波及政治、经济、文化和社会生活的方方面面。我国现在正处在现代化建设的关键时期,或者说是社会学家所称的矛盾多发、冲突不断的倒 U 型拐点阶段。在社会的急剧转型过程中,其中特别重要的一个方面就是需要经历和完成社会秩序的重构。原先依靠行政命令、组织控制、道德教化和乡土人情所形成和维持的社会秩序已经被打破,而一种更具活性与张力的社会秩序正在发展演化之中而尚未完全定型。在这种客观情况下,如果我们不能尽快确立法律在社会秩序中的主导地位,不但原先追求的法治图景会成为虚无缥缈的海市蜃楼,而且将进一步加剧社会的动荡和混乱。这就是黄文艺教授所说:"当前中国法制建设最为紧迫的任务是确立起形式法治论者所强调的那一套形式性、程序性制度安排,为各种社会问题纳入法治的轨道思考和处理创造制度条件,为法律所追求的那些实体价值目标的实现提供制度保障。"[3]董磊明教授等在河南宋村的实地调查告诉我们:在

---

[1] 事实上这种有益的反思和批判也获得了我国法学界的认可,例如代表我法学成就最高奖的"钱端升奖"已经颁发两次,首届是朱苏力教授的《法治及其本土资源》获得了两个一等奖中的第一名,第二届则是范愉教授凭借其《非诉讼纠纷解决机制研究》获得了唯一的一等奖。

[2] 陈步雷:《法治化变迁的经验与逻辑——目标、路径与变迁模型研究》,法律出版社 2009 年版,自序《星空、人类与中国法治》,第 5 页。

[3] 黄文艺:《为形式法治理论辩护——兼评〈法治:理念与制度〉》,载于《政法论坛》,2008 年第 1 期,第 180—181 页。

## 为"法律中心主义"辩护

没有一套正义观和价值系统能够占据绝对优势和竞胜地位的情况下,村庄秩序将陷入一种怎样的"结构混乱",不少地方地痞混混势力正在如何填补公共权威的真空,乡村是多么期待国家的力量来保障公正与秩序。[1]至于城市,2009年重庆打黑系列案件已经足以揭示:在法律权威不能有效统摄的情况下,什么人将实现什么样的"效益最大化"?

其次,只有确立了法律的主导地位,非法律规范才能真正发挥其作用。先让我们来回顾一下夏斯塔县"无需法律的秩序"是怎样形成和运转的。牧民们确实在日常生活中经常采用自己更好的方式去解决争议而有意不理睬法律,但当他们觉得需要运用法律或依靠政府来维护自己的权益时,又总是能拥有畅通无阻的救济渠道;他们平时对法律如何规定牲畜越界的责任漠不关心,但当他们觉得某一项具体的法令会影响到自己的利益时,又拥有足够充分以至于即便失败了也会理智接受的对立法官员施加影响和反复交涉的游说方式。在这里,法律确实几乎是看不见的,那是因为它已经深深地走进了他们的心里。他们不用经常把法律挂在嘴上,但他们知道,在紧要的时候,有一种力量在护佑着他们。正因为如此,他们可以放心大胆地预期他们的好邻居会做出一些不太尽如人意但绝对不会太出格的行为;至于艾利斯那样蛮不讲理肆无忌惮的家伙,自有让他倒霉的方式。因此,是在法律的庇护和震慑之下,非法律规范让他们实现了自己的效益最大化。这就如同小波斯纳的主张:社会规范既可能是有利的,也可能是有害的,法律在增益减害的过程中发挥了关键性的作用。[2]无论多元化纠纷化解机制如何多元,都不可能代替司法机关维护权利和捍卫正义的最后最根本的作用。如果法律不能在社会治理中占据主导地位,那么我们在面对众多的潜规则大行其道时虽痛心疾首却也无

---

[1]董磊明、陈柏峰、聂良波:《结构混乱与迎法下乡——河南宋村法律实践的解读》,载于《中国社会科学》,2008年第5期,第99—100页。

[2]参见[美]埃里克·A.波斯纳:《法律与社会规范》,沈明译,中国政法大学出版社2004年版,第10—11页。

可奈何。在一些非法律规范发挥重要作用的自治领域,行政乃至刑事责任的事后惩处必须予以补强。因为法律赋予了你自治的权利,你就必须承担自治的责任;你有更大自由,你就需要承担更大的责任。

## 四、结语

现代社会,在法治方略下的具体治理方式上,确实是一个多元化的格局。调整社会关系的规范体系除了法律之外,还有"非法律规范";在社会秩序上,除了经由法律调整形成的社会秩序外,还有"无需法律的秩序";在纠纷解决方式上,除了司法审判之外,还有多元化纠纷解决机制。但同时我们又必须认识到,在这种多元的组合中,各种要素之间的关系并不是平行的,也不是不分主次的,法律占据着主导地位,发挥着更为重要的作用。法律主治,正是"法律中心主义"的确切内涵所在。这主要表现在:在规范构成上,法律是整个规范体系的主要组成部分;在效力位阶上,法律中的宪法规范在整个规范体系中具有至上地位,体现着宪法精神的强行法规范不能被违反;在功能作用上,法律调整着大部分社会领域和大多数社会关系;在纠纷解决上,司法是社会公平正义的最后一道防线,是权利救济的最后和最根本的保障。

公有制之于社会主义制度的关系和法律之于法治的关系颇为相像,或许有助于帮助我们进一步认识法律(法律治理机制)、非法律规范(非法律治理机制)与法治的关系。如下图所示:

|  | 特征 | 主导部分 | 其他部分 | 主次关系 |
| --- | --- | --- | --- | --- |
| 社会主义 | 公有制为基础 | 公有制经济 | 非公有制经济 | 由排斥到重视 |
| 法治 | 法律主治 | 法律规范(法律治理机制) | 非法律规范(非法律治理机制) | 由排斥到重视 |

就像公有制主导对于社会主义制度而言不容置疑一样,法律主治对于法治而言也是不容置疑的。法律主治在,则法治存;法律主治废,则法

治亡。无论是后现代理论、批判法学运动还是目前的其他任何理论,只要它能够瓦解掉法律主治,法治大厦必将轰然坍塌。这也不是不可以,关键是有无可以令人信服的"理由"。

总之,埃里克森教授为我们描绘了一首优美的具有浓郁美国西部风情的田园牧歌,但这支歌只能奏响在法治的天空之下。

# 综述

# 为实现中国法治而努力
## ——"中国法治的推进与实现"学术研讨会综述

刘振宇[*]

2016年12月15日,上海师范大学法治与人权研究所成立暨"中国法治的推进与实现"学术研讨会在上海师范大学哲学与法政学院召开。来自上海市法学会、上海市文史研究馆、上海交通大学、华东政法大学、华东理工大学、同济大学、上海大学以及上海师范大学的20多位专家学者参加了此次研讨会。

上海师范大学法治与人权研究所所长刘作翔教授在致辞中指出,上海师范大学法治与人权研究所的成立,为学术研究和交流搭建起一个平台,以上海师范大学哲学与法政学院的老师为主体,广泛吸收院内外、校内外以及海内外的研究力量,对中国的法治和人权问题进行有深度的拓展性研究。本次会议以"中国法治的推进与实现"为主题,期待研讨会能够为中国法治深入推进和实现,为中国的法治和人权保障作出智力贡献。

与会专家学者围绕会议主题各抒己见,畅所欲言。现将此次研讨会的主要内容和学术观点综述如下。

---

[*] 刘振宇,上海师范大学哲学与法政学院讲师,上海师范大学法治与人权研究所所长助理。

法理学与部门法哲学

## 一、法治建设的中国特色

法治中国建设的第一个特色,是呈现出明显的阶段性。

上海市文史研究馆馆长郝铁川教授指出,中国的法治建设具有阶段性特征,而现阶段的特点便是新训政。这一"新"训政,是针对孙中山的"旧"训政而言的。孙中山是中国革命先行者,他对中国法治现代化的探索成果值得我们继承和批判。继承的一面体现在:都认识到中国现代化要分步骤地进行,都坚持一党执政,都强调信仰的力量。而批判或发展则体现在:第一,孙中山主张在训政时期由国民党代行立法权、行政权等,而我们则强调中国共产党必须在宪法和法律的范围里活动,党不制定法律,而是建立健全党规,促进依法治国方略的实施;强调党只能通过国家机关设立党组,由党组按照国家机关法定程序,把党的主张变成国家机关的政令、法令。第二,孙中山强调举国上下唯须信奉三民主义,而我们在中国主体实行社会主义制度、强调以中国特色社会主义理论为指导思想之外,在香港、澳门等局部地区实行"一个国家,两种制度"。第三,孙中山主张一党制,而我们今天则实行中国共产党领导下的多党合作和政治协商制度。因此,现阶段的新训政中增加了中国特色的社会主义民主成分,增加了人民当家作主的成分,这是因为我们实行了人民代表大会制度,实行了协商民主制度的缘故。当然,新训政不是法治中国建设的终极目标,而只是社会主义初级阶段阶段性的展现。我们的终极目标是实现人类每一个人自由而全面发展的社会。

法治中国建设的第二个特色,是中国传统文化和现代法治文化的衔接。

上海市法学会法理法史研究会会长、华东政法大学王立民教授重新阐释了"德治"和"法治"的关系。"法安天下"、"德润人心",这两句话能够比较集中地反映出现在关于德治和法治理论研讨的走向,构成了当前推进社会主义法治建设的基本理论。这个理论有别于中国古代的相关理论,但是,"德治""法治"这四个字是一样的。从世界的法治发展的过程来看,作为一种治国方略,有过法治,有过德治,也有过神治。但中国没有神治的传统,没有建立过政教合一政权的国教,也没有某个宗教独大以致成为像宗教法国家那样的国教。从世俗的治国方略来看,只剩下德治和法治两个选择。历史上,中国长期使用的是德治的治国方略。十八大以后,特别是十八届四中全会,把依法治国和以德治国都放在决定里面,但是解释已经不一样了:法治是治国方略,以德治国是一种辅助的方式。也就是说法治仍然是中国的治国方略,还是坚持法治的权威,而德治是培养人的道德水准,是一种提高道德水平的方式。德治与法治的问题,是中国要全面建设社会主义法治国家中一个重要理论问题。历史来看,中国现在推进法治,有一个很大的局限,就是缺少法治的传统,因此现在有一个迫切的任务就是大力建设法治文化,用法治文化营造一个很好的法治精神、氛围、环境,促进法治国家的建设。

上海师范大学哲学与法政学院刘诚教授认为,在缺少法治传统的情况下,建设法治文化任重而道远。它导致我们经常用法治这一语词表达三个不同的概念,即法治(rule of law)、律治(rule by law)、礼治(rule by rituals or rule by morality)。律治是传统的法家思想,礼治是传统的儒家思想,都是农业文明的产物;而法治则是孕育于商业文明,并在工业文明中发展完善的。目前普遍存在对法治概念的误读,即以农业文明的视角解读工商业文明的概念。法治在实质上是规则之治,即为了共同利益而确立的预防和公平解决冲突的行为规则,但中国现在的主流理念是礼治和律治结合,这导致法治建设还有很长的路要走。目前,我们的法律中,真正具有法治鲜明特征的是两个东西,一个是无罪推定原则、一个是《行政许可法》,其他的东西带有太多的律治色彩。中国现在应该放弃礼治,而以法治为目标,通过律治,循序渐进地走向法治。

法治中国建设的第三个特色,是中国共产党、政府和社会三者之间的关系不同于西方法治国家中政党、政府和社会的关系。

华东政法大学政治学与公共管理学院蒋德海教授认为,法治国家建设涉及中国共产党、中国政府的社会职能是什么。从法理上说,法治国家所针对的是国家和政府,不是针对社会普通百姓的。现代民主法治的实质是治权,当执法者和立法者发现自己不得不守法时,法治社会就到来了。比如,现阶段的反腐,腐败产生的根本原因是权力不受制约,这需要调动社会中的力量,让老百姓行使权利。

上海大学法学院李清伟教授指出,改革开放以来,中国法治建设一直是由执政党来推进的,执政党顺应社会发展,提出中国法治不同阶段的改革目标,中国的法治建设体现出显著的建构主义倾向。而现在中国社会发展到了一个新的阶段,中国法治到底应由社会来推进,还是坚持由执政党来推进,还是两者皆而有之,是一个需要厘清的问题。这涉及法治的一般性和特殊性的关系。法治的一般性要求法治的社会性,排斥法治的政治性,因此,为了进一步推进法治建设,执政党参与法治的形式就必然要发生某些变化,即通过民主机制来落实人民主权。

上海师范大学哲学与法政学院陈洪杰副教授认为,社会主义国家的立国模式,无一例外可以称之为"以真理立国",这要求一种制度强加于社会的信任,就是要求社会成员一定要对政治利维坦施以无条件的信任。而法治国家的精髓就在于以制度化的方式表达对权力的不信任。因此,在坚持党的领导,坚持四项基本原则不动摇的前提下,就要求我们党真正完成从革命党向执政党的转变,换言之,就是将党在革命战争年代倾注全部精力塑造出来的要求追随者无条件信任的卡理斯玛型权威逐步转型为"依法执政"的法理型权威。毕竟,制度强加的信任,最后可能会导致这个社会或者产生信任危机,或者遁入犬儒主义。这个转型实际上正在发生,这是中国共产党探索实践中国特色社会主义道路的历史使命。

## 二、法治中国的现实关切

法治建设的阶段性,意味着法治中国不是一天建成的。在实现法治的进程中,不可避免地产生这样或那样的问题,等待着法律学人去解答。这些问题既有内在于法治的,比如,法律制度、法治观念,也有外在于法治的,比如科技发展,甚至于,更为隐蔽的,来自于学者自身。

上海交通大学凯原法学院郑成良教授叩问法治中国建设的制度实现:一是社会主义国家理论和法治理论如何有机结合;二是党的领导和法治的衔接如何找到一个制度的接口;三是如何全面推进宪法实施。他认为,仅凭意识形态的承诺并不足以解决这些问题,必须设立具体的制度。

上海交通大学凯原法学院范进学教授同意将宪法实施作为法治中国的核心问题之一,界分了宪法实施和法律实施。一是宪法实施是对所有立法性文件的审查,而法律实施并不审查法律。二是宪法实施与法律实施的适用条件不同,前者是针对立法侵害,而后者针对的是自然人或法人、组织等的具体侵害。三是二者实施的手段不同,宪法实施的手段是通过宪法诉讼,而法律实施手段之一是普通诉讼。目前,宪法监督制度和程序机制尚不健全,直接影响了宪法实施的实践转化。

华东政法大学科学研究院陈金钊教授认为,发现问题容易,但现阶段更重要的是找到解决这些问题的方法,即在方法论上有所建树。没有方法,法治的目标就无法实现。所以,法治启蒙不仅强调必要性,还要强调法治思维的培育。否则,就会导致只有分析问题的路径,却无解决问题的方法。而法治思维方式的形成,需要进行思维方式结构的改造,最基本方法来自形式逻辑,需要根据法律进行思考。它的逻辑基础是形式逻辑,如果离开了根据法律进行思考,法治就不可能实现。

与制度、观念的分析不同,上海政法学院汤啸天教授则将注意力聚焦于科技之上,指出中国法治建设的推进必须面对互联网技术普及带来的三个方面的新形势、新条件、新挑战。第一,"三微一端"已经形成人际联系和信息传播非组织可控的新局面。"三微"是微信、微博、微视频,"端"是手机客户端。手机功能的不断拓展已经给个人自由的行使提供了广阔的空间,在整体上会给人们带来更大的自由。这是法治推进面临的严峻事实。第二,大屏(电视机)、中屏(电脑)、小屏(手机)的功能分化,正在呼唤对人权更加全面的保护。过去手机只是通讯工具,如今手机是每个人随身携带的信息生产和信息传播工具。第三,遥控技术走向民间,预示着社会管理的难度进一步增大。无人驾驶的汽车、可以航拍的无人机等等,这类遥控技术的民间化以及迅速的普及,预示着社会管理难度的提高,政府很可能面临"老办法不管用,新办法不会用"的窘境。中国的法治建设怎么利用好这个日益更新的生产和传播平台,就是一个无法回避的问题。比如,商业开发的软件为什么就比公务软件更好用?这其中可能蕴含着一个启示:法治建设也应该如同软件操作界面一样,按照人性的需要、人的全面发展的需要去推进。

华东政法大学科学研究院陆宇峰副研究员对互联网话题也充满兴趣。他发现,在互联网领域,学界的研究主要围绕国家法对互联网的管制,忽视了对互联网自主法的研究,其实后者同样涉及到人权问题、基本权利、宪法问题。互联网的自主法,是互联网巨头用合同方式创制的各种"数字法",它们不仅是互联网领域的主要规范,而且与国家法很不相同。首先,在任何一个现代国家,立法、司法、执法均已实现基本的分离,这是宪法为保护基本权利设置的基本原则。但"数字法"由互联网巨头自主制定、自主适用、自主执行,这就背离了基本的分权原则,构成对基本权利严峻挑战。其次,在任何一个现代国家,国家法都不可能得到全民遵守。特别是不正当、不合理的法律,国家没有办法强制每一个人忠实执行,这反而可能推动法律修改和法治进步。但"数字法"通过电子技术"完美执行",没有抵制和挑战的余地。最后,在任何一个现代国家,国家法总是存在解释问题,法律解释也是适应社会变迁的重要技术。一项法律滞后于社会发展,就通过立法、司法解释软化之,直到修法。但"数字法"没有解释空间,计算机程序已经将其意义固化了。

上海师范大学哲学与法政学院蒋传光教授指出,实践中存在这些问题和争论的原因就在于，一些法治国家建设方面的理论，往往只有价值判断，缺乏严密的分析，缺乏说服力。甚至有时候还存在着逻辑和悖论的现象。比如，强调"中国特色"时，把法治文化的民族性和法治文化的共性割裂开来，否定一些人类法治文明共同的经验；另一方面，又提出借鉴学习其他国家的先进法治经验和成果。因此，现阶段需要进一步解放思想，促进法治启蒙；处理好法律和意识形态的关系，划分好二者的合理边界；深化对中国特色社会主义法治理论的概括总结和内涵阐释，正确评价、展现中国传统法律文化。唯有以此为基础，才有可能将十八届四中全会提出的180余项改革目标和举措落实到实处，将其变成一种可操作性的制度性东西。

《法学》编审王申教授赞成蒋传光教授对于法治启蒙的判断，强调民众的法治意识亟待提高。中国法治与西方不同，它是由上而下推进的。但依靠顶层设计统领法治的模式，仍然不能忽视法治推进过程中的民众。民众是法治推进的主体。所以，《中国的法治建设》白皮书提出，要实现由自上而下推进向上下互动的转变，让人民群众、基层政府成为法治的主动推动者。由于中国没有经过西方社会的法治启蒙，法治改革进程中的看客永远多于实践者，更多时候体现出平庸之恶。当下中国需要更多的实践者，但是，实践者的产生需要条件。这就是民主、自由和人权的基本面。法治的实现没有民众的积极参与不行，而民众的积极参与需要法治的环境，法治的环境又能够培养民众主体意识的实现。如果没有主体意识，就只能是平庸之恶，而平庸之恶与法治无法共存。与此同时，现阶段多有法律学人提倡创新，尤其是制度创新，但法学究竟和有多少可以创新的空地？其实，法治越完善，创新的余地就越少。人类社会发展到今天，在司法等制度管理上，该出现的都出现了。对于我们今天来说，我们采取的可能更多的是归纳推理的思维，而不是演绎推理的思维。也就是说，并不需要采用演绎推理的姿态去创新法则，而只需要采用客观、理性地总结过去历史上的制度规范，然后结合现阶段的现实状况，制定适合中国的制度与规范即可。其原因就在于：人类面对的是相同问题，司法的功能也是相似的。相同的功能与相似的功能，根本没有必要去重新创设解决方法，遵循先例是关键。这并非否认各国有各自的特质，只是说，这些特质更多的是种非制度性的文化，而不是制度性文化。

### 三、人权话语的时代反思

国家法治和人的权利息息相关，因此，人权研究可以作为法治研究的切入点。

上海大学李清伟教授强调，法治之基与社会发展是相容的，两者是一致的，而社会发展或者法治发展的基础终归是为了"人"的发展。法治的一般性要求中国社会的发展、进步，最终要为了"人"的幸福。它要求在法治的权威下，认真对待人，认真对待人的权利。认真对待"人"，就要求处理好各种各样的关系，比如发展的过程中，是不是把民本、人本放在了第一位。在法治的视野下，对人的尊重应当成为思考所有问题的出发点和目的。

刘诚教授和陆宇峰副研究员都敏锐地发现，现阶段的人权话语存在着一些混乱之处。刘诚教授从权利的命名出发指出三个问题。首先，中国的一些法律人经常用第二代人权（社会权）来否定第一代人权（公民权）。实际上，"生存权是首要权利"是依托于第二代人权的语境的，是相对发展权而言的。并且，这一说法仍然强调政府义务，只不过相对于第一代人权所强调的政府的消极的不作为义务，它强调积极的作为义务。尽管政府职责（职权、权力）既是权利又是义务，但侧重点不同会导致理念的巨大偏差，用生存权反对公民权就是例证。其实，"非经正当程序，不得剥夺公民生命"，也可以说是第一代人权对生存权的保护。其次，集体人权是一个错误的概念。一方面，人权只能是一种个人权利，这是人与生俱来的。第一代人权是人与生俱来的权利或自由，第二代人权是第一代人权的衍生权利。而集体人权的提法很可能演化成政府对个人权利的剥夺，而将个人权利转化成政府权力。实际上,政府权力应该是一种代表权。另一方面,集体人权也缺乏对应的义务主体。最后,和谐权这一概念的逻辑漏洞更多,它最终必定演变为和谐义务,使公民被迫着和谐。这种任意创设公民义务的做法,与人权保障的理念是格格不入的。

陆宇峰副研究员则从权利类型界分出发,列举了四个需要进一步澄清的问题。第一个,人权为何是"基本"权利?人权之所以是基本权利,之所以要"入宪",关键在于人权具有根本重要性,被专门设置来抵御系统性、体制性力量对人造成的侵犯。换言之,个人不可能侵犯人权,除非他的行动代表了一种系统性、体制性力量,比如代表政府、大型企业、科学系统侵犯了他人的身心完整性。第二个,人权与基本权利是什么关系?学界现在把人权和基本权利混用,将四代人权等同于全部基本权利。人权真的与基本权利是同义词?基本权利真的仅仅属于个人?这个问题也没有研究清楚。既然自然人以外的主体,完全可能被系统性、体制性力量侵犯,那么基本权利就远比人权范畴更广。第三个,人权或者基本权利的功能到底是什么?以往的研究聚焦"排除"功能,即使人的行动自由免于政治、经济、科学、传媒体制的不当干预。但是今天越来越严峻的是另一个问题,即很多人没有办法进入各种体制,他不是想"排除"不当干预,而是想进入却不能进入。其结果是,他们无法有效参与现代经济、现代教育、现代科学、现代传媒以及互联网,沦为现代社会的边缘人群,这是他们悲惨境遇的根源。从这个意义上讲,我们的人权研究是不是应该从重视"排除"功能的权利转向重视"涵括"功能的权利?

## 四、法学学术的中国气象

无论是中国特色法治理论的建构,还是法治中国实践的关怀,抑或是人权话语的反思,都要求法律学人立基于中国社会本身,在一个良好的学术环境和学术氛围中,摆脱西方固有的研究范式,促进法学理论的中国化。

上海交通大学凯原法学院高全喜教授注意到，社会主义法治国家，从制度实践和理论体系来说，其实不是马克思主义国家学说的固有内容，而是社会主义改革过程中的一个新产物，尤其是在中国以邓小平为主导的改革开放三十多年来的一种理论总结。于是，问题也就随之出现，这个法治国家的整套工程，究竟是在何种基础上构建起来？马克思、恩格斯和列宁都没有现成的理论，而中国的社会主义建设要发展，又需要一个基础性的法治国家理论。因此，就迫切需要一套周密的法治理论体系，一方面总结这三十多年的经验和教训，另外一方面也是为中国向何处去提供一个导引，作为未来发展的理论依据。从目前的学术研究来看，法学界虽然作出了一系列不懈的努力，但触及的问题还没有到根本处，还是在形式理性和法条主义的大框架下打转，马克思主义的基本原理与法治国家的关系，社会主义与市场经济的法权关系，人权与政体的关系，等等，在宪法学和法理学中，都是浅尝辄止。而社会主义法治国家的最大理论难题，是如何在理论上解决党和国家的法理上的关系。这是社会主义法治国家、法治理论面临的一个最核心的问题。但是，目前来看，党和国家的关系问题，至少从法学理论和宪法学理论上，从国家治理的法治理论中，还没有产生出一批经得起历史检验的学术著作。

华东理工大学法学院李瑜青教授认同法治建设是一个阶段性过程的观点，指出法治的理论研究就不应该是抽象的，而要进入具体的社会结构当中。改革开放以来，很多西方学者的法治思想和观点被引介到中国，但现实情况是，这些法治思想和法治理论并没有得到很好的吸收，它们的影响也没有得到认真地、深刻地反思。在这种情况下，以西方的法治模式来构造中国的法治这一路径并不成功。西方法治的本质是以私权利的保障为核心而全面展开的模式，这一制度在无形中和市场经济物欲化的内涵文化融于一体，用制度性的方式强化了各种方式的权利表达，呈现出私权利的膨胀现象。我们必须要认识到这样一种困境，并且寻求属于中国的新模式来摆脱这个困境。

同济大学法学院蒋晓伟教授明确提出"法学学术中国化"。这是一个与中国法学学术西方化对应的概念。现阶段,法学学术的中国化就是基于中国社会,与中国现行有效法律紧密联系,正确反映中国法治状况,并能解决中国法治实际问题的法学学术状态。如今,中国相当一部分法学学者言必称希腊,脱离了中国社会的实际,背离了中国法律和法学发展的自身规律及其发展方向。实际上,中国的法律体系并没有完全的西方化,也不可能西方化。现实中还有大量中国民间的习惯法和国家的政策。法律观念主要表现为从中国传统法律思想发展而来的并吸取国外法学有益成分而形成的具有中国特色的法制观。因此呼唤着法学与中国本土土壤相结合的法学学术。法学学术的中国化包括中国传统法律思想发展而来的法学学术,以及法学学术西方化过程中转向中国化的法学学术等内容。但需要承认,法学学术的中国化也存在一定的问题,第一是未能形成以法和法学为出发的独立的价值体系,其价值体系在一定程度上受到政治影响和左右;第二是未能总结归纳出中国法学发展规律性的东西,致使法学学术中国化的学术底蕴不足,抗干扰能力下降,未能形成对法学学术西方化压倒性的优势。因此,作为法治共同体的法律工作者和法学工作者必须扎根于社会,学会正确理解社会、认识社会、服务社会;按照社会发展规律来立法、执法、司法、守法,进行法学学术研究。

寻求法学研究的中国气象,需要一些必要条件。

刘诚教授指出,对于政府,学界一般有三种态度,一种是依附或迎合,一种是对抗或否定,一种是合作或妥协。美国学界的主流是合作或妥协,既不依附或迎合,也不对抗或全盘否定;美国绝大多数文科学者积极与政府合作,参与政策制定和立法,既有支持,也有批评,更有妥协。而中国学界居于两极的太多,妥协派太少,也就是保持独立人格前提下的合作派太少,这导致学术资源的巨大浪费,也不利于社会改良和进步。其实应该借鉴美国学界的态度,从而在现有的制度空间下,充分发挥学界的作用,进而推动社会循序渐进地进步。

华东政法大学科学研究院刘风景教授则认为,学界的作用是否能够有效发挥,重点或许不在学者,而在政府如何善待建设性批评者。学术共同体要维持自己的自律,更高层次是给社会提建设性意见。而一个社会的发展和进步,学术的批判是非常重要的,或者说批判性本身就是学术的灵魂。通过研究,有针对性地对法律制度提出不同的意见,是很重要的。建设性批判就是忠言逆耳,因为它的出发点是好的,它是爱国家、爱群众、爱民主,是抱着善良目的的。蒋德海教授对此表示赞同,即学术需要思想解放,学术问题应当由学界自己来解决,学术研究不应当有禁区。

图书在版编目(CIP)数据

法理学与部门法哲学.第五卷/蒋传光主编.—上海：上海三联书店,2018.12
ISBN 978-7-5426-6592-8

Ⅰ.①法… Ⅱ.①蒋… Ⅲ.①法理学-文集②法哲学-文集 Ⅳ.①D90-53

中国版本图书馆CIP数据核字(2018)第292548号

# 法理学与部门法哲学(第五卷)

主　　编／蒋传光
副 主 编／王奇才　刘振宇

责任编辑／殷亚平　江南慧
装帧设计／豫　苏
监　　制／姚　军
责任校对／张大伟

出版发行／上海三联书店
　　　　　(200030)中国上海市漕溪北路331号A座6楼
邮购电话／021-22895540
印　　刷／上海盛通时代印刷有限公司

版　　次／2018年12月第1版
印　　次／2018年12月第1次印刷
开　　本／640×960　1/16
字　　数／240千字
印　　张／19.75
书　　号／ISBN 978-7-5426-6592-8/D·414
定　　价／58.00元

敬启读者,如发现本书有印装质量问题,请与印刷厂联系 021-37910000